Die Welt ist ein Dorf
Zeit mal einen Spaziergang zu machen

Von
Ines Krawinkel

Impressum

Titel Die Welt ist ein Dorf

Autorin Ines Krawinkel

Verlag Ines Krawinkel; Goldbreite 11, 31840 Hessisch Oldendorf

Texte © Copyright by Ines Krawinkel

Bilder © Copyright by Ines Krawinkel

Umschlaggestaltung © Copyright by Ines Krawinkel

Kontakt DeinFeedback@the1place2go.de

Instagram @the1place2go

Website des Blogs www.the1place2go.de

Auflage 1. Auflage 2020

Druck epubli – ein Service der neopubli GmbH, Berlin

Die Welt ist ein Dorf – Zeit mal einen Spaziergang zu machen

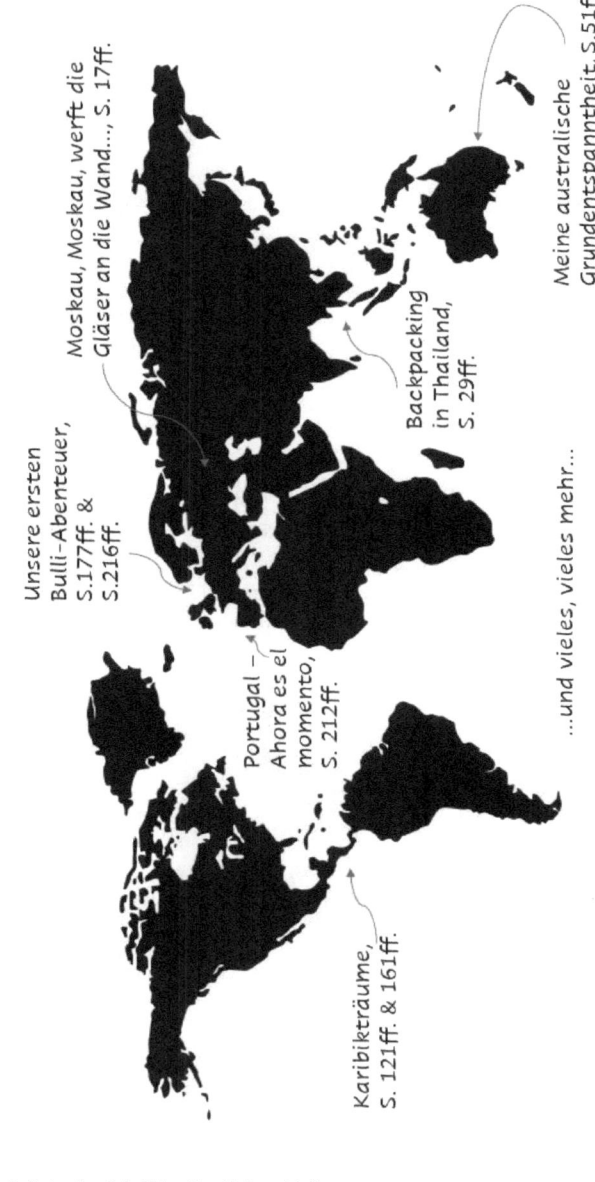

Quelle Weltkarte: Pixabay, lizenzfreies Bild von User „Mediengestater"

Inhalt

Teil 1: Die Reisen meiner Studentenzeit 9

    2007 / 2018 I ♥ Copenhagen (CPH) 10

    2007 Moskau, Moskau, werft die Gläser an die Wand 17

        Dienstag, 6.3.07 17

        Mittwoch, 7.3.07 18

        Donnerstag, 8.3.07 18

        Freitag, 9.3.07 19

        Samstag, 10.3.07 21

        Sonntag, 11.3.07 23

        Montag, 12.3.07 24

        Dienstag, 13.3.07 24

        Mittwoch, 14.3.07 26

    2008 Montpellier…vive la France! 27

    2008 Backpacking in Thailand 29

        Abflugtag - Do 28.02.2008 29

        1. Tag - Bangkok - Fr 29.02.2008 29

        2. Tag - Bangkok / Ayutthaya - Sa 01.03.2008 31

        3. Tag - Bangkok / Floating Markets - So 02.03.2008 33

        4. Tag - Ko Samui - Mo 03.03.2008 35

        5. Tag - Ko Samui / Dschungel Safari - Di 04.03.2008 37

        6. Tag - Ko Samui / Cable Riding & Hat Bo Phut - Mi 05.03.2008 39

        7. Tag - Ko Samui / Ko Phangan - Do 06.03.2008 40

        8.Tag - Ko Phangan - 07.03.2008 42

        9. Tag - Ko Tao - Sa 08.03.2008 43

        10. Tag - Ko Tao - So 09.03.2008 44

        11. Tag - Ko Tao - Mo 10.03.2008 46

        12. Tag - Ko Tao / nach Bangkok - Di 11.03.2008 47

        13. Tag - Back to Bangkok - Mi 12.03.2008 48

        14.Tag - Bangkok - Do 13.03.2008 49

        15. Tag - Abreise - Fr 14.03.2008 49

Teil 2: Meine australische Grundentspanntheit 51

    2009 Im Süden der Welt 52

    2009 Linkshänder an die Macht – Autofahren in Australien 55

    2009 Hunter Valley – Ein Wochenende im „Jäger Tal" 58

    2009 Die Schweinegrippe, „The Village" und andere Abenteuer 61

2009 Von Walen, Kamelen und Klippenspringern 67

2009 Die Elsbeth und ihre Fallschirmspringer 72

2009 Bridge Climb und Blue Mountains 77

2009 Great Ocean Road „dekadent". 81

2009 Skippy und das Motorboot 86

2009 Schlaflos in Sydney 92

2009 Grünes, grünes Adelaide 96

2009 Bye, bye Sydney 102

2010 Zwei in einem Caddy – Am anderen Ende der Welt 103

Teil 3: Unterwegs mit der Chaosfamilie, den Mädels aus meiner Kopenhagen Zeit, der „lustige Kollegen-Reisegruppe" und unseren Freunden 115

  2012 Vienna calling 116

  2013 Karibik 121

    Etappe 1: La Romana 121

    Etappe 2: Seetag 123

    Etappe 3: Montego Bay, Jamaika 124

    Etappe 4: George Town, Grand Cayman 125

    Etappe 5: Seetag 127

    Etappe 6: Roatan, Honduras 128

    Etappe 7: Belize City, Belize 130

    Etappe 8: Cozumel, Mexico 131

    Etappe 9: Key West, Florida 132

    Etappe 10: Miami, Florida 134

    Etappe 11: Nassau, Bahamas 135

    Etappe 12: Seetag 136

    Etappe 13: Samana, Dominikanische Republik 137

  Off Topic Weißt du, wieviel Sternlein stehen 139

  2013 Paris, baby! 141

  2013 Granada…und das Chaos fährt mit! 145

  2014 Ein Goldfisch und vier Mädels – CPH Reunion am Lago Maggiore 148

  2014 Von adoptierten Omas und Hühnern im Zimmer – ein Familientrip nach Wales 151

  2015 Rhodos im Reeeeegeeen 156

  2015 Diese eine Liebe 159

  2016 Transatlantik Überfahrt 161

    Etappe 1: Die Reisekinder und der Traumstrand 161

    Etappe 2: Zimmer mit Aussicht 163

- Etappe 3: Seeehr entspannt auf St. Kitts ... 164
- Etappe 4: Martinique oder „Vive la France!" ... 166
- Etappe 5: Die Flut von Barbados ... 166
- Etappe 6: Die Atlantiküberfahrt oder „Wir lagen vor Madagaskar" ... 168
- Etappe 7: Verloren auf Gran Canaria ... 170
- Etappe 8: Mit Kanonen auf Spatzen ... 172

2016 Zuhause ist es doch am Schönsten ... 175

2017 California Love – Unsere erste Bulli-Tour ... 177
- Etappe 1: Ein erster Versuch zu Viert ... 177
- Etappe 2: Ein Bulli als Strandkorb ... 179
- Etappe 3: Flaschenpost und Angus Rinder ... 181
- Etappe 4: Auf den Spuren von Jimmy Hendrix ... 183
- Etappe 5: Vom Piratennest zurück in die Heimat ... 184

2017 HO17 oder „Die Welt zu Gast in Hessisch Oldendorf" ... 187

2017 Unsere kleine Farm oder nuestra finca pequeña ... 191

2018 Luck to the Irish ... 196

2018 Wo die Weser einen großen Bogen macht ... 199

2018 Kroatien: Weltmeister der Herzen ... 201

2019 Die Glücksritter von Kopenhagen ... 205

2019 Tulpenalarm in den Niederlanden ... 209

2019 Portugal – Ahora es el momento ... 212

2019 Bulli Abenteuer ... 216
- Etappe 1: Die Rhön ... 216
- Etappe 2: Das Lego Land Deutschland ... 218
- Etappe 3: Das Allgäu ... 219
- Etappe 4: Der Markt von Cannobio ... 221
- Etappe 5: Das Vale de Verzasca ... 224
- Etappe 6: Die Schatzsucher vom Cimetta ... 226
- Etappe 7: Spacamping im Schwarzwald ... 228

2019 Zwischen Bunker und Reben – die Chaosfamilie auf Weinwanderung ... 231

2019: Fünf Mädels und ein Schneegestöber am Lago Maggiore ... 236

2020 Wandertour und Schneeballschlacht: Die Chaosfamilie im Harz ... 239

EPILOG: #Stayathome – Unser Leben in der Coronazeit ... 242

Danksagung ... 245

Prolog: Ein Spaziergang in die Vergangenheit

Es ist April 2020 und die Welt dreht sich gerade etwas langsamer als sonst. Dieses Buch beginnt und endet mit einer Zäsur in meinem Reiseleben: Der Corona Krise.

Das COVID19 – Virus hält die Welt aktuell in Atem. Die Menschen sind angehalten Zuhause zu bleiben (#stayhome), die Grenzen sind geschlossen, in Deutschland sind alle Großveranstaltungen abgesagt, sogar das Oktoberfest. Es finden keine Fußballspiele mehr statt, die Menschen sind in Kurzarbeit oder arbeiten aus dem Home Office, sofern möglich, und beschulen dabei ihre Kinder.

Meine ganze Generation ist gerade in ihrer Umtriebigkeit und Reisefreudigkeit angehalten worden. Hatten wir Anfang des Jahres doch nur die Gedanken: „Wohin reisen wir dieses Jahr? Was haben wir von der Welt noch nicht gesehen? Welche Abenteuer können wir 2020 erleben?", konzentriert sich unser Kosmos plötzlich auf den Ort, in dem wir wohnen. Aber ist das etwas Schlechtes?

Das Virus an sich ist furchtbar. Das ist natürlich keine Frage! Es ist eine globale Katastrophe, in der wir uns gerade befinden. Viele Menschen sind krank, in anderen Ländern wurden viele durch COVID19 getötet. Meine Freundin in Italien berichtet von Militärtransporten, die in Lastern Corona-Tote aus den Städten fahren. Grauenhafte Vorstellung für uns, in unserer behüteten Welt! Die komplette europäische Wirtschaft ist zum Erliegen gekommen. Freunde um uns herum bangen um ihre Jobs, kommen langsam in finanzielle Schwierigkeiten. All das ist mir bewusst und ich will die Gesamtsituation sicherlich nicht als etwas Gutes darstellen.

Aber all das sorgt dafür, dass sich meine Generation gerade wieder mehr mit sich selbst befasst. Wir denken mehr nach, sind dankbarer für das, was wir haben, sind weniger getrieben, haben keine Angst mehr etwas zu verpassen. Es ist eine Zeit, in der wir als Familie wieder mehr zusammen finden.

Und es ist eine Zeit, um einmal Bilanz zu ziehen. Für mich als Reisebloggerin bedeutet das, zurückzublicken und die schönen Reisen, die ich in der Vergangenheit erleben durfte, Revue passieren zu lassen. Wertzuschätzen, was ich alles bis jetzt erleben durfte. Nicht nur die Reisen ziehen mir durch die Gedanken, auch die zahlreichen Mikroabenteuer im Weserbergland und im Speziellen um meine Heimatstadt Hessisch Oldendorf herum. Wie unbekümmert ich in den letzten 13 Jahren die Welt entdecken konnte.

Ich habe in Kopenhagen studiert, in Australien gearbeitet, war mit dem 3. Klasse Nachtzug in Russland unterwegs. Auch mit wenig Geld fand ich immer einen Weg das Reisen möglich zu machen. Mein Vater nennt dies liebevoll Ines' Känguru-Taktik: Nix im Beutel, aber große Sprünge machen.

Mein Motto war immer „Die Welt ist ein Dorf, Zeit mal einen Spaziergang zu machen". Wie viel Bedeutung dieser Satz heute hat, wird mir erst jetzt bewusst. In den letzten Jahren machten wir unsere „Spaziergänge" in der ganzen Welt. Ein Privileg, das Vielen in meiner Generation in den Schoß gefallen ist. Für unsere Eltern war dies zum größten Teil noch undenkbar. Und gerade jetzt wird dieses Privileg sichtbar, denn wir haben es nicht mehr. Unsere Spaziergänge finden aktuell tatsächlich im Dorf statt. Ironie des Schicksals.

Ich möchte diese Zeit nutzen, um nicht nur allein, sondern mit euch zurückzublicken, euch die Menschen vorzustellen, die mich in der Vergangenheit in der ganzen Welt begleitet haben und von den Abenteuern berichten, die wir mit und ohne Familie, mit und ohne Bulli, mit und ohne Rucksack erlebt haben. Daher habe ich meine liebsten Blogeinträge für euch in diesem Buch zusammengestellt.

Eure Ines ❤

www.the1place2go.de

Teil 1: Die Reisen meiner Studentenzeit

2007 / 2018 I ♥ Copenhagen (CPH)

Vor 13 Jahren verliebte ich mich…in eine Stadt. Diese Stadt heißt Kopenhagen. In 2007 habe ich dort ein Semester mit ERASMUS Stipendium absolviert, das zwar nicht der Anfang all meiner Reisen, aber der Beginn meines Reiseblogs www.the1place2go.de war.

Ein ERASMUS Semester im Ausland produziert normalerweise viele Erinnerungen, vielleicht ein paar kürzer oder länger haltende Beziehungen und ein bisschen Wissen, das man sich in den Kursen dort angeeignet hat. In meinem Fall hat es aber auch eine ganz besondere Freundschaft zwischen mir und meinen Freundinnen aus Italien und Frankreich kreiert.

Die erste meiner Freundinnen, die ich in Kopenhagen traf, war Barbara aus Italien. Sie war meine Mitbewohnerin (wir teilten uns ein Bad) im 5. Stock des Studentenwohnheims und wir passten einfach vom ersten Moment an zusammen. Wahrscheinlich ist sie sogar eine bessere Deutsche als ich, denn im Gegensatz zu mir ist sie sehr strukturiert und immer (!) pünktlich. Sie stellte mir damals die anderen vier Mädels vor:

Kristel, die immer eine große Handtasche dabei hatte, die alles Mögliche enthielt bis hin zu einem extra Fahrradlicht oder anderen Dingen, die auch der Inhalt von Marry Poppins Tasche hätten sein können.

Anne-Laure, die immer sehr offen für alle verrückten Ideen war. Einmal stellten Anne-Laure und ich sämtliche Möbel unseres Freundes Salva auf den Flur unseres Studentenwohnheims, warteten in sein Bettzeug eingewickelt auf seinem Esstisch auf seine Rückkehr und fanden uns selbst unheimlich lustig.

Sophie, die meine Freundin für kulturelle Entdeckungen in Kopenhagen war. Zusammen kletterten wir auf Kirchtürme, entdeckten Christiania und fuhren auf „romantische" Trips mit unserem Freund Artem zu Schlössern in und um Kopenhagen.

Alka, die uns während der gesamten Zeit mit einem Portfolio aus Bollywood Filmen mit dem „handsome guy" (ihrem indischen Lieblingsschauspieler Sha Rukh Khan) versorgte und uns damit schockte, dass es tatsächlich einen Film dazwischen gab, der kein Happy End hatte.

Dazu kamen noch Freunde, wie Isabel von den Philippinen, die wirklich jeden kannte und immer wusste, wo eine gute Party zu finden war, Salva aus Italien, bei dem man auch nachts um drei einkehren konnte, wenn er im Schlafanzug Pasta kochte oder Artem und Jovan aus Australien, mit denen man sowohl gut feiern als auch ernste Diskussionen führen konnte.

Jedes Jahr seit unserer Kopenhagen Zeit haben Barbara, Kristel, Anne-Laure, Sophie, Alka und ich es geschafft, uns irgendwo in Europa zu treffen. Ob bei mir im Weserbergland, bei Barbara am Lago Maggiore, in Paris oder Montpellier bei den Französinnen: Wir feierten Abschlüsse, Hochzeiten und Babys zusammen und da werden wohl noch einige solcher Events in den kommenden Jahren folgen. Wir halfen einander durch gute und durch schlechte Zeiten. Auch wenn wir während eines Jahres nur kleine Updates über Whatsapp senden und kaum telefonieren, sind wir bei unseren Treffen immer sofort im „CPH Mode", wie wir es so schön nennen. Dann ist es wieder, als wären wir in unseren 20ern und würden uns in einem unserer Räume in unserem damaligen Studentenwohnheim Porcelænshaven treffen, eine Tasse Kamillentee trinken oder ein Glas Sekt trinken und über die letzte Nacht in einem der Kopenhagener Clubs wie Kulørbar, LA Bar oder Emma sprechen.

Wenn wir uns heute zu unserer jährlichen „CPH Reunion" zusammen finden, dann gibt es am Ende keine Tränen mehr, wie damals bei unserem Abschied in Kopenhagen. Damals, als wir 6 Monate täglich zusammen waren und am Ende der Zeit gar nicht wussten, ob wir uns jemals wieder sehen werden. Als ich bei unserem Abschied 2007 Richtung Heimat aufbrach, war ich so verheult, dass ich die Autobahn vor mir kaum erkennen konnte. Bei unseren heutigen Treffen heißt es nur noch „See you again next year!". Daher gibt es keine Tränen mehr, sondern das gute Gefühl, dass man sich spätestens im nächsten Jahr wieder sehen wird.

Die Mädels sehe ich also jedes Jahr irgendwo in Europa, jedoch habe ich lange Zeit damit gehadert nach Kopenhagen zurück zu kehren. Ich wusste, dass es komisch sein würde, wenn ich nach Kopenhagen und im Speziellen in meinen damaligen Stadtteil Federiksberg zurückkehren würde.

Früher kannte ich dort rund 200 Studenten, heute würde niemand von ihnen mehr dort sein. Es wäre einfach nicht dasselbe gewesen. Aber in 2018 beschlossen meine Freundinnen aus der Kopenhagen Zeit und ich gemeinsam zurück zu kehren, in die Stadt, in der unsere Freundschaft begann.

Die Stadt war 11 Jahre später dieselbe und hatte sich doch komplett verändert. Vielleicht genau wie wir Mädchen. Wir haben uns ebenfalls verändert. Aber wie Alka so schön sagte: „Da sind nun ein paar Falten mehr, aber wir sind immer noch dieselben!"

Anne-Laure und ich bemerkten bereits, dass wir noch dieselben waren, als wir uns 2018 in Kopenhagen am Flughafen zusammen fanden. Ich sagte in selbstbewusster Art am Handy zu ihr: „Komm einfach rüber und triff mich an der Metro Station. Ich hab alles unter Kontrolle!" und fand kurze Zeit später heraus, dass ich gar nichts unter Kontrolle hatte. Wir bekamen es irgendwie nicht hin, ein Metro Ticket aus dem Automaten zu ziehen, mussten noch einige Hindernisse überwinden und fanden dann schließlich Sitze in der ersten Reihe der Metro. Die Metro fährt in Kopenhagen seit Anbeginn ihrer Zeiten autonom, daher kann man direkt vorn an der Frontscheibe sitzen. Wir freuten uns wie zwei kleine Schulmädchen über unsere Plätze in der ersten Reihe, was dafür sorgte, dass uns eine ältere Dame sofort ins Herz schloss. Sie fragte nach unserem Ziel und soufflierte uns an jeder Station: „Just two more stops, girls…now it's the next stop…".

Als wir schließlich aus der Metro Station in Frederiksberg ans Tageslicht purzelten, erkannten wir, dass wir uns beide noch nicht einmal über die Adresse unseres AirBNBs informiert hatten. Also standen wir dort, zwei kleine blonde Mädchen, vor den Toren der Copenhagen Business School, und warteten auf einen Rückruf der anderen, die uns den Weg mitteilen sollten. Natürlich haben wir das AirBNB und damit auch unsere Freundinnen irgendwann gefunden. Es gab ein großes Wiedersehen!

Es gab jedoch einen großen Unterschied zwischen unserer Studentenzeit in Kopenhagen und unserem Treffen 11 Jahre danach: Wir hatten mehr Möglichkeiten. Wir waren keine armen Studenten mehr, sondern verdienten nun unser eigenes Geld. Ich war zum Beispiel 2007 nie in einem schicken Restaurant in Kopenhagen.

Bei diesem Treffen aber ließen wir uns guten Fisch in einem stylischen Restaurant namens Kødbyens Fiskebar schmecken. Das Restaurant liegt in einem Inn-Viertel, das „Copenhagen Kødbyen" heißt und das zu „unseren Zeiten" in Kopenhagen tatsächlich noch das Fleischerviertel („Meatpacking District") war. Verrückt, dass dieser Teil komplett neu für uns war, obwohl wir die Stadt aus der Vergangenheit kannten wie unsere Westentasche.

Und dann kam der Moment, an dem wir eine kleine Pilgerreise durch unsere alte Uni, die Copenhagen Business School, machten. In alter Tradition entschieden wir uns als erstes ein Bier im „Nexus", der Studentenkneipe IN der Uni, zu einer sehr dänischen Bier-Zeit (17h) zu uns zu nehmen. Ganz in alter Verbundenheit. Wie oft sagte mein Professor damals nach einem Kurs um 10h morgens, dass wir doch nun alle eine Pause im Nexus auf ein Bier machen könnten. Ach, die Dänen sind schon ein entspanntes Völkchen!

Wir besuchten auch Porcelænshaven No. 26-28, unser altes Studentenwohnheim. Es war ein richtig merkwürdiges Gefühl wieder dort zu sein. Ich war so froh, dass die Mädels mit mir unterwegs waren. Ansonsten wäre es wirklich komisch gewesen, dort nun allein zu stehen und niemanden mehr zu kennen. Wir standen vor der Tür, kannten natürlich den aktuellen Tür Code nicht mehr und ich sah zu meinem kleinen Dachfenster hinauf.

Seinerzeit bewohnte ich das wohl kleineste Zimmer (11qm inkl. Schrägen und Küchenzeile) des ganzen Wohnheims! Erinnerungen schossen durch meinen Kopf: Partys im Gemeinschaftsraum im Keller oder wie wir einfach dort unten auf dem Sofa saßen und quatschten, während im Wäscheraum nebenan unsere Waschmaschinen liefen; wie ich damals für ein internationales Dinner Kartoffelpuffer machte („Ihr esst das wirklich mit Apfelmus?!"); Dänisch Unterricht mit Wouter aus Holland in einem Klassenraum, der sich gleich am anderen Ende des Flurs meines Zimmers befand (und zu dem ich grundsätzlich in Hausschlappen ging); Tee trinken mit meinen Freunden Artem und Jovan aus Australien; Filmabende mit meinen Mädels („Who wants to watch some Sex and the Cityyyy?") und nicht zu vergessen unser CBS Mädchenfußballteam, mit dem wir im Frederiksberg Park regelmäßig trainierten, und...

In „PH", wie wir unser Wohnheim liebevoll nannten, waren unsere Zimmertüren immer offen. Man war eigentlich nie allein, denn immer wieder würde jemand seinen Kopf zur Tür hinein stecken und auf einen kleinen Schnack vorbei kommen. Wenn man doch mal allein sein wollte, schloss man einfach die Tür und hatte automatisch seine Ruhe.

Immer wenn ich an diese Zeit zurück denke, bringt sie mir ein kleines Lächeln ins Gesicht und ich weiß nicht, ob ich froh sein soll, dass ich diese Erfahrung eines Auslandssemesters machen durfte oder ob ich traurig sein soll, dass all das nun schon lange vorbei ist. Ich frage mich, ob es allen so geht, die Mal eine Zeit im Ausland studiert haben oder ob unser Jahrgang in Kopenhagen hier etwas ganz Besonderes war.

Zurück in 2018 machten wir uns nach unserem Essen in der Kødbyen auf zu einem kleinen Spaziergang durch die Stadt, um Orte aus unserer Erinnerung wiederzufinden. Die Kulørbar, ein Club, in dem wir eigentlich jede Woche waren, war geschlossen und eine große Baustelle. Aber da war noch das "Pizza Huset" auf der anderen Seite der Straße, vor dem wir oft nach dem Clubbesuch nachts um 4h noch Pizza Sandwiches aßen. Dann fanden wir die LABar, in der wir eigentlich jeden Mittwochabend verbracht hatten. Junge Dänen standen vor dem Club und grölten betrunken, alle nicht älter als 16. Damals waren die Leute dort doch nicht so jung? Naja, manchmal ist es wohl besser die Erinnerung festzuhalten und nicht zu versuchen, etwas wieder aufleben zu lassen.

Andere Aktivitäten gab es 2007 noch gar nicht. Wie zum Beispiel "Go Boat" Touren. Also mieteten wir eines der Boote mit einem elektrischen Motor, mit kleinen Bänken und einem Tisch in der Mitte. Wir nahmen einen Picknickkorb mit etwas Wein und Chips mit uns und spielten über Spotify Lieder aus unserer Kopenhagen Zeit ("Jeg elkser dig" von Nike og Jay zum Beispiel). Anne-Laure steuerte uns durch den Hafen und all die kleinen Kanäle für ungefähr zwei Stunden. Es fühlte sich etwas an wie in Amsterdam. Wir hatten Kopenhagen noch nie aus dieser Perspektive gesehen.

Ein Besuch in Christiania war natürlich auch auf unserer Liste. Es brauchte eine Weile bis wir den Haupteingang wieder fanden. In 2007 war der „Verkaufsbereich" dieses unabhängigen Areals noch sehr versteckt. Alle wussten, dass hier DER Ort war, um an pflanzliche Drogen zu kommen, aber es war nicht gleich offensichtlich. Also waren wir etwas erstaunt, als wir plötzlich auf einer Art Marktplatz standen mit kleinen Marktständen, an denen Dealer ihre Waren offen anboten. Anscheinend hat die Kommerzialisierung auch vor Christiania nicht Halt gemacht.

Komisch, wenn man sich zudem erinnert, dass es noch gar keine Smartphones gab, als wir in Kopenhagen lebten. „Wie haben wir unseren Weg damals eigentlich gefunden?" – „Wir hatten Stadtkarten aus Papier und manchmal verirrten wir uns und mussten dann eben den korrekten Weg wieder finden!", war einer unserer Dialoge dazu. Dass allerdings auch ein Smartphone nicht immer den korrekten Weg findet, stellten wir schmerzlich am kommenden Abend fest, als wir uns in Frederiksberg verirrten und unser Weg an einem Zaun in einer dunklen Ecke des Parks endete. Ich muss gestehen, dass ich diejenige war, die uns an diesem Abend mit dem Handy durch die Gegend leitete und eine vermeintliche Abkürzung entdeckt hatte. Anscheinend ist die Gabe, Abkürzungen zu finden, die eigentlich gar keine sind, etwas, das mir mein Vater direkt vererbt hat. Wahrscheinlich wollte ich an diesem Abend einfach ganz verzweifelt zu diesem Sushi Restaurant kommen (das „Bessere" in Frederiksberg laut TripAdvisor). Ich hatte einen richtigen Japp auf Sushi! Da wir den Weg dorthin jedoch nach mehreren Anläufen nicht fanden, entschlossen wir uns dazu im „London Pub" in der Nähe etwas zu essen und zu trinken. Insgeheim glaube ich aber, dass die Mädels zu diesem Zeitpunkt den Glauben in meine Navigationsfähigkeiten verloren hatten. Also hatten wir Burger und Bier wie echte Ladys!

Zu meinem Sushi sollte ich dann letztendlich am Flughafen kommen. Ich saß allein am Terminal, die Erinnerung an unser letztes Glas Wein am Nachmittag mit Blick auf Nyhavn schwirrte noch durch meinen Kopf. Dieses Mal würde es nicht 11 Jahre dauern, bis ich zurück nach „Wonderful Copenhagen" kommen würde.

Und damit sollte ich Recht behalten, wie ihr im Verlauf dieses Buchs sehen werdet. Aber bis dahin und damit ins Jahr 2019 habt ihr noch ein paar Seiten vor euch. Kopenhagen war nicht der Anfang all meiner Reisen. Auch vorher war ich schon viel unterwegs, ob Schüleraustausch in Paris oder Vermont oder einem verrückten Road Trip über 6 Wochen durch die USA mit meiner Studienfreundin Alex.

Aber Kopenhagen war, wie anfänglich bereits geschrieben, der Anfang meines Reiseblogs und damit all der Reiseabenteuer, die ihr im Folgenden lesen könnt. Es ist die Dokumentation meiner Reisen der letzten 13 Jahre. Wenn ich sie mir heute durchlese, muss ich grinsen, denn meine Sichtweisen, mein Blick auf die Dinge und ja, auch mein Schreibstil ändert sich von Reisebericht zu Reisebericht, so wie auch ich mich in all den Jahren verändert habe. Oft erkennt man auch den Einfluss, den die Bücher, die ich gelesen habe, auf meinen Schreibstil haben (zum Beispiel „Frühstück mit Kängurus" auf die Blogeinträge meiner Australien-Zeit).

Es gibt sicherlich Menschen, die virtuosere Reisen als ich bzw. wir unternommen haben, aber oft ist es ja auch die besondere Kunst in ganz normalen Trips mit Freunden oder der Familie das Abenteuer zu finden. Das kann auch mal ein Finca-Aufenthalt auf Mallorca sein oder eine Atlantiküberquerung mit einem Kreuzfahrtschiff. Oder eben eine Tour mit dem Bulli an Nord- und Ostsee entlang. Unsere Reisen unterscheiden sich von Jahr zu Jahr, so wie wir uns verändern.

In diesem Buch tauchen eine Menge unterschiedlicher Menschen auf, mit denen ich in der Vergangenheit gereist bin. Als Erstes natürlich Jens, mein Mann und Reisebegleiter seit nunmehr 16 Jahren. Die „CPH Girls" - meine Kopenhagen Mädels, meine Studienfreundin Alex, meine „lustige Kollegen-Reisegruppe", unsere Freunde oder auch die „Chaosfamilie", meine große, oft etwas verrückte Familie. Eigentlich reise ich jedes Jahr in unterschiedlichen Konstellationen von Menschen und das macht es umso interessanter. Denn nicht nur jede Stadt, jedes Land ist anders, sondern auch die Erfahrungen, die man macht. Sie hängen immer sehr von der Gesellschaft ab, in der man sich befindet.

Als Erstes möchte ich euch mit auf die Reise von Kopenhagen nach Russland nehmen. Auf eine „CPH Reunion" nach Montpellier und auf eine

Backpacking Tour durch Thailand. Letztere bildete zugleich den Abschluss meiner Studentenzeit. In Thailand war ich zwischen dem letzten Satz, den ich in meiner Master These schrieb und der Verteidigung der These in der Uni Hildesheim, an der ich zu dieser Zeit studierte.

2007 Moskau, Moskau, werft die Gläser an die Wand

Der alljährliche „Russia Trip" war eine, von Studenten für Studenten organisierte Reise, die an den Unis in Bergen und Stockholm, sowie meiner Copenhagen Business School angeboten wurde. Ich hatte davon gehört und wollte unbedingt daran teilnehmen. In Kopenhagen lernte ich Anja kennen, die ebenfalls auf diesen Trip gehen wollte und so taten wir uns für diese Reise zusammen. Mit uns unterwegs waren ein paar Amerikaner, Skandinavier, Franzosen und Australier. Eine bunte Mischung also, die das Ganze umso spannender machte. Was wir vorher allerdings nicht wussten: Die diesjährige Organisatorin des Trips war eine Studentin namens Natali, die unglaublich zerstreut war. Der Trip konnte von daher einfach nur ein bisschen abenteuerlich werden.

Dienstag, 6.3.07

Anja und ich flogen zunächst von Kopenhagen nach Stockholm und bezogen das "City Backpacker Hostel". Das ist übrigens ein sehr nettes, kleines Hostel in dem es kostenloses Internet, kostenlosen Kaffee UND umsonst Pasta gibt, falls mal jemand nach Stockholm möchte (Bett im 6er Zimmer kostet 23€).

Schnell stellten wir all unsere Sachen ab und erkundeten erst einmal die Stadt. Unsere ersten Ziele waren natürlich der Palast und die Altstadt. Die Altstadt ist klein, verwinkelt und wirklich niedlich. Nachmittags haben wir eine Tour durch das Schloss gemacht. Es war sehr interessant die Hintergründe zu all den Juwelen und Kronen zu erfahren. Natürlich haben wir uns erhofft, dass wir zufällig den Prinz von Schweden im Palast treffen, aber leider wurde daraus nichts. Auch mein Versuch ein Foto mit den Kanonen zu machen, wurde von einer schwedischen Wache unterbrochen, die mich sofort mit ihrem Gewehr vom Objekt meiner Begierde verscheucht hat. Ich hätte ja nicht ahnen können, dass ich den Satz "Please don't kill me!", den Artem mir netterweise noch in Russisch übersetzt hatte (man weiß ja nie), besser in Schwedisch hätte gebrauchen können. Abends fanden wir dann nach langem Suchen ein kleines Café namens „La Rose" und haben uns dort ausgeruht und aufgewärmt. Es war wirklich ein kalter, etwas ungemütlicher Wintertag.

Mittwoch, 7.3.07

Am Mittwoch sahen wir uns die Stockholm School of Economics an und machten eine Führung durch die Royal Appartements im Palast. Aber das Beste an Stockholm war das Vasa Museum! Die Vasa ist ein Schiff, das vom Grund der Ostsee geborgen und restauriert wurde. Schließlich wurde das Museum quasi um das Schiff herum errichtet. Wirklich beeindruckend! Man erfährt in Filmen und Diashows alles Wissenswerte über das Schiff und dessen Wiederaufbereitung. Das Schiff selbst darf man nicht betreten, aber im oberen Stockwerk des Museums sind einige Teile des Schiffs nachgebaut worden, so dass man durch die Nachbildungen laufen und lustige Fotos mit hölzernen Seeleuten machen kann. Anja und ich haben eine ganze Fotosession in diesem Teil des Museums gemacht.

Nachmittags haben wir unsere Studenten-Reisegruppe kennengelernt. Treffpunkt war der Bahnhof von Stockholm und natürlich haben wir dort auch unsere Zimmergenossen Tyler und Nils für die Überfahrt mit dem Schiff nach Tallinn zum ersten Mal getroffen. Durch einen organisatorischen Fauxpas unseres Guides Natali waren Anja und ich mit zwei von den Jungs in einer Kabine eingeteilt worden. Na, das ging ja gut los. Wir lachten darüber und nahmen es sportlich.

Auf dem Schiff haben wir abends ein bisschen in der Karaoke Bar gefeiert und die ganze Studentengruppe kennengelernt.

Donnerstag, 8.3.07

Am Donnerstagmorgen sind wir in Tallinn angekommen, haben aber bis ca. halb elf geschlafen (schöne Studentenzeit) und uns dann auf den Weg in die Altstadt gemacht. Tallinn ist total schön und die Altstadt erscheint einem, als wäre sie im Mittelalter stehen geblieben. Kleine Gassen, nette kleine Restaurants und mittelalterliche Stände. Wir haben ein paar Gebäude und Kirchen angeschaut und schließlich im Restaurant „Peppersack" gegessen. Das Essen war richtig gut und zum Abschied gab es für Anja und mich jeweils ein Sträußchen Osterglocken, weil gerade "International Women's Day" war und dieser in Osteuropa anscheinend eine große Sache ist. Fast jede Frau lief mit mindestens einem geschenkten Blümchen durch die Straßen.

Abends ist dann unser Bus in Richtung Moskau gestartet. Natürlich war unser Guide Natali, selber Studentin, zu spät! Sie war auf der Schifffahrt gar nicht dabei, weil sie in Schweden noch Visa für den nächsten Trip organisieren musste. Kurz vor dem Boarding hatte sie ganz spontan Anja die Dokumente all unserer Mitreisenden und die Verantwortung übertragen (Anja war zur falschen Zeit am falschen Ort). Nun hatten wir schon Angst, dass wir ganz ohne Natali über die russische Grenze fahren müssten, nur mit einem Busfahrer, der leider auch nur russisch spricht. Aber gut, Natali war zu spät, im Endeffekt hat sie den Bus aber doch noch gekriegt.

Wir waren müde und haben erst im Bus geschlafen, später gequatscht und ein paar lustige amerikanische Trinkspiele kennengelernt und gespielt (Who? - you? - nej?). Irgendwann kam dann die russische Grenze und mit ihr ein paar Soldaten, die mit einfrorenen Gesichtern durch den Bus gelaufen sind und unsere Pässe eingesammelt haben. Jeder von uns bekam ein Formular mit dem Befehl "Fill this out!!!". Super war: Das Formular war nur auf Russisch, in kyrillischen Buchstaben. Somit waren wir schon überfordert damit, das Feld zu finden, in dem man seinen Namen eintragen sollte, von den anderen geforderten Daten mal ganz zu schweigen. Als wir schließlich doch irgendwie alle durch die Kontrollen waren, erwartete mich zur Begrüßung die schlimmste Toilette Russlands (da hatte ich die Toiletten am Bahnhof von Moskau noch nicht gesehen).

Ungefähr nachts um zwei Uhr sind wir dann in St. Petersburg im „Hotel Moskau" angekommen und alle nur noch todmüde in die Betten gefallen. Die Dusche vorm Schlafen gehen stellte sich als nicht sehr effektiv heraus, da in St. Petersburg das Wasser nicht klar ist, sondern gelb-grau und von einem merkwürdigen Geruch begleitet aus dem Wasserhahn kommt. Aber was uns nicht umbringt, macht uns nur härter.

Freitag, 9.3.07

Am Freitagmorgen haben wir eine Sightseeing Tour durch St. Petersburg gemacht und haben alle wichtigen Gebäude zu Gesicht bekommen bzw. sollten sie eigentlich zu Gesicht bekommen, doch leider hat es in Strömen geregnet und von daher waren die Fenster im Bus so beschlagen, dass auch mehrmaliges Wischen nichts gebracht hat. Aber ich denke das Wichtigste haben wir gesehen. Schlimm war die Erfahrung mit den russischen Kindern, die sich bei einem Zwischenstopp mit dem Bus an einige von uns dran gehängt haben und Geld wollten. Mit dem, was sie bekamen, waren sie offensichtlich nicht zufrieden. Irgendwann wollten sie einige aus unserer Gruppe nicht mehr los lassen und scannten mit ihren Händen sämtliche Jackentaschen. Da begannen diejenigen natürlich auch sich leicht zu wehren. Schlimm, dass die Not so groß sein muss...

Nachmittags waren wir in einer kleinen Gruppe unterwegs und haben die Kathedralen besichtig (z.B. St. Isaac's Cathedrale). Im „Hermitage Museum", das übrigens auch sehr beeindruckend war, haben wir uns schließlich verlaufen. Wir suchten den Rittersaal und konnten einer netten Mitarbeitern, die uns helfen wollten, leider auf Englisch nicht erklären, wo wir hin möchten. Ich sah Anja an und sagte: „Ich glaube, wir finden diesen Rittersaal nie!", woraufhin sich das Gesicht der netten Dame aufhellte und sie freudestrahlen in fast perfektem Deutsch sagte: „Rittersaal! Ja, ist da hinten...". Wir bedankten uns und liefen erleichtert los. Anscheinend kamen wir hier besser mit unserer eigenen Sprache weiter.

Nachdem unsere Studentengruppe abends zum Quatschen auf dem Hotelflur zusammen stand, brachen wir in den „Club Rossi" auf. Unsere gute Natali verlief sich nur leider mit uns im Schlepptau und somit bekamen wir auch noch einen Einblick in die etwas zwielichtigen Ecken von St. Petersburg. Aber wie durch ein Wunder kamen wir irgendwann im Club an.

Wie oft hatte man mir vor meiner Reise erzählt, wie günstig es in Russland ist. Das ist nun wirklich ein Gerücht, gerade in den Großstädten. Allein die Getränke hatten horrende Preise für uns Studenten. Die Musik hingegen war sehr witzig. Und feiern können sie! Die Russen in dem Club hatten eine interessante Art verschiedenste Musikrichtungen einfach mal so eben durcheinander zu mixen. So stand zwischen House und russischem Pop plötzlich eine Band mit diversen Blasinstrumenten auf der Bühne ("Spasiba, spasiba!").

Und es ist zu bemerken, dass die Männer hier gefühlt nie lachen, noch nicht mal ein kleines Lächeln kommt über ihre Lippen, auch nicht, wenn sie tanzen. Wir haben es auf dem Trip liebevoll das "Russian Face" getauft. Ich konnte nicht mehr vor Lachen, als ich in der Menge von übellaunig aussehenden Menschen getanzt habe und plötzlich das Lied "Gimme, gimme just a little smile" gespielt wurde. Vielleicht haben sie den Text auch einfach nicht verstanden?

Auf dem Rückweg stellten wir fest, dass der Club von unserem Hotel aus nicht nur um die Ecke ist, wie Natali uns vorher gesagt hatte ("You can walk there!"). Es dauerte fast eine ganze Stunde, bis wir mitten in der Nacht unser Hotel in den Straßen von St. Petersburg gefunden hatten.

Und dann war ich auch noch aus meinem Hotelzimmer ausgesperrt. Anja war mit der ersten Gruppe aus dem Club aufgebrochen, ich war mit einigen Leuten noch dort geblieben. Doch nur Anja hatte unsere Keycard für die Tür. Nun stand ich davor und mein Klopfen und Rufen weckte einige Russen auf, die dann wütend durch den Flur riefen, aber Anja nicht. Also musste ich mir an der Rezeption eine neue Keycard holen und als ich dann im Zimmer stand, stellte ich fest, dass Anja gar nicht da war. Ich wartete und wartete und als sie nach einiger Zeit immer noch nicht Zuhause war, weckte ich Natali und klopfte mit ihr an sämtliche Türen unserer Reisegruppe, wobei eine dann tatsächlich von Anja geöffnet wurde. Des Rätsels Lösung war, dass sie sich selber ausgesperrt hatte und dann netterweise in einem anderen Zimmer untergekommen war. Mittlerweile war es halb 8 Uhr morgens und da wir uns ja nun wiedergefunden hatten, beschlossen wir gleich zum Frühstücksbuffet nach unten zu gehen, denn das hatte ja mittlerweile geöffnet.

Samstag, 10.3.07

Samstag waren wir alle zu müde zu allem. Ich hatte die Nacht nur zwei bis drei Stunden geschlafen und somit suchten wir, nachdem wir die Kathedrale besichtigt haben, nur noch ein Café und haben dann in einer kleinen Gruppe dort am Tisch geschlafen. Wahrscheinlich ein Bild für die Götter!

Abends sind wir mit der ganzen Gruppe (mit uns waren 23 Leute auf dem Trip dabei) in ein usbekisches Restaurant gegangen sehr zur Freude der Jungs, denn auch eine Bauchtänzerin war anwesend. Ich hätte das Essen wohl noch mehr genossen, hätte ich gewusst, dass es sozusagen meine Henkersmahlzeit war, denn danach folgte die abenteuerlichste Nacht in Russland: die Nacht im 3. Klasse Wagen des Nachtzugs nach Moskau.

Es fing schon damit an, dass wir mit unseren Koffern am Zug entlang liefen und ich einen Blick durch ein Fenster in die 2. Klasse warf. Da wurde mir schon etwas anders. Der gesamte Zug erinnerte ein bisschen oder eher gesagt extrem an einen Zug aus den 50er Jahren. Vielleicht war er sogar aus der Zeit? Alt, ja fast antik, aber gut, es war ja nun schon vorher klar, dass uns kein ICE erwartet! Ich dachte nur: Wenn der Wagen der 2. Klasse schon so abgenutzt aussieht, will ich die dritte Klasse gar nicht sehen. Und dann standen wir in unserem Wagen vor unseren Betten. Wir hätten im ersten Impuls am liebsten wie zwei kleine Mädchen geheult. Es gab erstmal keine Kabinen, das heißt, dass ca. 60 Leute in einem offenen Waggon auf kleinen Pritschen mit fleckigen Laken schliefen.

Außer uns waren noch ein Australier und ein Amerikaner aus unserer Gruppe im Wagen nebenan, ansonsten waren wir auf weiter Flur die einzigen, die sich aus Kostengründen für die dritte Klasse entschieden hatten. Anja und mir gegenüber hatte sich mittlerweile eine Gruppe männlicher Russen versammelt, die uns von oben bis unten interessiert musterten. Meine ersten Worte im Zug waren: "Hier mache ich heute kein Auge zu!".

Die Luft zwischen den vielen Menschen auf engem Raum hätte man schneiden können. Leider ließ sich in unserem Waggon keines der Fenster öffnen. Ich hatte das Gefühl, ich kriege keine Luft mehr, als wäre überhaupt kein Sauerstoff mehr übrig und es war brütend heiß (trotz der kalten Temperaturen draußen). Gott sei Dank, sind Brandon und Rob, die beiden aus dem Wagen nebenan, zu uns gekommen und haben uns die Nacht über „bewacht". Ich hatte die Nacht zuvor bereits nur 2 Stunden geschlafen und ich wusste, irgendwann werden mir meine Augen so oder so zufallen. Aber Anja und ich hatten Angst um unsere Sachen und vor allem um uns selber, weil uns alle Leute im Zug merkwürdig anstarrten. So konnten wir also ein bisschen schlafen, während die Jungs in unserer Nähe blieben und ihren Wodka mit einer Gruppe junger Russen teilten.

Immer wenn ich aufwachte und hörte, dass noch jemand im Zug Englisch spricht, wusste ich, dass ich sicher bin und wieder einschlafen kann! Außer uns Vieren hatte sich kein anderer Tourist in dieses Abteil verirrt. Mitten in der Nacht wachte ich aus meinem Schlaf auf und wollte mich umdrehen, als ich plötzlich eine Hand auf meiner Matratze spürte und sofort in Panik um mich schlug. Dabei habe ich dann einen armen Russen fast k.o. geschlagen, der sich nur auf meiner Matratze abgestützt hatte, um mit seinem Freund zu reden, der im Bett unter meinem lag. Und als ich morgens meine Augen öffnete, schaute ich als Erstes direkt in eine Kamera, weil einer der Russen Fotos von Anja und mir machen wollte. Wahrscheinlich waren wir hier gerade die Sensation schlechthin, zwei deutsche Mädchen, ein Amerikaner und ein Australier!

Sonntag, 11.3.07

Unser erster Akt in Moskau war wieder eine Bus Sightseeing Tour durch die gesamte Stadt, um zunächst einmal einen Überblick über die Sehenswürdigkeiten zu bekommen. Bedauerlicherweise war ich so müde, dass ich nach ca. 3/4 der Tour eingeschlafen bin und mir dabei den Hals verdreht habe. Aber immerhin habe ich den roten Platz gesehen und es hat auch ganz gut getan dort auszusteigen und ein bisschen an der frischen Luft herumzulaufen. Denn frische Luft bzw. Luft generell hatten wir ja die Nacht davor leider gar nicht. Mein Highlight des Tages war die Dusche im Hotel Vega. Noch nie habe ich eine Dusche so genossen wie an diesem Tag!

Zusammen mit Gavan aus den USA gingen Anja und ich erfrischt auf Nahrungssuche. Wir mussten uns mit unserem Dinner beeilen („Wie schnell kannst du essen?"), denn wir hatten Tickets für das Bolschewisten Theater, in dem wir uns dann zu fünft die Ballettaufführung von Schwanensee ansahen. Es war sehr schön und auch das Theater war beeindruckend. Allerdings habe ich festgestellt, dass ich Männer in Strumpfhosen, im Gegensatz zu Meghan aus den USA, die mit uns unterwegs war, furchtbar finde.

Im Anschluss daran wollten wir uns eigentlich mit Natali und den anderen treffen, allerdings waren die mal wieder zu spät (was wohl an Natali lag). Die Suche nach der netten Bar, deren Standort Natali angeblich kannte, entwickelte sich zu einem zweistündigen Spaziergang durch sämtliche Seitenstraßen Moskaus. Die Bar wollten wir eigentlich nur aufsuchen, um die Zeit von 10-12 Uhr nachts zu überbrücken, um dann zur besten Zeit in die „Karma Bar" zu gehen, einen ähnlich angesagten Club wie das „Rossi" in St. Petersburg. Ja, da wir nun aber ewig durch die Straßen irrten, war es mittlerweile schon 12 Uhr nachts und wir beschlossen, Natali zu verlassen und lieber auf eigene Faust mit dem Taxi direkt in den Club zu fahren. Dort wurde an dem Abend hauptsächlich R&B gespielt und ausnahmsweise mal nicht "You're my heart, you're my soul" von Modern Talking! Der Club war auch etwas orientalisch angehaucht und die Jungs liehen sich eine Wasserpfeife, um Tabak mit Karamel Geschmack zu rauchen.

Montag, 12.3.07

Hinter unserem Hotel gab es einen großen Markt, auf dem (gefälschte) Kleidung, Handtäschchen, Schuhe, russische Puppen und Hüte verkauft wurden. Da sind wir am nächsten Tag erst einmal drüber geschlendert, um es ruhig angehen zu lassen. Am Nachmittag liefen Anja und ich noch einmal über den Roten Platz, haben die ganzen Gebäude intensiver angeschaut und den Kreml bewundert. Leider nur von außen, denn bedauerlicherweise hatte Natali uns gesagt, dass er bis 18 Uhr auf hat, er hatte allerdings nur bis 17 Uhr auf und wir waren nun einfach zu spät. Morgens hatten wir auch nur 10 Minuten zum Frühstücken, da Natali meinte, Frühstück gibt es bis 11 Uhr, allerdings wurden wir um halb 11 bereits gebeten, zum Ende zu kommen. Natali war wirklich kein Organisationstalent!

Abends ging es mit dem Nachtzug nach Helsinki. Diesmal hatten wir Gott sei Dank einen Wagen der zweiten Klasse gebucht und somit nur eine Viererkabine MIT TÜR zum Gang und zugehörigem Bad! Das Bad war sauber und die Betten auch. Ich war begeistert! Wahrscheinlich muss man manchmal etwas Unschönes erleben, um gewisse Dinge wieder schätzen zu lernen! In der Kabine haben wir dann ein bisschen gefeiert und sind schließlich alle todmüde eingeschlafen.

Dienstag, 13.3.07

Irgendwann am frühen Morgen wurde ich plötzlich von einer Grenzbeamtin aus meinem Schlaf gerissen, die unsere Tür aufriss und laut mit russischem Akzent "Passport control!!!" in unsere Kabine schrie. Leider war ich so müde, dass ich wieder einschlief, bevor der eigentliche Passkontrolleur in unserer Kabine stand und akribisch jedes Foto mit der zugehörigen Person verglich. Gut, dass er mich auch verschlafen und verkatert erkannte. Abschließend mussten wir alle in unseren Schlafanzügen auf den Flur, damit die herrische Kontrolleurin unsere Unterbettkommoden nach illegalen Einwanderern kontrollieren konnte. Kein Scherz! Dass jeder von uns viel zu viel Wodka, Schokolade und Souvenirs dabei hatte, hat keinen interessiert. Es wurde nur nach illegalen Personen im Zug gesucht.

Schließlich durften wir doch noch ein bis zwei Stündchen schlafen und gegen Mittag haben Anja und ich den Toilettenraum des Helsinkier Bahnhofs in einen Waschraum umgewandelt. Ich glaube, die ein- und ausgehenden Finnen waren etwas verärgert, weil unsere ausgepackten Koffer und Taschen den Weg zu den Toiletten versperrten und wir die Waschbecken zum Haare waschen blockierten. Aber was soll man machen.

Den Nachmittag über schauten wir uns Helsinki an. Dazu besorgten wir uns an der Touristeninformation ein kleines Büchlein, in dem Routen mit Spazierwegen zu den bedeutendsten Sehenswürdigkeiten aufgezeichnet waren. Es gab wirklich einige sehr schöne Ecken in der Stadt

Abends brachen wir zum Viking Terminal auf, von dem unsere Fähre nach Stockholm ablegen sollte. Dort kam dann der nächste Schock. Natali hatte einen Roundtrip gebucht, da zwei Fahrten aus irgendeinem Grund günstiger waren als nur eine einzelne Fahrt. Da wir allerdings die erste Fahrt von Stockholm nach Helsinki nicht in Anspruch genommen hatten, war die Fährgesellschaft davon ausgegangen, dass wir nicht mehr kommen und hatte unsere Tickets erneut verkauft. So standen wir nur an Bord der MS Mariella und hatten zunächst einmal keine Kabinen für die Nacht! Schließlich bekam sie es mit einigen Diskussionen und einer extra Zahlung dann doch noch hin, Kabinen im untersten Deck des Schiffes zu ergattern, so hatten wir zumindest ein Bett für die Nacht. Allerdings ist sie seitdem auf der schwarzen Liste der Viking Line und darf nie mehr Tickets bei der Gesellschaft buchen. Ist vielleicht auch besser so...

Auf dem Schiff war nicht sonderlich viel los. Wir haben ein bisschen in der Kabine gefeiert und wollten dann in den House Club an Bord. In dem waren allerdings nur ältere Herrschaften um die 60. War aber ganz witzig das Treiben dort zu beobachten und auch die Bemühungen einiger unserer Jungs mit den wenigen anwesenden Mädels in unserem Alter in Kontakt zu treten. Nur Magnus aus Island, der sich am Anfang der Reise so schüchtern verhalten hatte und nie mit jemandem aus unserer Gruppe redete, hatte (wie in jedem Club auf unserer Reise) ein Mädchen kennengelernt.

Mittwoch, 14.3.07

Da waren wir nun wieder in Stockholm. Ich war schon ganz schön kaputt und irgendwie auch langsam froh, wieder auf dem Weg nach Hause zu sein. Reisen macht Spaß, aber in einer Woche 5000km mit Bus, Bahn und Schiff zurückzulegen, wollte ich doch in naher Zukunft lieber verhindern.

Somit haben wir während der Zugfahrt nach Hause auch fast die ganze Zeit geschlafen und uns ist entgangen, dass unser gesamter Wagen voll von schwedischen Handballspielern war.

Magnus, der ebenfalls im Zug mit Anja und mir war, erzählte uns in Malmö am Bahnhof, dass es sich um ein sehr bekanntes Team gehandelt hatte und der Trainer angeblich der Beste der Welt ist. Na super, ein Zug voller schöner Handballspieler und wir haben noch nicht einmal einen Blick darauf geworfen.

Als ich auf meinem Stockwerk in Porcelænshavn ankam, wurde ich schon stürmisch von Anne-Laure und Kristel begrüßt und als dann die ganzen anderen von unserem Flur von der Uni nach Hause kamen, wurde ich erstmal umarmt und gedrückt. Eigentlich war ich total müde, aber wir haben noch lange auf dem Flur gesessen und haben Artem, der ja Russe ist (aber in Australien lebt), zu den ganzen komischen Situationen mit den Einwohnern von St. Petersburg und Moskau befragt.

Vor allem meine Geschichte, wie ich bei Subways in St. Petersburg ein Menü mit Baguette, Cola und Keks bestellt habe bzw. den Versuch gestartet habe, dies zu tun, hat für viele Lacher gesorgt. Denn die Frau am Tresen konnte leider kaum Englisch sprechen und ich kein Russisch. Sie versuchte mir zu erklären, dass es bei Subways in Russland keine Menüs gibt. Schließlich habe ich versucht ihr verständlich zu machen, dass ich dann ein Baguette, eine Cola und einen Keks so nehme und nicht als Menü, woraufhin mir die Antwort: "No cookie for you!" entgegen geschmettert wurde. Naja, nach längerer Diskussion konnte ich mich aber dennoch verständlich machen und habe tatsächlich doch noch meinen Cookie bekommen!

Im Moment habe ich das Gefühl, dass ich innerhalb des nächsten Monats wohl keine Busse, Bahnen oder Schiffe benutzen werde, aber der Russland Trip war toll, eine richtig gute Erfahrung mit all ihren Höhen und Tiefen und ich glaube, die Chance so eine Reise mitzumachen, bekommt man wohl nur einmal in seinem Leben.

2008 Montpellier...vive la France!

Erstmal eine Frage vorweg an alle die schon mal mit Ryanair gereist sind: Warum lieben Menschen es anscheinend Schlange zu stehen und auf etwas zu warten? Sie stellen sich an, sobald das Boarding startet und haben anscheinend auch kein Problem damit, in kilometerlangen Schlangen eine Ewigkeit anzustehen. Es könnte ja schließlich sein, dass am Ende keine Sitze mehr übrig sind und man im Gang stehen muss. Oder aber, wenn das Flugzeug landet und ich noch gemütlich auf meinem Sitz warte, bis sich das größte Chaos gelegt hat, während alle Menschen beim Stopp der Maschine sofort aufspringen und im Gang anstehen. Könnte ja sein, dass Ryanair irgendwann einfach die Türen wieder zu macht und man dann einsam und allein in den Weiten des Flugzeuginnenraums ausharren muss, bis die Putzfrau kommt und einen befreit. Naja, Menschen sind schon so eine komische Sache. Wir sind halt doch Herdentiere...das sieht man ja schon, wenn man mal in der Fußgängerzone grundlos nach oben guckt. Man wird einige finden, die zu neugierig sind, um ihren Blick nicht einmal nach oben schweifen zu lassen!

Gut, soviel dazu! Meine Reise nach Montpellier war klasse! Nach einem ausgiebigen Shopping-Trip am Freitag mit einer alten Freundin in Frankfurt, ging meine Reise dann um 4 Uhr 30 am Samstagmorgen bei ihr Zuhause los. Um halb 6 hatte ich den Bahnhof in Frankfurt erreicht und auch nach langem Suchen den Shuttle-Bus zum Flughafen Frankfurt Hahn gefunden. Einige schwedische Mädchen lachten darüber, dass sie doch bei ihrer Ankunft noch dachten, sie würden am großen Frankfurter Flughafen landen und erstaunt waren, dass sie mitten im Nirgendwo ankamen. Ich war ja wenigstens noch auf den langen Trip vorbereitet. Um 11 Uhr 30 landete ich in Montpellier. Gut, dass Anne-Laure, Sophie und Kristel etwas zu spät daran waren, denn der Liter Mineralwasser, den ich beim Check-In in 5 Minuten austrinken musste, machte sich bemerkbar. Ja, so ist das, wenn man heutzutage eine Wasserflasche im Rucksack vergisst.

In Montpellier erwartete mich Sonne, meine Freundinnen aus Kopenhagen und Temperaturen von 17-20°C im Januar. Am ersten Tag hatten die Mädels gleich einen Marathon an Aktivitäten mit mir vor. Nach Sightseeing und einer Tour durch die kleinen Shops der Stadt, waren wir nur kurz Zuhause, um uns für eine kleine Geburtstagsnachfeier für mich fertig zu machen. So befand ich mich kurz darauf schon wieder in einer Cocktailbar, in der sich zum ersten Mal der Schlafentzug bei mir bemerkbar machte. Und ich kann gar nicht sagen, wie k.o. ich war, als ich nach einem weiteren Clubbesuch in dieser Nacht morgens um 20 vor 4 - 23 Stunden nachdem ich aufgestanden war - in mein Gästebett fiel. Aber es war auf jeden Fall schön, alle wiederzusehen, da nahm ich die Müdigkeit gern in Kauf. Und auch die weiteren Tage, in denen ein Strandspaziergang und mehr Sightseeing auf dem Programm standen, sowie ein Mädels Abend wie damals in Kopenhagen, waren eine tolle Zeit.

Wir redeten über alles Mögliche und es war wieder so wie vor einem Jahr in Kopenhagen. Ja genau, so lange ist das schon her. Vor über einem Jahr hatte ich meine Sachen in meinen kleinen Polo gepackt und habe mit der Fähre nach Dänemark übergesetzt. Eigentlich schade, dass auch solche tollen Zeiten irgendwann wieder vorbei sein müssen! Aber unsere regelmäßigen Treffen alle paar Monate geben Hoffnung, dass wir noch lange - vielleicht sogar für immer - befreundet sein werden! Nicht zu Letzt dank der Billig-Airlines, ohne die das alles ja gar nicht möglich wäre. Ein normaler Flug von Hannover nach Montpellier hätte mich 316 Euro gekostet, da wäre ich als Studentin niemals geflogen. So habe ich zwar eine stressige Fahrt bis zum Flughafen Hahn gehabt, aber dafür habe ich in Zügen und Flugzeugen auch wieder ohne Ende nette, interessante Leute kennengelernt. Ich habe mit Fremden über Politik und andere Dinge diskutiert. Nur irgendwann kurz vor Hannover hatte ich dann langsam genug vom Zugfahren und wäre gern schon mit einem Schnips Zuhause gewesen...aber mit sowas kann man leben, wenn man nur einen Cent plus Steuern pro Flug bezahlt.

2008 Backpacking in Thailand

In Thailand war ich 2008 mit meiner Freundin Alex unterwegs. Unsere Freundschaft hatte zu diesem Zeitpunkt schon einen sechswöchigen Road Trip durch die USA überstanden. Warum also nicht gemeinsam ins nächste Abenteuer ziehen? Ich lieh mir von meinem besten Freund Nicky einen Backpacker-Rucksack. Und dann zogen Alex und ich los. Mein Vater Günter brachte mich mit gemischten Gefühlen zum Flughafen. Backpacking in Thailand ist für unsere Generation nichts ungewöhnlich, für manche vielleicht schon Mainstream, aber für meinen Vater war es ein ungewisses Abenteuer, in das er mich brachte.

Abflugtag - Do 28.02.2008

Nachdem Günter mich zum Bahnhof gebracht hat und ich die längere Zugfahrt nach Frankfurt hinter mich gebracht hatte, saß ich im Flugzeug nach Bangkok. Die Zeit im Flieger schien kaum herumzugehen. 10 Stunden und 20 Minuten Flug ziehen sich doch schon ganz schön hin. Aber eine Nackenstarre, 3 Spielfilme und 2 Flugzeugmahlzeiten später landeten wir schließlich in Bangkok. Der Schlafentzug machte sich in unserer Aufgeregtheit nicht bemerkbar. Das kann auch damit zusammen hängen, dass ca. eine Stunde vor unserer Landung die Sonne aufging und einen neuen Tag einläutete - unseren ersten, mit Spannung erwarteten, Tag in Bangkok. Für uns war es zwei Uhr nachts, als wir landeten, doch für die Menschen hier war es 8 Uhr morgens und die Stadt war bereit, um zur Höchstform aufzulaufen.

1. Tag - Bangkok - Fr 29.02.2008

Kurz nach der Landung lernten wir die zwei Backpacker Heiko und Birgit kennen, sowie eine junge Berliner Familie mit Kind, die ebenfalls durch Thailand reisen wollten. Schnell schnappten wir uns gemeinsam ein Taxi mit genügend Sitzen. Ich handelte den Taxifahrer von 1000 auf 600 Baht herunter, was wahrscheinlich immer noch viel zu teuer war, aber 100 Baht pro Person befanden wir als okay (Wechselkurs war damals ca. 50 Baht = 1€). Und ab ging es in die City. Ich bangte ein zwar ein bisschen wegen der Fahrweise des Taxifahrers und der Tatsache, dass mein Rucksack nur notdürftig auf dem Dach des Vehikels festgebunden war, aber alles ging gut.

Nachdem wir den restlichen Weg vom Hotel unserer Mitfahrer bis zu unserem kleinen, aber nicht schlechten Zimmerchen im Hostel New Siam I liefen und irgendwann im Trubel der Großstadt ankamen, waren wir total k.o. und brauchten dringend eine Dusche. Zwar ließen die Gemeinschaftstoiletten des Hostels Schlimmes erwarten, doch die Duschen waren sauber und auch nach näherer Betrachtung schimmelfrei. Das Zimmer war sehr günstig, daher hatten wir keine großen Erwartungen. Es gab kein Bettzeug, doch wir hatten unsere dünnen Seidenschlafsäcke dabei, in die man sich wie in einem Kokon einigeln kann. Das war auch nötig, dachte ich mir bei Anblick der alten Matratze.

Da Schlafen etwas für Anfänger ist, zog es uns nach einem Sandwich (und einer kalten Cola!!!) in einem benachbarten Restaurant sofort auf eine „Walking Tour", die uns der Lonely Planet als die mit den "most famous sights" offerierte. So machten wir uns auf einen langen Spaziergang, um die *Universität Thammasat*, die *Royal Gardens*, den Tempel *Wat Phra Kaew (den Emerald Buddha)*, den *Grand Palace* und abschließend den *Wat Po Tempel* zu besichtigen. Im *Grand Palace*, dem großen Palast, lernten wir zwei Schwedinnen kennen.

Der Palast und der zugehörige Tempel sind wirklich beeindruckend! Soviel Gold, asiatische Baukunst und ganze, mit abertausenden Mosaiksteinchen besetzte Gebäude brachten uns zum Staunen! Schließlich brachen wir zeitgleich mit den Schwedinnen in Richtung *Wat Po* auf. Eine von ihnen überredete uns schließlich statt dem Touristeneingang den separaten Eingang für Thailänder zu benutzen. Diese mussten keinen Eintritt bezahlen, die lieben Touristen allerdings schon. Keine paar Stunden in Bankok und schon hatten wir gegen die Regeln verstoßen. Aber wir waren arme Studenten, wir konnten jeden gesparten Cent (oder Baht) brauchen. Also schlüpften auch wir restlichen Drei durch den Seiteneingang und ich betrachtete von meinem, immer so schnell auftretenden schlechten Gewissen geplagt, den riesigen auf der Seite liegenden Gold-Buddha. Auf mysteriöse Weise waren uns die Schwedinnen plötzlich abhandengekommen und wir traten langsam den Heimweg an. Kurz pausierten wir noch am *Chao Phraya River* und tranken unsere erste Thailändische Kokosnussmilch aus vor unseren Augen aufgeschlagenen Kokosnüssen. Schön ist übrigens auch die Parkanlage um die Universität herum mit Blick auf den Fluss! Nun sind wir wieder in unserem Minizimmerchen angekommen und entspannen noch etwas, bevor wir uns auf den Weg zum nächsten Supermarkt machen, um noch Wasser etc. für die Nacht zu kaufen.

Morgen werden wir dann mit dem Bus nach Ayuttaya fahren, der alten Königsstadt. Den Trip haben wir eben noch schnell in einem kleinen Reisebüro in einer Seitenstraße gebucht. Da es um 6 Uhr 50 losgehen soll und wir ziemlich k.o. sind, wird wohl unser geplanter Cocktailabend (wir haben eine Cocktailbar direkt vor der Tür) wohl auf morgen verschoben.

Übrigens lasst euch nur in Ausnahmefällen von Thailänder auf der Straße ansprechen, die euch hilfsbereit Sehenswürdigkeiten auf eurer Karte einkringeln und auch zufällig einen Tuktuk-Driver kennen, der einen da ganz günstig hinbringen kann. Die sind in der Regel Betrüger (logischerweise...) und denken sich zum Teil sogar Sehenswürdigkeiten aus (Bsp.: *Lucky Buddha*), die es in Wirklichkeit gar nicht gibt und die immer auch zufällig grad nur heute einmal im Jahr geöffnet haben. Dieser Kelch ist Gott sei Dank an uns vorüber gegangen. Wir hatten uns bei der Touristen Information intensiv informiert. Nach einiger Zeit hört man die Tuktuk-Fahrer auch gar nicht mehr, wenn sie einen an der Straße anquatschen. Sie können teils doch etwas penetrant sein. Auch irgendwie schade, dass man immer ein gewisses Misstrauen mitbringen muss. So verpasst man vielleicht die Chance die wirklich netten, hilfsbereiten Thailänder kennenzulernen.

2. Tag - Bangkok / Ayutthaya - Sa 01.03.2008

Der Morgen begann definitiv zu früh, als Alex und ich uns in der Dunkelheit auf den Weg zum Abfahrtsort unseres Minibusses nach Ayutthaya machten. Dort warteten wir dann und warteten und warteten...eine Stunde ertrugen wir geduldig die Verspätung des Busfahrers, doch in allem aufkommenden Ärger fiel uns plötzlich etwas auf: Alle Uhren zeigten erst jetzt 7 Uhr an, dabei standen wir doch bereits eine gute Stunde an der Straße und wimmelten am laufenden Band Tuktuk und Taxifahrer ab. Des Rätsels Lösung: Alexs Handy war aus Versehen falsch eingestellt und keiner von uns beiden hatte es geschnallt, obwohl wir mehrmals auf andere Uhren geschaut hatten. Wir waren also statt um 6 Uhr mehr oder weniger freiwillig schon um 5 Uhr aufgestanden!

Um 7 Uhr 30 tauchte schließlich unser Minibus auf und wir stiegen voller Erleichterung ein. Der Fahrer raste mit uns durch Bangkok und aus der Stadt heraus. Wir fuhren an Reisfeldern und kleinen Hütten, aber auch prunkvollen Villen vorbei und erreichten schließlich einen kleinen Tempel mit angebundenem Mönchskloster. Beim Herumlaufen sahen wir einen der buddhistischen Mönche in einer orangen Hängematte liegen und lesen. Ich wollte so gern ein Foto von ihm machen, aber traute mich nicht ihn zu fragen. Darf man eigentlich buddhistische Mönche fotografieren, wenn man ihnen noch nicht einmal in die Augen schauen darf?

Irgendwann hatte ich wohl so lange herüber geschaut, dass der Mönch neugierig wurde und zu uns kam. Er fragte uns, ob wir ihm unsere Namen in sein Gebetsbuch schreiben könnten, dann würde er uns in seine Gebete einschließen. Und er schenkte jeder von uns einen kleinen Metallanhänger mit dem Tempel darauf. Weil er ungefähr in unserem Alter war, meinte Alex noch: "Der muss jetzt erstmal 10 Rosenkränze beten, weil er mit zwei Frauen gesprochen hat!". Falsche Religion, aber so in der Art wird es vielleicht sogar gewesen sein. Schließlich ist man in Thailand streng und das gilt dann wohl besonders für die lieben Mönche. Unser Guide Sam machte auf dem Weg nach Ayutthaya noch Scherze über das Thema Strenge in der Thailändischen Kultur: "Not make fun of rrroyal family orrr you will be sent to crrrocodile farrrm...and not as a guest!".

Nachdem wir noch einige weitere Tempel und einen riesigen, liegenden Buddha besichtigt hatten und Alex und ich zwischendurch noch fast von der Gruppe abhandenkamen, gab es ein, von unserem Guide Sam organisiertes, Thai Buffet, das mit sehr leckeren Sachen auf uns wartete. Zwischendrin noch schnell eine Kokosnuss ausgeschlürft und wir waren bereit weiterzufahren...oder erstmal bereit im Bus einzuschlafen. Ein weiterer Tempel im kambodschanischen Stil unterbrach meinen kurzen Schlaf im Bus. Es war der bekannte *Wat Mahathat*. Diesmal sahen wir eine Reihe von Buddha-Statuen, denen im Krieg gegen Bhurma allesamt die Köpfe abgeschlagen wurden. Einer der Buddhaköpfe fand sich dabei eingewachsen in einer Baumwurzel wieder. Ein Bild, das bereits um die Welt ging.

Von dort an überkamen mich Jetlag und Müdigkeit durch den frühen Start in den Tag und unser Bus sollte durchgehend eine narkotisierende Wirkung auf mich ausüben, sobald ich mich auf meinem Platz fallen ließ.

Unser letztes Ziel war der *Royal Summer Palace* der königlichen Familie. Die Gärten waren wunderschön und sehr gepflegt. Doch da in Bangkok überall üppige Blumenkübel stehen und selbst die Straße nach Ayutthaya von einer perfekt geschnittenen Hecke und ordentlich gepflanzten Blumen umrahmt war, wunderte uns das eigentlich nicht weiter. Sie haben  hier anscheinend ein Händchen für Botanik. Auch die Gebäude des Palastes waren sehr schön und zum Teil in sehr internationalen Stilen gebaut. Ein Gebäude aus China, Statuen aus Rom und noch einige andere europäische Bauarten begegneten uns, während wir Sam folgten, der uns schnellen Schrittes durch den Park führte. Am Denkmal für eine der früheren Königsschwestern erzählte er uns die traurige Geschichte, wie ihr Boot auf dem Weg nach Bangkok kenterte und sie, schwanger und mit ihrem 2jährigen Kind im Schlepptau, elendig unterging, während Menschen am Rand des Flusses standen und nichts unternahmen, außer zu beten. Es existierte damals ein Gesetz, nach dem man die königliche Familie nicht berühren durfte. Der König war darüber aber so bestürzt, dass er das Gesetz nach diesem Unglück umgehend abschaffte.

Dann ging es zurück nach Bangkok. Wir ließen den Tag mit einem Spaziergang über die Kao San Road mit obligatorischer Ananas am Spieß, einer kalten Dusche im Hostel (warme Duschen gibt es hier nicht), der Buchung unseres Trips zu den schwimmenden Märkten morgen, sowie einem gemütlichen Essen und dem üblichen Gute-Nacht-Cocktail ausklingen.

Übrigens noch ein Tipp zum Abschluss: Man sollte immer ein T-Shirt dabei haben beim Sightseeing, auch wenn es sehr heiß und damit eher Tanktop-Wetter ist. Sonst muss man sich in den offiziellen Staatsgebäuden und Tempeln ‚anständige' Blusen und lange Wickelröcke leihen, wie sie meiner Oma sicherlich gefallen hätten. Obwohl uns das gestern im *Grand Palace* auch irgendwie den Tag versüßt hat, weil wir so viel Spaß beim Posieren in unseren alternativen Outfits hatten.

3. Tag - Bangkok / Floating Markets - So 02.03.2008

Wieder einmal begann unser Tag früh, aber diesmal hatten wir es geschafft zur richtigen Uhrzeit aufzustehen. Um kurz nach 7 Uhr kam dann auch schon unser Shuttle zu den Floating Markets. Die 1 1/2

Stunden Fahrt verbrachte ich wieder schlafend, auch wenn ich nicht mehr ganz so unruhig und wenig geschlafen hatte als zuvor.

Die schwimmenden Märkte (*Floating Markets*) sind kleine Kanäle außerhalb von Bangkok, in denen Händler von ihren Booten aus und am Rande des Wassers ihre Waren, wie Obst, Gekochtes und allerlei Schnickschnack anbieten. Wir setzten uns in ein Boot zusammen mit einer Texanerin namens Betty und wurden durch den Andrang der ganzen Boote und Menschen gepaddelt.

Diese Art von Markt hat einen besonderen Vorteil für die Händler, weil sie ihre Kunden bzw. deren Boot einfach festhalten können und man ihnen nicht so einfach entkommen kann wie in Bangkok, wo sie einen "nur" von allen Seiten anquatschen. Während wir im Wust der Boote in dem engen Kanal stecken blieben und quasi im "Stau" standen, erzählte uns Betty, dass sie im Moment ein Auslandssemester in Hongkong macht. Ich finde es immer spannend, wie viele unterschiedliche Menschen man auf solchen Reisen kennenlernt.

Schließlich hatten wir den Markt und die Unmengen von Booten hinter uns gelassen und schipperten nun durch ruhigere Kanäle mit Wohnhäusern auf Stelzen und vielen Blumentöpfen auf den Terrassen.

Gestört wurde die Idylle nur von meiner Angst zu kentern. Jedes Mal, wenn ein Speed Boot vorbei raste, geriet unser kleines Ruderboot ganz schön ins Schwanken ("Gibt es hier wohl Krokodile?"). Dazu kam die Tatsache, dass unser Gondoliere die ganze Zeit seine Multitasking-Fähigkeiten durch gleichzeitiges rudern und mit dem Handy telefonieren unter Beweis stellte. Alex sagt immer, dass ich ein Angsthase bin. Wahrscheinlich hat sie wohl Recht. Aber man muss mir ja zu Gute halten, dass ich dennoch immer über meinen Schatten springe und alles mitmache, auch wenn mir vielleicht mulmig dabei zu Mute ist.

Im Anschluss an diese Fahrt schlenderten wir noch einmal durch die Markthallen und ich entdeckte wieder einmal meine Freude am Handeln. Besonders nachdem Betty mir erzählte, dass man den Preis grundsätzlich um 75% drücken kann, wenn man es geschickt anstellt. So erstand ich mein Strandkleid für 250 statt 650 Baht und wir alle kauften Tiger Balsam. Tiger Balsam soll angeblich gegen alles helfen. Das Panthenol Asiens quasi.

Immerhin segnete diesmal niemand seine Waren mit unseren Geldscheinen wie in Ayutthaya, wo wir unsere 4 Fotoalben schon um die Hälfte heruntergehandelt hatten. Das Segnen mit Geldscheinen ist ein Zeichen, dass man definitiv zu viel bezahlt hat. Man huldigt damit die Götter, die einem diesen Gewinn beschert haben.

Nachdem wir dann auch mal Speed Boot fahren durften, ging unsere Reise weiter zu einer kleinen Manufaktur, in der Schnitzarbeiten hergestellt wurden. Was die Thailänder dort alles so zurecht schnitzen ist wirklich beeindruckend! Noch genüsslich eine Kokosnuss geschlürft und dann saßen wir auch schon wieder im Minibus nach Bangkok zurück.

Dort verschnauften wir kurz, aßen eine Kleinigkeit bei einer der unzähligen kleinen mobilen Garküchen und hatten dann einen Termin beim Schneider. Wir hatten am Vortag bereits Anzüge bestellt und mussten nun kurz zum Probetragen. Wenn wir dann von den Inseln zurückkommen, bekommen wir unsere maßgeschneiderten Anzüge. Ein Freund hatte uns den Tipp gegeben, dass wir diese in Thailand für kleines Geld bekommen können. Es war natürlich super, so verschwitzt zur Anprobe zu gehen. Aber schließlich bin ich am Ende meines Studiums angekommen und die wirkliche Welt mit der Suche nach einem geeigneten Arbeitsplatz wird nach dieser Reise auf mich warten.

Danach machten wir uns auf den langen Weg zum *Wat Arun Tempel*, den wir noch nicht gesehen hatten und zu dem man mit einem Boot zur anderen Fluss Seite übersetzen musste. Zurück im Hostel holten wir unsere Rucksäcke, die die Rezeption netterweise nach dem Auschecken am Morgen für uns verstaut hatte. Uns wurde sogar noch eine Dusche gewährt, mit so viel Freundlichkeit hatten wir gar nicht gerechnet. Dankbar wuschen wir uns den Schweiß und den Schmutz der Stadt ab, bevor wir uns auf den Weg zu unserem Nachtbus nach Ko Samui machten.

Ja, und da sitze ich nun im oberen Stock des Doppeldeckerbusses, der uns zur Fähre bringt. Wenn alles klappt, werden wir morgen um 11 Uhr auf Ko Samui ankommen!

4. Tag - Ko Samui - Mo 03.03.2008

Mit dem Bus zur Fähre zu fahren gestaltete sich schwerer als gedacht. Zweimal wurden wir in andere Busse umgeladen! Einmal um 5 Uhr morgens, als man uns irgendwie in Sura Thani raus ließ und uns nur gesagt wurde, dass der Bus nach Ko Samui um 7 Uhr 30 fährt. Also nutzten wir die Zeit unsere Finanzen zu kontrollieren.

Schließlich ging es dann weiter zu einem Fähranleger, an dem wir wieder warteten. Zwar lag dort ein Boot, doch wir wurden wieder in - diesmal ziemlich volle - Busse aufgeteilt und es ging weiter mit unbestimmtem Ziel. Da die Thailänder alle kein Englisch konnten, war es für uns unmöglich herauszufinden, welchen Hintergrund dieses Hin und Her hatte. Nach einer weiteren Stunde an einem anderen Bootsanleger am Meer angekommen, erklärte man uns, dass das erste Boot nicht starten konnte, da der Fluss zurzeit zu wenig Wasser führt. Daher hatte man uns nun zu dieser alternativen Anlegestelle gefahren. Während der Überfahrt durchsuchten wir den Lonely Planet nach Alternativen, falls das von uns geplante "Embassy Guesthouse" auf Ko Samui schon voll wäre. Es war ca. 12 Uhr mittags, als wir mit einem Minibus mit einigen anderen über die Insel heizten. Thailänder fahren auch wie es ihnen grade passt. Wirklich ganz spannend zu beobachten, für mich als kleinen Angsthasen allerdings gewöhnungsbedürftig, wenn man mit fährt. Teilweise nutzen auch gern mal ganze Familien ein Moped.

Das "Embassy Guesthouse" sah zwar ganz okay aus, hatte aber nur noch ein Zimmer für 1200 Baht anzubieten. Im Lonely Planet hatten wir alternativ "The Wave Samui" rausgesucht und hatten schon überlegt wie wir dieses Hostel im Zweifelsfall im "großen" Hat Chaweng finden sollten. Doch das gestaltete sich einfacher als gedacht, denn es war zufällig direkt nebenan. Wir hatten dort sogar 2 Zimmer zur Auswahl. Eins für 400 und eins für 600 Baht. Ich überredete Alex das Teurere zu nehmen, da mir der riesige Schimmelfleck im Billigeren nicht so ganz behagte. Wir warfen unsere Rucksäcke in unser Zimmer und dann zog es uns sofort hinaus, um die Gegend zu erkunden. Nach einem guten Essen in der Stadt kollabierten wir dann aber am Strand und schliefen nach der anstrengenden Nacht im Bus eine Runde. Danach spazierten wir den Strand ab und machten uns ein erstes Bild.

Chaweng ist sehr touristisch und erinnerte mich mit den unzähligen Liegen am Strand und den vielen Strandbars ein bisschen an Mallorca im Thai-Style. Aber die Szenerie, das Meer, der weiße Strand, all das ist schon sehr beeindruckend, wenn man es vorher so noch nicht gesehen hat!

Eine Dusche und die Buchung unserer nächsten beiden Trips später, befanden wir uns wieder am Strand, diesmal auf Nahrungssuche. Mit dem guten Gefühl den Preis für die "Dschungel Safari" und das "Cable Riding" immerhin um 600 Baht gedrückt zu haben, setzten wir uns in ein kleines Strandrestaurant, in dem man auf kleinen Plattformen an kleinen Tischen hocken oder auf den gemütlichen Kissen liegen konnte. Der Strand war abends sehr idyllisch: Die Lichter der Bars, die sich in kleinen, aneinandergereihten Hütten befanden, das Rauschen des Meeres und die Chillout-Musik unseres Restaurants hatten eine ganz besondere Wirkung.

Schnell kamen wir nach dem Essen beim Cocktailtrinken mit einem jungen, russischen Ehepaar ins Gespräch, das in Beijing wohnt! Wir unterhielten uns eine ganze Zeit mit ihnen, bis wir alle zu später Stunde müde wurden und Alex und ich nach einem Abstecher ins Internet Café in unser Bett fielen!

5. Tag - Ko Samui / Dschungel Safari - Di 04.03.2008

Heute haben wir unsere Dschungel Safari gemacht. Um 9 Uhr wurden wir abgeholt und auf einen Jeep bzw. dessen Ladefläche geladen. Unser Fahrer "Mr. Tom" steuerte dann mit unserem Guide aus Holland im Schlepptau sofort in rasantem Tempo "Grandfather and Grandmother Rock" an, zwei Felsen an der Küste, die aussehen wie Geschlechtsteile. Dort trank der Holländer erstmal eine Dose Bier auf den Guten-Morgen-Joint, den er davor geraucht hatte. Sehr anheimelnde Gesellschaft. Sehr, äh, interessante Sehenswürdigkeit.

Vielleicht war auch das der Grund warum wir nach dem Elefanten Trekking im Dschungel und der anschließenden Krokodil-Show mit Mr. Tom allein dem Konvoi der zahlreichen Jeeps unserer Tour folgten. Der Holländer war uns irgendwie abhandengekommen. Schien aber auch niemanden zu stören.

Von dem Elefanten-Trekking waren wir etwas enttäuscht, weil wir dachten, dass wir richtig in den Dschungel reiten. Und die Elefanten und die Tiere in den Käfigen des angrenzenden Zoos, um den wir herumritten, taten mir nur leid. Ich hatte etwas Angst, dass die Tour ein Flopp werden würde. Doch dann fuhren wir zum *Nanuang Waterfall* und kraxelten dort den Berg hoch, um ihn näher zu bestaunen. Anschließend badeten wir im Wasserfall. Das war nach dem Aufstieg ganz toll und sehr erfrischend!

Im Anschluss trockneten wir unsere nassen Haare im Fahrtwind unseres Jeeps auf dem Weg zum *Mummified Monk* in einem Tempel namens *Wat Khunaram*. Der Mönch wurde im Schneidersitz mumifiziert und dort ausgestellt. Auch wieder so eine Sehenswürdigkeit, der ich etwas skeptisch gegenüber stand.

Als wir wieder zurück zum Jeep kamen, zeigte unser Fahrer uns die zwei Sitze auf dem Dach des Jeeps und sagte uns wir sollten dort hochklettern, er würde dann so weiter fahren. Anfänglich hatte ich furchtbare Angst, dass wir runterfallen, aber je weiter wir wieder über holprige Pisten in den Dschungel fuhren, desto toller fand ich es auf dem Dach durchgeschüttelt zu werden. Die Wege im Dschungel sind Erdstraßen mit Furchen, die zum Teil sehr tief ausgewaschen sind. Das Einzige, vor dem wir uns in Acht nehmen mussten, waren die Zweige der Bäume, die auf die Straße hingen und vor denen wir uns regelmäßig ducken mussten. Die schlammigen Wege führten uns zum *Magic Buddha Garden* und als ich abstieg, war ich sehr gut gelaunt und froh mich überwunden zu haben oben sitzen zu bleiben. Der *Buddha Garden* war beeindruckend! Mitten im Dschungel fanden wir einen angelegten Steingarten mit überwucherten Pavillons und Buddha-, sowie Tierskulpturen. Ich konnte mich gar nicht satt fotografieren. Wie ein keiner, verwunschener Ort, durch den man spazierte.

Wir bekamen eine kalte Cola und schon ging es weiter durch den Dschungel, auf und ab, hin und her, durch Matsch, über Hügel, steil bergab und steil bergauf...bis wir an einem Aussichtspunkt auf dem Berg ankamen, von dem man die Insel überblicken konnte. Also eigentlich...denn es war sehr diesig.

Mittagessen gab es in einem abgelegenen Restaurant auf dem Berg (wer da wohl sonst so hoch kommt?). Ach ja, ich vergaß zu erwähnen, dass wir auch noch auf einer Kokosnussplantage waren und dort zugesehen haben, wie Affen Kokosnüsse vom Baum holen für die Farmer. Auch hier hatte ich wieder meine kritischen Hintergedanken bezüglich der Tierhaltung. Der kleine Affe, der uns diese Art der Ernte demonstrierte wirkte zwar ganz aufgeweckt, aber dennoch fragte ich mich, wie er wohl gehalten wurde, wenn die Touristen weg waren.

Doch zurück zum Dschungel. Unser ruckeliger Weg führte uns als nächstes zu einer Kautschukplantage auf der wir sahen, wie man Kautschuk aus den Gummibäumen gewinnt. Allerdings arbeiten Kautschuk-Farmer nur nachts, weil es dann kühler ist und der Saft besser fließt. Mr. Tom erfreute Alex und mich mit einer gefangenen Heuschrecke. Auf dem Aussichtspunkt hatte er mir bereits eine riesige Spinne in mein Kamera-Etui gesteckt. Was für ein Witzbold...

Es war auch immer sehr lustig, wenn er über die Steine und Furchen fuhr, so dass der Jeep ganz schräg stand. Er sah uns herausfordernd an und schrie laut: "Ahhhh, Maami, Paapi!!!". Nach einiger Zeit hatten wir uns aber daran gewöhnt und mussten ihn leider enttäuschen.

Als Letztes auf unserer Route lag der "*Big Buddha*", der uns aber nicht mehr allzu sehr beeindruckte, da wir in Bangkok und Ayutthaya schon so viele Tempel mit riesigen Buddha-Statuen gesehen hatten. Nun fing es dann auch an zu regnen, was sich leider bis jetzt (19 Uhr 30) fortgesetzt hat, aber so ein warmer Tropenregen hat ja irgendwie auch etwas.

Gleich wollen wir etwas essen gehen und dann mal schauen, was das Nachtleben von Chaweng so zu bieten hat. Unsere Tour heute war ihr Geld auf jeden Fall wert, auch wenn es eine sehr touristische Angelegenheit war.

6. Tag - Ko Samui / Cable Riding & Hat Bo Phut - Mi 05.03.2008

Das Nachtleben von Chaweng spielte sich in einer Straße ab, in der sich Bar an Bar und Club an Club reihte. Allerdings war in den meisten Clubs das Verhältnis von Frauen zu offensichtlichen Prostituierten ungefähr 10 zu 90, so dass wir, nach dem fehlgeschlagenen Versuch herauszufinden, wo Timo Maas auflegt, schließlich in einem R&B-Club landeten, was Alex sehr freute. Dort blieben wir auf der Tanzfläche, tanzten und beobachteten Leute, bis wir irgendwann erschöpft und verschwitzt nach Hause gingen. Diese Nacht schlief ich wie ein Stein...

Heute wurden wir dann um 10 Uhr zum Cable Riding abgeholt und wieder einmal lange, ausgewaschene Erdstraßen entlang in den Dschungel gefahren. Unsere Rucksäcke hatten wir nach dem Check Out im Hostel eingelagert.

Cable Riding macht total viel Spaß! An langen Stahlseilen, die durch den Dschungel gespannt sind, kann man, eingeschnallt in ein Sicherheitsgeschirr, wie an einer Kinderspielplatz-Seilbahn, von einer Baumwipfelstation zur Nächsten jagen. Nur dass die Seilbahn sich ca. 20 Meter über dem Boden befindet. Das macht total Laune und man sieht die Wälder mal aus einer ganz anderen Perspektive. Guides sind die ganze Zeit dabei, erklären, wie man Anlauf nehmen oder Bremsen muss und helfen jedem, sich in die Seilbahn einzuklinken. Wieder unten angekommen stürzten wir uns voll Adrenalin auf Gratis-Obst, um unsere tägliche Dosis Ananas zu erfüllen.

Nachdem wir vom Cable Riding zurück waren, nahmen wir ein kurzes Mittagessen im Wave Samui, unserem Hostel, zu uns und verabschiedeten uns dann in Richtung *Hat Bo Phut* im Norden von Ko Samui. Das Taxi dorthin kostete uns 300 Baht und ließ uns direkt am Hostel "Free House Bungalows" raus, in dem wir heute nächtigen werden, bevor wir morgen nach Ko Phangan übersetzen. Heute Nacht haben wir einen kleinen hölzernen Bungalow mit einem Bett mit Moskitonetz. Genauso hatte ich mir Backpacking in Thailand vorgestellt. Der Strand ist ca. 100 Meter von unserer Hütte entfernt, sehr ruhig, mit Kokospalmen und einer kleinen hölzernen Strandbar mit Chill Out Musik. Nachdem wir vorhin etwas an unserem traumhaften Strand geschlafen haben, genossen wir gerade die beste Dusche unserer Reise: eine Heiße!

Ja, das ist durchaus etwas Besonderes, denn bisher hatten wir in Thailand kein Hostel mit warmer Dusche. Es ist hier einfach so warm, dass man sie nicht braucht! Aber meine Haare freuen sich sehr, dass nach Tagen nun endlich mal das gesamte Shampoo aus ihnen herausgespült wurde. Gleich wollen wir uns nach der Überfahrt nach Ko Phangan erkundigen und den Tag ruhig mit Essen, Strand und Cocktails ausklingen lassen...

7. Tag - Ko Samui / Ko Phangan - Do 06.03.2008

Gestern hat uns noch ein monsunartiger Regenschauer erwischt. So verbrachten wir den Abend auf der Veranda unseres Bungalows und lasen in unseren Büchern. Doch wir mussten trotzdem noch einmal raus in die Niagarafälle, um triefnass durch metertiefe Schlammpfützen zu waten. Übersät von Schlammflecken zogen wir Geld und frischten im kleinen Supermarkt von Bo Phut unsere Wasservorräte auf. Zurück im "Free House" beschlossen wir, dort zu essen und da unser Wirt um 22 Uhr schloss, reichte die Zeit nicht mehr für einen Gute-Nacht-Cocktail wie all die anderen Nächte. Unter dem Fliegennetz in unserem Bett hermetisch abgeriegelt, fielen wir in einen langen Schlaf. Bedauerlicherweise hatte sich eine Stechmücke mit unter das Netz gemogelt und nutzte die Situation schamlos aus

Heute verbrachten wir den Tag zunächst am Strand. Unser erster richtiger Strandtag! Den riesigen Sonnenbrand an meinem Körper, der besonders meine Oberschenkel in rotglühende Herdplatten verwandelt hat, sollte ich erst viel später bemerken. Für die nächste Reise merkte ich mir gleich, dass Sonnenschutzfaktor 30 wohl für mich in tropischen Gegenden nicht ausreichend war.

Nach Ko Phangan brachte uns ein Highspeed-Catamaran, der in fünf Minuten das andere Ufer erreichen sollte. Wir wurden bereits um 15 Uhr 45 abgeholt, um zu unserem Boot zu gelangen, das um 17 Uhr ablegen sollte. Also warteten wir artig am einsamen Bootsanleger und hofften inständig, dass die Fahrt stattfinden würde. Thailändischer Pünktlichkeit sei Dank legten wir dann um 17 Uhr 30 ab. Aber da die Fahrt nur 5 Minuten dauerte, war die Verspätung allerdings zu verschmerzen.

Vom Anleger aus ließen wir uns auf Ko Phangan von einem "Taxi" (ein umgebauter Pickup mit Bänken hinten drauf) nach Bantai bringen, wo wir von einem Gästehaus mit Baumhütten gehört hatten. Doch dieses entpuppte sich als Enttäuschung, denn es gab nur eine Hütte, die richtig im Baum war und die war dank ihrer kleinen Fenster total dunkel und auch etwas schmutzig (mein erster Blick in neuen Unterkünften richtet sich immer aufs Klo!).

Also versuchten wir aus dem kleinen Dörfchen, in dem wir uns jetzt befanden, nach Hat Rin zu fahren, um dort das "Rin Bay View Hostel" zu suchen. Das gestaltete sich etwas schwierig, denn es kamen keine Taxen mehr vorbei und so fuhren wir per Anhalter auf der Ladefläche eines normalen Pickups eines zwielichtig aussehenden Thailänders mit. Die Dunkelheit, die um 18 Uhr über uns hereinbrach, führte uns dennoch irgendwie zum "Rin Bay View". Dort wurden wir von einem leicht verwirrt wirkenden deutschen Backpacker, den wir zufällig auf der Straße trafen, vor den lokalen Gefahren gewarnt: "Vorsicht! Ab zwei Uhr nachts rotten sich hier Hunde zu Gangs zusammen und wollen jeden beißen, der ihnen über den Weg läuft!". Irritiert ob dieser ungewöhnlichen Begegnung checkten wir in unsere Hütte mit Klimaanlage und Bad ein. Luxus! Da wir zwei Nächte bleiben wollten, bekamen wir sie für 600 statt 700 Baht...immerhin.

Hat Rin ist zwar ebenso touristisch wie es Hat Chaweng auf Ko Samui ist, doch irgendwie ist hier alles anders. Es liegt eine andere Stimmung in der Luft und es ist eine andere Art von Tourismus. Auch der Rhythmus der Leute scheint anders zu sein, denn als wir um 21 Uhr auf Nahrungssuche gingen, waren zwar alle Läden und Restaurants offen, aber total verwaist. Es war quasi ein Touristenort ohne Touristen! Auch gemütliche Strandbars und -restaurants sucht man hier vergeblich. So aßen wir bei einem sehr netten Inder mitten in der "Stadt" und gingen dann in die Cactus Bar, um dort den Flyer für ein Freigetränk einzulösen, den wir auf der Straße bekommen hatten. Es entpuppte sich als Wodka - Red Bull, was der Barkeeper uns dort zusammen mischte. Da saßen wir nun und nippten an dem Teufelszeug (ich kann den Geschmack von Red Bull einfach nicht ausstehen), während wir die Feuertänzer am Strand beobachteten und eine schleppende Konversation mit den angeblich einzigen anderen Deutschen am Strand, Joseph, dem Sozialpädagogen und Tim, der Geographie studierte, führten. Irgendwie merkten die beiden wohl, dass sie bei uns beiden vergebenen Mädels flirttechnisch auf Granit bissen ("Ich studiere Sozialpädagogik, weil ich dadurch mein Helfersyndrom ausleben kann!") und zogen in eine andere Bar weiter. Wir genossen noch das Rauschen des Meeres...und die Stille ohne die subtilen Anmachsprüche der beiden Typen.

8.Tag - Ko Phangan - 07.03.2008

Der neue Tag begann wieder einmal mit Regen. Andere Touristen, mit denen wir gesprochen hatten, meinten, dass auch sie noch nie so viel Regen in Thailand erlebt hatten. Noch nicht einmal in der eigentlichen Regenzeit. Alex und ich saßen etwas ratlos auf unserer Terrasse und beobachteten, wie es eimerweise an unserer Hütte herunterplätscherte. Nach einem American Breakfast in der Stadt, kämpften wir uns wieder zurück durch tiefe Schlammpfützen und da unser Plan, mit einem geliehenen Quad über die Insel zu fahren, wettertechnisch nicht aufging, beschlossen wir den Tag in einem Spa zu verbringen. Alex ließ sich stundenlang massieren, während ich ein „Sunburn Treatment" für meine so geschundene Haut bekam. Für 900 Baht wurde ich von jeder Körperseite 45 Minuten in, ständig erneuerte, Eiswasser-Kompressen gewickelt und als ich dann zitternd da lag, weil meine Körpertemperatur um gefühlte 10 Grad heruntergekühlt war, bekam ich eine Ganzkörpermassage mit Aloe Vera Gel. Für meinen Sonnenbrand an den Oberschenkeln war es sehr gut, aber ich kam blaugefroren aus dem Spa, während Alex Erholung pur ausstrahlte.

Mit blauen Oberschenkeln watete ich dann einige Zeit später hinter Alex her durch den Regen. Wenn wir schon nicht über die ganze Insel kamen, dann wenigstens ein bisschen durch Hat Rin. Wir liefen am Sunrise Beach entlang, an dem immer die „Full Moon Partys" stattfinden, durch die kleine Stadt und dann den Berg hinauf in den Dschungel. Dort fanden wir den erhofften Viewpoint aber leider nicht. Dennoch ein Mikroabenteuer. Zwei Mädchen, die über matschige Wege allein durch den tropischen Wald laufen.

Nach einem ersten westlichen Dinner mit Hähnchen und Pommes zogen wir ein wenig durch die kleinen Boutiquen und endeten dann wieder in der Bar Cactus am Strand. Wir beobachteten bei unserem Gute-Nacht-Cocktail die Feuertänzer und die, die es noch werden wollten. Der Regen hatte uns auch mal eine kleine Pause gegönnt!

9. Tag - Ko Tao - Sa 08.03.2008

Gut befrühstückt mit Toast, Ham & Eggs und Fruit Salad machten wir uns per Taxi und Boot in Richtung Ko Tao auf, um dem Regen zu entfliehen. Da das Boot eine Klimaanlage hatte, konnte man es unter Deck nicht aushalten vor Kälte. Also schaukelten die halb-seekranke Alex und ich, im Schneidersitz an Deck sitzend, Richtung neuer Unterkunft. Es zog uns an die Shark Bay, auch *Chalok Ban Kao* genannt. Wir hatten sie von einem Mädchen beim Cable Riding auf Ko Samui empfohlen bekommen. Etwas k.o. kamen wir dort an. Das von ihr ebenfalls empfohlene Guesthouse Tarapon Bungalows entpuppte sich im Gegensatz zu unserer kleinen Bucht als Enttäuschung, da wir einen Bungalow mit Müllbergblick bekommen hätten.

Also stapften wir mit unseren Rucksäcken durch den Sand und kamen im "Big Fish Dive Resort" unter. Diesmal hatten wir eine kleine Hütte mit Meerblick und entspannten nach dem Einzug erst einmal am Strand. Zwei deutsche Typen waren ebenfalls in unserem Resort, zufälligerweise auch noch aus Celle. Malte und Dane waren ganz nett und erzählten uns, dass Ko Samet und Ko Chang sehr empfehlenswert für unseren nächsten Besuch seien, weil diese Inseln noch nicht so touristisch wären wie Ko Samui und Ko Phangan.

Unser Abendessen im Strandrestaurant unseres Bungalows war sehr gut, aber scharf wie immer, und der Blick über die Bucht war phantastisch! Allerdings war es etwas wenig Nahrung für uns, also orderten wir zum Nachtisch einen Pancake mit Nutella und schauten zu wie die Sonne über der Bucht unterging.

Unseren Gute-Nacht-Cocktail nahmen wir in der Eazy Bar auf einer Terrasse über dem Meer zu uns. Bei Chillout-Musik und Hippietypen um uns herum kam ich mir wieder vor wie in den 70ern.

10. Tag - Ko Tao - So 09.03.2008

Da morgens um 6 Uhr 30 unsere Nacht durch den Besuch einer ekelhaften Kakerlake in unserem Badezimmer jäh beendet wurde, waren wir heute etwas mürrisch drauf. Ich war nachts mit halb geöffneten Augen ins Badezimmer getapst und hatte nach dem Lichtschalter gefühlt. Diesen fand ich nicht direkt, dafür drückte ich auf etwas Festes, Krabbeliges. Auf meinen Schrei hin war Alex aus dem Bett gesprungen und eilte mir zu Hilfe. Die Kakerlake flüchtete allerdings, trotz der Besprühung mit "No Bite" Insektenspray, ausgerechnet unter unser Bett, also waren die restlichen Stunden Schlaf nicht mehr allzu erholsam. Aufgrund ihres Besuchs und der Tatsache, dass unsere Matratze einen schier unerträglichen Schimmelgeruch ausstieß, siedelten wir heute ins nahgelegene "Ko Tao Tropicana Resort" um. Dort war unser neuer Bungalow allerdings auch nach einem großen Frühstück noch nicht bezugsfertig. Also nutzten wir die Zeit und mieteten bei strahlendem Sonnenschein ein Quad, mit dem wir dann gen Norden der Insel aufbrachen.

Ein kurzer Stopp an der bekanntesten und größten Bucht, der Sai Ree Bay, ging es weiter zu einem Viewpoint, von dem man die kleine Insel Ko Nang Yuan mit ihrem Verbindungsstrand zu einer anderen kleinen Insel sehen konnte. Es begann mittlerweile zu regnen. Patschnass flohen wir zurück durch die Wälder, vorbei an Resorts, den Hütten der Einheimischen und jede Menge Müll am Straßenrand nach Sai Ree, wo wir in einer Strandbar bei ein paar Shakes Unterschlupf fanden. Unsere Sachen waren so nass, als hätte man uns ins Meer geschubst.

Als wettertechnisch das Schlimmste vorbei zu sein schien, sprangen wir wieder aufs Quad und jagten die Straße weiter gen Norden, diesmal in Richtung Mango Bay. Über ausgespülte Dirt Roads mit teilweise ca. 50cm tiefen Löchern quälten wir unser Quad die schlammigen Berge hinauf und ließen bergab die Bremsen heiß laufen. Einen besonders steilen Berg wagten wir uns nicht mehr hinauf, also ließen wir das Quad irgendwo im Dschungel stehen und kraxelten zu Fuß hoch. Der Weg wäre zu steil gewesen und zu ausgewaschen. Das war von nun an unsere ganz private Dschungel-Safari zu Fuß durch den einsamen Wald. Wir hörten fremdartige Tiergeräusche und sahen merkwürdig gewachsene Bäume und Palmen.

Wiederum mitten im Dschungel fühlten wir uns in kompletter Einsamkeit, als plötzlich eine Wellblechhütte mit Holzveranda auftauchte, die sehr an die Häuser der ärmeren Thailänder erinnerte. Man hörte leise Musik von drinnen. Draußen hing ein Schild: "You are tired, you can sit, rest here!", was für eine freundliche Einladung. Ein Stück weiter hatte jemand, vermutlich der Besitzer der Hütte, einen kleinen Stand aufgebaut, an dem er Wasser und Kokosnüsse verkaufte. Zumindest schien es so laut dem Schild aus Holz, denn ein Mensch war weit und breit nicht zu erahnen.

Wir machten keine Pause, sondern folgten einem Schild Richtung "Mango Bay" noch eine Weile über einen matschigen Pfad und kehrten dann schließlich um, weil kein Weg-Ende in Sicht kam und wir für weitere Auf- und Abstiege zu erschöpft waren. Pünktlich zurück am Quad fing es erneut an zu regnen.

Das Quad steckte im Boden fest und ließ sich erst nach mehrmaligem Schieb-, Zieh- und Anfahrmanöver durch unsere geballte Kraft lösen. Wir waren ein wenig stolz, dass wir das Problem hier in der Einsamkeit selbst gelöst hatten.

Den Berg hinunter fuhren wir etwas angsterfüllt, denn wir rutschten auf dem aufgeweichten Boden von einem Hindernis ins nächste und die Bremsen machten nicht den Eindruck, als wollten sie noch lange halten. Ich saß hinten und rief die ganze Zeit: „Aleeeex, breeemseeeen!" und von Alex kam nur: „Ineeees, ich trete die Bremse bis zum Anschlag durch!!!" zurück. Und zu allem Überfluss war auf Kniehöhe neben der Schlammstraße auch noch ein Stromkabel gespannt, in das wir jeder Zeit ungebremst hineingeraten konnten. Sehr anheimelnd, aber auch Abenteuer pur für uns!

Dann kam auch noch ein Wolkenbruch herunter und als wir dachten es könnte nicht mehr schlimmer werden, zeigte uns der Wetter-Buddha erst einmal wie weit das noch steigerungsfähig ist! Nasser konnten wir nicht sein und in unseren Augen taten die entgegenkommenden Regentropfen richtig weh. Wir flüchteten zurück nach Chalok Ban Kao und bezogen unseren neuen Bungalow. Triefnass dort angekommen, folgte die nächste Hiobsbotschaft: wir hatten keine Klospülung, sondern einen Eimer Wasser an deren Stelle. Günstige Hütten bedeuteten eben immer auch einfache Ausstattung. Aber naja, wat mut, dat mut! Unserer nassen Sachen entledigt, packten wir uns erstmal an den Strand. Die Wolken hatten sich verzogen. Es war mittlerweile trocken und aufgeklart.

Abends wanderten wir bis zu einer nahegelegenen Strandbar, in der es Buffet mit Meerblick gab. Das war toll, denn so konnten wir endlich mal alles ausprobieren, was wir uns sonst nicht zu bestellen trauten. Ein, zwei Gute-Nacht-Bier und eine Stunde im Internet Café später legten wir uns dann k.o. in unsere Betten und hofften, dass das Wetter morgen besser werden würde.

11. Tag - Ko Tao - Mo 10.03.2008

Heute haben wir eine Schnorcheltour rund um die Insel gemacht. Bei Stopps in der Wong Bay und der Mango Bay sind wir schön in dem Korallenriff geschnorchelt und haben unzählige bunte Fische entdeckt.

Ein paar Japanerinnen, die nicht schwimmen konnten, waren mit an Bord und wurden nur mit Schwimmwesten zu Wasser gelassen. Eine von ihnen musste ausgerechnet auf einen Felsen am Ufer klettern und holte sich bei ihrer verbotenen Aktion gleich mal einen großen Schnitt am Bein an den Korallen. Alex und ich dümpelten derweil schnorchelnd im Meer herum und nahmen später in der Mango Bay die angebotenen Früchte und Sandwiches dankend an.

Auf Nang Yuan Island bestaunten wir den Strand, der drei winzige Inseln wie eine Sandbrücke verbindet. Dort entspannten wir bis Alex Magen auch angekommen war, wie sie so schön sagte. Das bedeutete, dass es ihr langsam wieder besser ging (wir erinnern uns an ihre Seekrankheit).

Also erklommen wir den "kleinen" Berg der größeren Insel, um vom Viewpoint aus eine Übersicht zu bekommen. Zunächst kraxelten wir Holzstege und -treppen hinauf, die dann in eine Steintreppe mündeten und das letzte Stück musste man an den Felsen hochklettern. Aber es lohnte sich! Der Blick von oben war traumhaft! Wir machten gegenseitig ein paar triefnasse und verschwitzte Fotos von uns mit dem Ausblick und stiegen dann durstig wieder bergab. Nachdem wir die Insel noch über einen Holzsteg umrundeten, ließen wir uns in der Inselbar nieder und stürzten durstig eine kalte Cola in uns hinein.

Ach, habe ich überhaupt schon erwähnt, dass wir den gesamten Tag Sonne und tiefblauen Himmel hatten? Es war herrlich nach dem vorherigen Tag im Monsun! Nur hat unsere Haut wieder gelitten. Aber das kennt sie ja mittlerweile schon. Nun sitze ich im Schatten eines

Busches an unserem Strand und schaue auf das Meer und die idyllische Bucht. Und natürlich in den blauen Himmel!

Ein letztes Mal haben wir uns am Buffet vom Buddha View Resort die Bäuche vollgeschlagen. Das Essen war zwar wieder einmal unheimlich scharf, aber sooo lecker! Auch unser Pensum an Karten schreiben haben wir heute endlich mal erledigt. Morgen Nachmittag geht es dann zurück nach Bangkok...

12. Tag - Ko Tao / nach Bangkok - Di 11.03.2008

Nachdem Alex gestern der Ameisenstraße in ihrem Bett den Kampf angesagt hatte und den Großteil der Krabbelviecher mit dem "No Bite" - Spray erledigen konnte, sind wir endlich eingeschlafen.

Unser neuer Tag begann mit dem Packen unserer Rucksäcke, Frühstücken und Auschecken, woraufhin wir am Strand noch etwas die Sonne genossen...oder besser den Schatten, denn vor allem mein kompletter Rücken und Alex's Po glühten vom Sonnenbrand, den wir uns vom Schnorcheln geholt hatten. Um uns herum schlich ein merkwürdiger Typ vom Hostelpersonal, der immer mit einer Schreckschusspistole um das Resort schlich und als Rambo für Arme die Vögel verjagte! Es gibt schon skurrile Typen auf dieser Welt.

Um halb vier wurden wir dann nach einem letzten Lunch im "Ko Tao Tropicana Resort" von unserem Hostel-Pickup, wie immer auf der Ladefläche, zum Pier gebracht und legten eine halbe Stunde später Richtung Chumphorn ab. Auf der anschließenden Busfahrt lernten wir auf einem Zwischenstopp dann Shiri kennen, die neben Alex im Bus saß.

Sie checkte morgens um 5 Uhr mit uns gemeinsam im Hostel "New Siam Riverside" ein, nachdem wir eine ruckelige und schlaflose Busfahrt hinter uns hatten. Alex und ich hatten für die letzten 2 1/2 Nächte extra ein etwas besseres Hostel ausgewählt, um nochmal etwas "Luxus" zu genießen, nach Hütten für 400-700 Baht pro Nacht mit kleinen Krabbelfreunden und teilweise ohne Klospülung. Die halbe Nacht entstand dadurch, dass wir erst um 5 Uhr eincheckten. Ein sehr nettes Entgegenkommen des Personals. Ich nahm erstmal eine ewig lange HEIßE Dusche, bevor ich todmüde ins Bett fiel...

13. Tag - Back to Bangkok - Mi 12.03.2008

Nach der anstrengenden Nacht im Bus schliefen wir ein paar Stunden und machten wir uns um kurz vor 10 Uhr über das reichhaltige Frühstücksbuffet unseres Hostels her, als hätten wir wochenlang nichts zu Essen bekommen! Unsere neue Freundin Shiri fuhr direkt zum Shoppen ins MBK Center, Bangkoks größter Shoppingmall.

Alex und ich hingegen setzten unser Bangkok Sightseeing vom Anfang unserer Reise fort. Wir wanderten durch den kleinen Park in der Nähe unseres Hostels, dann zum *Golden Mount*, einem aufgeschütteten Berg auf dem sich ein Tempel befindet. Wir erklommen ihn und hatten einen tollen Blick über Bangkok. Es war brütend heiß und ich litt etwas, da mein Sonnenbrand vom Schnorcheln sich in eine heftige Sonnenallergie verwandelt hatte, die sich über meinen rechten Arm, die Schulter, den Hals und die Oberschenkel zog. Da kam mir der leichte Wind auf der Spitze des Tempels sehr recht.

Nach einigen Navigationsproblemen haben wir dann *China Town* gefunden und uns auch diesen Teil Bangkoks angeschaut. Zurück zum Hostel nahmen wir das erste Mal ein Tuktuk und sahen die Stadt im Vorbeifahren mal wieder aus einer anderen Perspektive.

Eine kurze Abkühlung in unserem Hostelpool und dann folgten wir Shiri in das MBK Center, das sie heute früh bereits erkundet hatte. Mehrere Versuche sie dort zu finden, scheiterten, doch als wir es schon aufgegeben hatten, stolperten wir direkt in sie hinein. Da wir es nicht schafften das ganze Center zu sehen, beschlossen wir morgen noch einmal wiederzukommen, sollten wir nicht all unsere Einkäufe (Mitbringsel für Freunde und Familie) in der Kao San Road erledigt haben.

Shiri, Alex und ich beschlossen, dass wir ein großes Essen verdient hatten und bestellten ohne Ende thailändische Küche in der Straße unseres Hostels vom Anfang der Reise. Dann schoben wir unsere dicken Bäuche noch einmal durch die kleinen Shops der Kao San Road, bevor wir nachts um halb 3 Uhr todmüde in unsere Betten fielen.

14.Tag - Bangkok - Do 13.03.2008

Eigentlich kann man diesen Tag in drei Worten zusammenfassen: Shopping, shopping, shopping!

Nach unserem Frühstücksbuffet stürzten wir uns direkt auf die kleinen Shops der Kao San Road und ich machte noch einen Zwischenstopp in der Apotheke, um mir Pillen gegen meine Allergie zu holen, die mittlerweile juckte und kratze. In direkter Sonne hielt ich es gar nicht mehr aus und war in Kleidung und Tücher eingewickelt wie eine Mumie.

Anschließend ging es direkt ins MBK Center, um die letzten Mitbringsel und für uns noch ein paar Sachen zu kaufen! Dort kamen wir ca. um 16 oder 17 Uhr an und stürzten uns direkt auf die Food Corner, weil wir seit dem Frühstück nichts mehr gegessen hatten. Man merkt, Essen steht bei uns während der gesamten Reise stark im Fokus! Um ca. 20 Uhr waren wir dann zurück im Hostel, um noch eine Runde zu chillen und für die Rückfahrt nach Deutschland zu packen.

Wie schnell doch zwei Wochen umgehen können! Aber ich bin auch ganz schön geschlaucht und freue mich schon auf einen ruhigen Fernsehabend mit Jens und auf mein Bett ohne Mini-Ameisen, wie ich es sogar hier im etwas besseren "New Siam Riverside Hostel" habe. Aber Thailand ist es auf jeden Fall wert...

15. Tag - Abreise - Fr 14.03.2008

Nach wundervollen fünf Stunden Schlaf wurde ich von unserem schrillen Telefon, sprich dem Hotel-Weckdienst, aus dem Tiefschlaf geklingelt. Eine halbe Stunde später schleppten wir auch schon unsere Rucksäcke durch die Lobby bis hin zu einem zahnlosen Taxifahrer, den wir an der Rezeption am Vorabend gebucht hatten. Und so verließen wir also das "Land des Lächelns" (so nennt man Thailand ja bekanntlich) mit einem zahnlosen Lächeln. Dabei haben wir auch ein paar negative Erfahrungen gemacht, denn auch hier ist nicht jeder immer freundlich. Die nervigen Tuktuk-Fahrer mit ihrem: "Hey, where do you come from? Where do you go? Want a Tuktuk?" und einige zickige Verkäuferinnen im Einkaufszentrum werde ich wohl auch nicht vergessen. Genauso wie das Bild des thailändischen Königs, das Sektenführerhaft an jeder Ecke in Lebensgröße oder größer zu finden ist. Dafür werde ich die Strände, die Tempel und die grünen, tropischen Wälder vermissen! Und die Thailänder, die tatsächlich lächeln. Wie der Bettler, dem ich gestern meine alte Regenjacke geschenkt habe. Sicherlich wird er sie gebrauchen können. Als ich sie ihm gegeben habe, hat eine Frau am Straßenrand erst neugierig geguckt und dann herzlich gelächelt. Das hat mich ein bisschen stolz gemacht, obwohl ich die Jacke eh nicht mehr brauche.

Nun sitzen wir bereits seit fast zwölf Stunden im Flieger mit einstündiger Unterbrechung in Sharja, in den arabischen Emiraten... Zuhause, ich komme!

Teil 2: Meine australische Grundentspanntheit

Auch heute noch bekomme ich auf der Arbeit regelmäßig das Feedback, dass ich – auch in Krisenzeiten – meist recht entspannt und positiv bin. Sicherlich Eigenschaften, die ich aus meinem Auslandsaufenthalt in Australien mitgenommen habe. 2009 schickte mich mein Arbeitgeber im Rahmen eines Traineeprogramms für 4 Monate in den Süden der Welt. Natürlich nutzte ich diese Chance und hängte fast meinen kompletten Jahresurlaub an diese Zeit, so dass ich ein Drittel des Jahres 2009 „Down Under" war.

Ich lernte in dieser Zeit viele Menschen kennen: Malte und Hannah im Flugzeug, Lisa bereits vorab über soziale Netzwerke und Sophie mit ihrem Freund Kay auf der Arbeit. Außerdem traf ich Freunde wieder, wie Artem, Jovan und Clemence, die ich in meiner Studentenzeit in Kopenhagen kennengelernt hatte. Diese Namen werdet ihr in den folgenden Reiseberichten meiner Australien-Zeit regelmäßig wieder finden.

2009 Im Süden der Welt

Temperatur 22°C (Sonne), gesehene Spinnen: 0

Fast eine Woche bin ich in Sydney und ich kann immer noch nicht glauben, dass ich wirklich hier bin. Montag vor einer Woche ging es am Flughafen Hannover los. Es ist ein komisches Gefühl, wenn man am Flughafen steht, sich von allen verabschiedet und weiß, man geht jetzt durch die Kontrollen und kommt erst am übernächsten Tag an…und ist dann in Australien für vier Monate. Und das im Winter!

Naja, Winter ist ja bekanntlich Definitionssache. Als ich mit Malte und Hanna, die ich im Flugzeug kennengelernt hab und die auch mehrere Monate in Sydney verbringen werden, durch die zahlreichen Checks und eine Fieberkontrolle (danke liebe Schweinegrippe!) endlich nach draußen kam, waren wir ganz schön aufgeheizt. Morgens um 5 Uhr 10 erwarteten uns in Sydney 15 Grad…und den Tag über wurden es noch 24 Grad. Als ich nachmittags dann allein auf einer Bank am Hafen mit Blick auf die Harbour Bridge saß, wurde mir langsam klar, dass ich endlich da war und wie gern ich in dem Moment Jens dabei gehabt hätte!

Ich wohne im Stadtteil Rozelle / Balmain, ca. 30 Minuten zu Fuß von der Innenstadt Sydneys. Mit dem Bus oder der Fähre quer über den Hafen ist man natürlich innerhalb von ein paar Minuten dort. Rozelle ist einer der ältesten Stadtteile Sydneys und das Haus, in dem ich untergebracht bin, ist 1887 gebaut worden. Obwohl es ziemlich nah an der City ist, ist es hier ziemlich ruhig und man hat eher das Gefühl in einer Kleinstadt zu sein, als mitten in Sydney. Mitten in Sydney, das bin ich hier definitiv: von meinem Viertel aus geht Sydney in jede Richtung ca. 40km. Wenn man darüber nachdenkt, wäre es so, als wenn Hannover bis zu unserem Zuhause im Weserbergland reichen würde. Unvorstellbar wie viele Leute hier wohnen und dabei hat ganz Australien nur eine Population von 20 Millionen Einwohnern. Ein weiterer wissenswerter Fakt, da wir gerade bei der Beschaffenheit australischer Städte sind: Perth auf der anderen Seite Australiens z.B. ist die am weitesten abgelegene Stadt der Welt.

Mein erster Arbeitstag am letzten Donnerstag ging trotz der leichten Müdigkeit ziemlich schnell rum. Seit drei Uhr nachts habe ich wach im Bett gelegen, denn der Jetlag hatte mich voll im Griff. Im Büro läuft hier einiges anders als in Deutschland. Man nennt seine Kollegen, egal von welcher Ebene, ab dem ersten Tag beim Vornamen, alles ist sehr entspannt und informell.

Am Freitag wurde ich gleich nach Melbourne auf einen Workshop geschickt, so dass ich mich zwei Tage nach meiner Ankunft sofort wieder im Flugzeug befand.

Der Tag in Melbourne war super. Wir führten Produktschulungen mit Automobilverkäufern durch. Da eine Testfahrt mit verschiedenen Fahrzeugen Teil des Programms war, habe ich sogar etwas von der Umgebung Melbournes gesehen. Auch wenn es dort verdammt kalt war im Gegensatz zu Sydney, denn in Melbourne sind es immer ca. fünf Grad weniger.

Abends hatte mich der Jetlag zurück! Den Rückflug hab ich komplett verschlafen. Und dabei wollte ich mich doch mit Artem und Jovan treffen, die ich noch vom Studium aus Kopenhagen kenne und die hier in Sydney wohnen. Also habe ich mich am Flughafen schnell frisch gemacht und bin mit dem Taxi direkt von dort zum Bondi Beach gefahren, dem bekanntesten Strand Sydneys im beliebtem Backpacker-Viertel. Dort haben wir mit ein paar Kollegen von Jovan Rippchen im „Restaurant Hurricanes" gegessen und sind dann in die Clubs aufgebrochen. Dabei war ich das einzige Mädel, das nicht komplett aufgebrezelt und nur in Jeans und T-Shirt unterwegs war an diesem Abend, denn ich kam ja direkt von der Arbeit. Alle anderen waren auf 10cm High Heels und in kurzen Kleidchen unterwegs. Witzigerweise war ich umgekehrt auch das Mädchen, das in dieser Nacht in den Clubs am meisten angegraben wurde. Das ließ mich etwas grinsen. Wahrscheinlich fiel ich in diesem „einfachen" Outfit mehr auf in dem Meer aus aufgebretzelten Frauen auf der Tanzfläche. Aber mein Herz gehört natürlich nur einem und der war aktuell ja leider nicht mit in Sydney.

Das Krasseste passierte mir an dem Abend im „Hotel Bondi". Dazu muss ich sagen, dass in Sydney ein „Hotel" nicht zwangsläufig ein Ort mit einer Rezeption und freien Zimmern sein muss. Hier kann „Hotel" so ziemlich alles bedeuten: ein Hotel, ein Pub oder ein Hotel mit Pub. Das Hotel Bondi war Letzteres, wenn nicht sogar ein Club. Wir kamen also zum Eingang herein und plötzlich meinte Artem zu mir: „Ich kenne diesen Typ da drüben!". Ich drehte mich automatisch um und sagte nur erstaunt: „Äh, ja, ich auch!". Es war Geeles aus Belgien, mit dem wir in Kopenhagen studiert hatten und der zufällig für ein Praktikum in Sydney war. Doppeltzufällig betrat er gerade zur selben Zeit am selben Tag denselben Club in Sydney. Natürlich war er genauso erstaunt über uns wie wir über ihn und kam sofort auf uns zu!

Als wir später bei einem Bier zusammen standen, fragte mich dann auch noch Christoph, ein polnischer Freund von Artem, wo genau in

Deutschland ich denn wohne. Ich antwortete, dass ich in der Nähe von Hannover wohne, in einem kleinen Ort bei Hameln. Da meinte er so: „Hameln, ah ja. Kennst du Rinteln?" Ich machte ein verwirrtes Gesicht und konnte es kaum fassen, als heraus kam, dass der Typ mal in Großenwieden gewohnt hatte, 3km von unserer Wohnung Zuhause entfernt. Sein Onkel lebt dort immer noch. Die Welt ist einfach ein Dorf! Das war alles etwas zu viel für ein kleines deutsches Mädchen mit großem Jetlag. Die Welt war an diesem Freitag mal schnell auf den Umkreis von Kopenhagen und Großenwieden zusammengeschrumpft!

Nachts um halb drei fiel ich todmüde in mein Bett in der Hartley Street und schlief tatsächlich am Samstag bis um elf Uhr durch. Ich fühlte mich am gesamten Sonntag dadurch zum ersten Mal seit meiner Ankunft richtig wach und ausgeruht.

Und das war auch nötig, denn mein älterer Mitbewohner Peter (52 Jahre alt), der zudem auch ein Kollege war, hatte Großes mit mir vor. Zu Fuß gingen wir Richtung Innenstadt. Heute sollte ich endlich all die Sehenswürdigkeiten zu Gesicht bekommen, die die Stadt zu bieten hatte: die Harbour Bridge, die Oper, die Skyline, das Queen Victoria Building, die große Fährstation Circular Quay und so weiter. Als wir am Ende noch einen Spaziergang durch den botanischen Garten machten, bereute ich langsam, die weißen Sandalen angezogen zu haben. Meine Füße taten nach diesem Ausflug unheimlich weh und dabei musste ich doch fit sein für die Party abends.

Artems und seine Freundin Daria feierten ihre Einweihungsparty mit dem Motto „Mexiko" an diesem Abend. Und auch dort hatte ich trotz schmerzender Füße unheimlich viel Spaß. In meinem „Last Minute Kostüm" mit ausgedruckten Kakteen am Outfit lernte ich den Abend über eine Menge neuer Leute kennen. Alle waren ebenfalls verkleidet, unter anderem war ein Schwein anwesend und mehrere Sombrero-Träger. Es war schön meine Freunde aus Kopenhagen wiederzusehen, dabei mexikanisches Essen zu futtern, das Artem selbst zubereitet hatte, und die Nacht durchzutanzen.

Das Haus von Daria und Artem im Stadtteil Paddington ist wunderschön und wie viele Häuser hier im viktorianischen Stil mit geschwungenem Balkongitter gebaut.

Nachts gegen vier Uhr rief ich mir ein Taxi, das ich mir mit einem lustigen Pärchen aus Pyrmont teilte. Nein, diesmal keine „kleine Welt-Geschichte", auch wenn es in meiner Heimat, dem Weserbergland, auch eine Stadt namens Bad Pyrmont gibt. Pyrmont ist erstaunlicherweise auch ein Stadtteil von Sydney. Jeden Tag wenn ich zur Arbeit fahre, fahre ich daran vorbei.

Was mich zum nächsten Thema bringt: Autofahren in Sydney!

2009 Linkshänder an die Macht – Autofahren in Australien

Temperatur 22°C (Sonne), Gesehene Spinnen: 0

Autofahren in Australien ist schon so eine verzwickte Sache. Gleich an meinem ersten Arbeitstag stellte man mir einen schönen nagelneuen Wagen vor die Nase, den ich abends auch gleich mit nach Hause nehmen sollte. Sprich: ich sollte einsteigen und auf der linken Seite durch Sydneys Innenstadt fahren. Klingt zunächst einmal etwas furchteinflößend in den Ohren eines Landeis wie mir, das sowohl noch nie zuvor auf der linken Seite und zudem auch noch nie in einer Metropole wie Sydney Auto gefahren ist. Aber okay, ich hatte keine andere Wahl, also folgte ich brav meinem Mitbewohner Peter, der voraus fuhr und mich durch die Stadt leitete. Man muss dazu sagen, dass die Bewohner Sydneys verrückte Fahrer sind, besonders die Taxifahrer kennen hier keine Gesetze...und keine Blinker offensichtlich. Naja, immerhin kam ich heile in Rozelle an und parkte das Auto anständig vor der Tür. Das war nun zumindest schon einmal geschafft.

Da es für mich am Freitag gleich auf Dienstreise nach Melbourne ging, stand mein Auto neu und glänzend mehrere Tage vor der Tür, bis Peter auf die glorreiche Idee kam, dass ich ihn doch am Sonntagmittag zum Flughafen bringen könnte. Er ist nun für ein paar Wochen im Urlaub in Europa und ich habe somit sturmfreie Bude bis Anfang Juni. Ich war noch etwas verstört von unserer Konversation am Vorabend, die damit begann, dass ich mich nach den Regeln an nicht beschilderten Kreuzungen erkundigte. Meine Idee war, dass hier ja links vor rechts statt rechts vor links (wie bei uns) gelten müsste. Doch mir wurde dann erklärt, dass eigentlich immer der Vorfahrt hat, der rechts abbiegt oder war es doch links? Und manchmal hat auch der Vorfahrt, der geradeaus fährt, aber ansonsten kann auch mal rechts vor links sein, außer es sind Striche auf der Straße. Und an T-Kreuzungen haben immer die Vorfahrt, deren Straße durchgeht, außer es ist irgendwie anders geregelt. Alles verstanden? ...Ja, genauso hab ich auch geguckt!

Naja, immerhin war auf dem Weg zum Flughafen kaum eine nicht beschilderte Kreuzung und für mich selbst beschloss ich, sowieso einfach überall, wo ich mir nicht sicher war, wer Vorfahrt hat, einfach anzuhalten und erstmal alle anderen fahren zu lassen. Ich setzte meinen Mitbewohner sogar sicher am Flughafen ab.

Das Drama nahm erst seinen Lauf als ich einsam und allein zurück fuhr. Ich hatte ein Navi dabei, muss ich dazu sagen. Dieses Navi war aber leider so eingestellt, dass es Highways präferierte. Es leitete mich also von Anfang an nicht genau den Weg zurück, den wir gekommen waren, denn wir waren direkt durch die City gefahren. Ich war also plötzlich auf einem vierspurigen Highway, nahm irgendwo die falsche Abfahrt und kam etwas ins Schwitzen, als ich merkte, dass ich nicht den mir bekannten Weg zurück fand. Ich dachte nur: „Links bleiben, Ines, immer links bleiben und guck immer zuerst nach rechts!".

Irgendwann hatte ich es geschafft: das Navi hatte mich immerhin schon mal zurück in die City geleitet und dann kam das nächste Problem: mein auf Windows basierendes Navi ließ mich im Stich! Es kam nämlich plötzlich auf die super Idee, dass es sich doch mal mit einem Computer verbinden und somit die Karte gegen einen Ladebalken austauschen könnte. Leider war aber kein Computer angeschlossen und obwohl ich meine Finger nicht daran hatte (ich schwöre!), versuchte es einen Verbindungsaufbau und beschloss mich von jetzt an einfach mal ganz dreist alleine weiterfahren zu lassen!

Nun kam ich noch mehr ins Schwitzen und musste mich daran erinnern nicht in Panik zu geraten. Ich war auf einer fünfspurigen Einbahnstraße im Citycenter und konnte mich nur noch grob erinnern, dass das Navi meinte, ich sollte in ca. 800 Metern rechts abbiegen. Das ist für mich immer wieder eine kleine Herausforderung: von einer mehrspurigen Einbahnstraße rechts auf eine zweispurige normale Straße abbiegen. Man muss nämlich immer daran denken, dass man beim rechts abbiegen dann doch bitte wieder auf der linken Spur landet und nicht rechts im Gegenverkehr.

Ich fuhr erstmal links an den Straßenrand, um einmal tief durchzuatmen, noch einmal verzweifelt zu versuchen, das Navi wieder in Gang zu bringen, und zu überlegen wie ich jetzt ohne jegliche Orientierung den Weg nach Hause finden sollte. All das sollte natürlich passieren, ohne gleichzeitig das schöne Auto zu verschrotten! Ich muss sagen, dass links an den Bordstein fahren ein komisches Gefühl ist, für jemanden, der eigentlich Rechtsverkehr gewöhnt ist. Normalerweise achtet man nicht so auf die linke Seite des Autos, weil man ja dort sitzt und somit eh alles unter Kontrolle hat. Da ich mein Lenkrad nun auf der rechten Seite habe, schrammte ich erstmal schön mit meinen Reifen links am Bordstein entlang (schreckliches Geräusch, ist aber Gott sei Dank nix passiert!).

Es war eine Stunde nach meiner Abfahrt am Flughafen (normalerweise braucht man ca. 20 Minuten), als ich mit Adrenalin vollgepumpt und überglücklich vor unserem Haus einparkte. Zu meinem Glück hatte ich irgendwann in der Innenstadt ein Schild zur Anzac Bridge gesehen. Die Anzac Bridge ist die zweite, große Brücke im Hafen von Sydney neben der bekannten Harbour Bridge. Da man auf die Halbinsel mit den Stadtteilen Rozelle und Balmain aus Richtung der Stadt nur über diese

Brücke kommt, war die Anzac Bridge für mich gleichbedeutend mit HOME!!! Und sowohl das Auto als auch ich waren beide noch ganz! Hurra!

Mittlerweile läuft das Autofahren etwas entspannter. Hin und wieder ertappe ich mich, dass ich auf dem Parkplatz, von dem ich nach der Arbeit losfahre, erstmal schön auf der rechten Seite starte. Aber das bemerkt man eigentlich immer ziemlich schnell. Spätestens wenn was von vorne kommt!

2009 Hunter Valley – Ein Wochenende im „Jäger Tal"

Temperatur: 24C (Sonne), gesehene Spinnen: 0

Mein erstes Wochenende außerhalb Sydneys verbrachte ich mit Artem, seiner Freundin Daria und drei weiteren Freunden von den beiden im Örtchen Lovedale im schönen Hunter Valley. Hunter Valley bedeutet übersetzt „Jäger Tal", da kommen doch gleich Heimatgefühle auf.

Mit einem kleinen, gemieteten Toyota fuhren wir den „National Highway" entlang und ich fühlte mich von der Landschaft (Wald, wohin man sah und ansonsten Felsen) ein bisschen an Norwegen erinnert. Für Australier ist übrigens alles, das hinter der Küste und den großen Städten kommt „Bush" und da wo der Bush aufhört ist dann „Outback". Wobei das immer Definitionssache ist.

Mittags kamen wir in Lovedale im „Crown Plaza Resort" an und nahmen gleich den ersten Shuttle Bus zum „Lovedale Long Lunch", einem Weinfest auf verschiedenen Weingütern der Gegend. So ein Weinfest hatte ich allerdings selbst in Deutschland noch nicht gesehen! Hier ist halt alles etwas größer. Auf ca. sechs verschiedenen Weingütern in einem Umkreis von vielleicht 30km tummelten sich tausende von Leuten. Manche waren verrückt verkleidet, manche jünger, andere eher älteren Semesters, aber eins hatten alle gemeinsam: Sie hatten alle ordentlich einen im Tee!

Beim Long Lunch kann man an verschiedenen Ständen und in Zelten auf den Weingütern alle möglichen Weine Australiens testen und kaufen, dazu gibt es Gourmet Stände, auf denen unheimlich leckere Gerichte angeboten werden. Jeder bekommt an der Anmeldung ein Weinglas in die Hand gedrückt und ein paar Gutscheine für Weinproben und Essen und ab geht's! Es war ein super Tag! Wir saßen den ganzen Tag in der Sonne, tranken leckeren australischen Wein, ließen uns hin und wieder von einem der zahlreichen Busse ein Weingut weiter fahren, um dort wieder Sonne zu tanken und Wein zu schlürfen. Das beste Essen war übrigens ein Whisky-Brownie mit Schokosauce und Sahne. Mhmmmm! Ansonsten gab es zum Wein auch immer Käse in allen möglichen Ausprägungen und Oliven.

Um 16 Uhr verließen die letzten Shuttle Busse die Weingüter…leider ohne uns, denn wir verpassten den Bus zu unserem Hotel. In meinem Kopf spukte die ganze Zeit, dass mir vorher erklärt wurde, dass das Weinfest nur bis 16 Uhr geht, weil es früh dunkel wird und dann zu gefährlich ist im Valley. Bevor wir aber von wilden Tieren gebissen oder gestochen werden konnten, erbarmte sich doch ein Busfahrer unserer kleinen Gruppe und setzte uns außer der Reihe sicher am Hotelgelände ab. Dort spielte ich Volleyball mit Daria und einem ihrer Freunde bis schließlich ein weiteres Highlight des Abends folgte: unser Barbecue! Australier sind verrückt aufs Grillen. Überall gibt es große, öffentliche Grills in den Parks, die man jederzeit benutzen darf. Und natürlich wurde auch dieses Barbecue zelebriert!

Pünktlich um halb sieben Uhr abends klopfte ein Hotelmitarbeiter an der Haustür unseres Bungalows und baute dann auf unserer Terrasse einen großen Gasgrill auf, wie ich ihn nur aus US-Filmen kannte. Danach schleppte er ein paar Kühltaschen hinterher, in denen sich Steaks, Würstchen, Kartoffeln und Salate befanden und baute all das in der Küche auf. Dekadent! Das hatte ich so nicht erwartet, denn das Hotel war gar nicht so teuer gewesen.

Es war quasi alles vorbereitet und wir mussten nur noch grillen, was Artem übernahm, während wir anderen bei Wein und Tee auf der Terrasse saßen. Der Tag war schön gewesen, wir hatten ca. 24 Grad und auch jetzt nach Einbruch der Dunkelheit war es noch herrlich angenehm draußen.

Will, ein weiterer Freund von Daria und Artem, der mit seiner Frau auch in unserem Hotel wohnte, zeigte mir die Sternbilder der Südhalbkugel während wir auf das Essen warteten. Natürlich hat man hier andere Sternbilder als auf der Nordhalbkugel. Man sieht alles aus einem anderen Blickwinkel und ich erfuhr, dass mich das „Southern Cross" z.B. immer Richtung Südpol führen würde.

Als wir acht schließlich mit dicken Bäuchen nach dem Barbecue am Küchentisch saßen, wurde das Poker Set ausgepackt. Ich bin ja kein Freund vom Pokern, aber als ich nach ein paar Runden eine beachtliche Anzahl Chips angehäuft hatte, fing es sogar an, mir Spaß zu machen.

Der nächste Tag startete genauso schön wie der Erste. Die Sonne strahlte und während die anderen sich langsam auf den Weg zurück nach Sydney machten, fuhren Artem, Daria und ich zum Weingut „Pepper Tree Wines", um nach einer weiteren ausgiebigen Weinprobe ein paar Flaschen für Zuhause zu kaufen.

In der Nähe des Weinguts gab es eine kleine Reihe Holzgebäude mit niedlichen kleinen Lädchen. Im „Smelly Cheese Shop" kosteten und kauften wir Käse aus der Region. Danach saßen wir noch mit riesigen Waffeln und Eiscreme auf der Holzterrasse vor den Shops. Australische Eiscreme ist ja super lecker und natürlich ist eine Kugel hier auch dreimal so groß wie in Deutschland.

Es war ein bisschen komisch abends wieder in Sydney anzukommen und allein in der Wohnung zu sein. Also beschloss ich, die letzten Sonnenstrahlen zu nutzen und noch ein wenig durch Rozelle und Balmain zu schlendern, auch um noch ein paar Einkäufe zu erledigen. In Australien sind sonntags die meisten Läden geöffnet, leider aber machen Shops jeden Tag um 17 Uhr zu, egal an welchem Wochentag! Das finde ich ziemlich schwierig, da ich grundsätzlich von 8:30 – 17:00 arbeiten muss. Wenn man unter der Woche dringend etwas besorgen muss, dann tut man das in der Mittagspause und verzichtet halt dafür aufs Essen.

Gestern habe ich mich dann endlich im Fitnessstudio in Balmain angemeldet und habe an einem Pilates Kurs teilgenommen. Ich habe vor, ab jetzt jeden Abend nach der Arbeit dort ein bisschen Sport zu machen und die 1 ½ km, die ich dorthin laufen muss, bilden immer gleich den ersten Teil des Workouts. Balmain und Rozelle sind ziemlich sichere Stadtteile, sagen zumindest alle hier, so dass es wohl nicht gefährlich ist die Strecke jeden Abend im Dunkeln zu Fuß zu gehen. Australier haben allerdings ihre eigene Definition von „sicher", wie ich noch herausfinden sollte.

Mein Mitbewohner Peter erwähnte irgendwann beim Essen nur beiläufig, dass kurz vor meiner Ankunft vier Häuser von mir entfernt ein Mann in seinem Haus erschossen wurde. Soviel zu dem Thema „sicherer Stadtteil". Doch unser Haus ist geschützt wie ein Hochsicherheitstrakt! Ich benötige allein drei Schlüssel, um hineinzukommen: einen für das schwere, hohe Eisentor an der Einfahrt, einen für die Gittertür vor unserer Haustür und einen für das Sicherheitsschloss der Haustür. Auch jedes unserer Fenster im Erdgeschoss, einschließlich meines Eigenen, ist vergittert.

Da frage ich mich doch, wozu eigentlich all diese Sicherheitsmaßnahmen nötig sind, wo es doch hier so sicher ist. Aber auf solche Fragen kommt immer der Lieblingsspruch der Australier: „No worries, happy days!".

2009 Die Schweinegrippe, „The Village" und andere Abenteuer

Temperatur: 20°C (Wolken), gesehene Spinnen: 4, getötete Kakerlaken: 1

Da ist er schon rum, der erste Monat in Sydney! Unglaublich, wie schnell die Zeit vergeht, bin ich doch quasi gestern erst voller Vorfreude aus dem Flugzeug gestiegen, das erste Mal mit schwitzigen Händen auf der linken Seite gefahren und hab das Büro an meinem ersten Tag betreten, ohne jemanden zu kennen. Mittlerweile kann ich aber sagen: ich bin voll und ganz angekommen!

Als ich neulich am Hafen vor der Oper stand und den Blick über das Wasser und die Harbour Bridge habe schweifen lassen, war es plötzlich da: Das „Ich-bin-hier-Zuhause"-Gefühl und es ist seitdem nicht mehr verschwunden. Auch die australische Gelassenheit hat sich mittlerweile in mir breit gemacht. So war es auch keine große Sache, als ich gestern früh die Vorhänge aufgezogen hab und über die Gardine eine eklige Kakerlake gekrabbelt ist: Kakerlakengift-Sprühflasche her – Kakerlake getötet und weggesaugt – Fertig! Kein Geschrei, kein „Igittttt", kein „Hilfe, ich brauche einen Mann!". No worries eben...wird schon alles gut gehen! Ich glaub, ich pass hier ganz gut her...

Vorletzte Woche hatte mich nach unserem Hunter Valley Trip eine Erkältung dahingerafft. Zwei Tage lang musste ich zuhause bleiben und studierte, statt zu arbeiten, das australische Fernsehprogramm. Also beschloss ich am Samstag, dass es an der Zeit war, das Sofa und vor allem das Haus endlich mal wieder zu verlassen! Ich spazierte gerade durch Balmain, als Artem mich anrief und mich zum Lunch am Bondi Beach bestellte. Ich nahm zum ersten Mal statt des Busses die Fähre von der Balmain Wharf in die Stadt zum Cirqular Quay, der Haupt-Fährstation in Sydney.

Das war richtig toll! Bei Sonnenschein saß ich an Deck und schipperte mit dem kleinen Kutter am Luna Park vorbei und dann unter der Harbour Bridge hindurch. Die ganzen Touristen sprangen auf und schossen Fotos von allen Seiten der Brücke und so ergab ich mich dem Gruppenzwang und machte auch ein paar Fotos.

Als ich am Bondi Beach ankam, schwenkte gerade das Wetter um und es begann etwas zu regnen. Ich hatte kurze Sachen an und fror etwas, also suchten Artem, Daria und ich schnell Zuflucht in einem nahegelegenen Fisch & Chips Restaurant, in dem wir uns die Bäuche vollschlugen, um danach den weiten, weiten Weg in ein „Bookshop Café" auf uns zu nehmen...das direkt nebenan war und in dem wir dann noch eine Freundin der beiden trafen.

So verbrachte ich einen sogenannten „lazy Saturday" in einem dieser tollen Cafés, in dem man, umringt von Bücherregalen, Kaffee aus verschnörkelten Tassen verschiedenster Arten auf zusammengestückelten alten Möbeln trinkt. Man kann jederzeit hinter sich greifen und ein Buch aus dem Regal nehmen, um darin zu blättern oder es gar ganz zu lesen. Die gebrauchten und neuen Bücher kann man auch kaufen, wenn man will, aber die meisten ziehen es vor dort gemütlich zu lesen und sich evtl. mit dem Sitznachbarn über die jeweiligen Geschichten auszutauschen. Es ist natürlich auch ein super Ort für australische Männer auf Partnersuche zu gehen, wie ich am Tisch neben mir feststellen konnte, an dem einer von ihnen eine blonde Frau geschickt in ein Gespräch über „Literatur" verwickelte. So etwas sieht natürlich immer sehr belesen und intelligent aus.

Der Sonntag begann wieder sonnig und schön, so dass ich sofort nach dem Aufwachen aufsprang, mich fertig machte und zum Queen Victoria Building fuhr, um mich dort mit Lisa zu treffen, die hier ihr praktisches Jahr als Ärztin macht. Lisa und ich hatten uns in Deutschland bereits über das Internet in einer „Australien 2009 – Gruppe" vernetzt.

Wir hatten ein ausgiebiges Lunch mit Pizza am Cirqular Quay, die übrigens unheimlich lecker war und quatschten über alles Mögliche (vor allem über Australien, Sydney und auch Tasmanien, wo sie gerade herkam). Wir gingen noch ein bisschen am Hafen spazieren, genossen den etwas windigen, aber sonnigen Tag und ich zeigte ihr grob die wichtigsten Sehenswürdigkeiten. Durch den Hyde Park machten wir uns auf zum Italian Festival, das gerade im Stadtteil Darlinghurst stattfand.

Dort angekommen war es ein bisschen, als wären wir plötzlich in einem surrealen Sommerurlaub in der Toskana aufgewacht. Überall lief italienische Musik, die Leute lachten, tanzten in den Cafés und tranken Wein. In einem mediterranen Brunnen lagen unzählige Rosen und auf der Bühne spielte eine Band. Leider waren wir etwas verspätet angekommen, so dass diese kleine italienische Welt nicht mehr lange anhielt, weil das Festival nur bis 16 Uhr ging und man dann langsam begann abzubauen. Und so machten auch Lisa und ich uns wieder auf dem Weg zurück Richtung Hafen. Dort genossen wir die letzten Sonnenstrahlen mit Blick auf die Harbour Bridge.

Ich weiß wirklich nicht, wie viele Fotos ich schon von der Harbour Bridge und der Oper habe, aber es sind wirklich einige und natürlich sind alle zu schön, um gelöscht zu werden.

Montag wagte ich mich mit meiner ausklingenden Erkältung das erste Mal wieder ins Fitnessstudio und bereute es bitter, da ich seitdem wieder furchtbaren Husten habe. Aber naja, was soll's... Die Australische Gelassenheit lehrt mich, dass auch der Husten irgendwann weggehen wird. Solange ich weiß, dass es nicht die Schweinegrippe ist, ist alles okay. Vorletzten Freitag hatte man mich bei einem Arztbesuch vorsichtshalber darauf getestet. Immerhin habe ich im Bus und an anderen öffentlichen Orten mit meinem Husten immer viel Platz!

Mittlerweile war ich mit Lisa und ein paar anderen Leuten mal wieder ein tolles 10$ Steak in „Dick's Hotel" essen (10$ = ca. 5 Euro). „Dick's Hotel" ist unser Lieblingsrestaurant, in dem wir schon viele Abende verbracht haben. Am Mittwoch planten wir dort unsere kommenden Wochenenden, denn wir wollen ja nichts verpassen. Und ich habe festgestellt, dass die Zeit knapp wird, um alles in und um Sydney zu sehen und zu erleben.

So startete auch unser letztes Wochenende voller Tatendrang und zwar mit Cocktails am Freitag mit Sophie und Lisa im „Club Argyle" im Inn-Stadtteil „The Rocks" und am Samstag dann mit SHOPPING! Juchu!!!

Als ich im Bus auf dem Weg zum Paddington Market in der Nähe des Kings Cross saß, rief mich Lisa schon ganz aufgeregt an: „Where are you? I already bought something!!!". Also saß ich wie auf heißen Kohlen, bis der Bus endlich anhielt und ich rausspringen konnte. Der Paddington Market ist super...nur nicht für das Portemonnaie. Er ist ein bisschen alternativ, aber auch sehr stylisch und überhaupt unbeschreiblich toll. Zwei Straßenmusiker spielten „Good Day Sunshine" und wir hörten dem lustigen Duo einen Moment zu, so dass sie schließlich extra für uns ein deutsches Lied von Elvis („Mussi denn zum Städtele hinaus") spielten.

Auf dem Markt gibt es wirklich alles, von Hippiekleidern, über tolle Schmuck-Einzelstücke bis hin zu Secondhand-Kleidern verschiedenster Marken. Das Beste sind die Stände von jungen australischen Designern, die in Sydney studieren und sich durch den Verkauf ihrer entworfenen Kleidung etwas dazu verdienen. Manche sind ziemlich teuer, andere verkaufen ihre Entwürfe zu angemessenen Preisen und so liefen Lisa und ich von einem Stand zum anderen. Die Taschen in unseren Händen vermehrten sich von Stand zu Stand, an manchen Ständen waren wir sogar mehrmals (und kauften auch mehrmals!). Natürlich akzeptiert jeder auf dem Markt Kreditkarten, so dass das Geld ausgeben noch einfacher wird und man es nicht schwinden sieht. Man hörte uns von Zeit zu Zeit nur so etwas murmeln wie „Das war jetzt aber das letzte Teil!" oder „Mehr geb' ich heute wirklich nicht aus!" und zack hatten wir wieder einen neuen Stand entdeckt. So ging das bis in den Nachmittag, als wir so ziemlich jeden Stand mindestens einmal abgerast hatten und uns auf einen Kaffee auf den Weg zum Bondi Beach machten. Man beachte den zuvor gefallenen Satz „Okay, nur noch dieses eine Teil, aber dafür leiste ich mir keinen Kaffee mehr!".

Das Wetter wechselte von sonnig zu regnerisch, aber immerhin nicht so schlimm wie am Vorabend, als Lisa und ich uns schon einmal durch den Regen kämpften. Dieser kam monsunartig herunter und die Straßen Sydneys waren überschwemmt, so dass irgendwann, als wir rennenderweise eine Straße überquerten meine Papiertüte unten aufplatzte, weil sie so durchweicht war und alles auf die Straße fiel!

Aber zurück zum Samstag: Wir tranken also Kaffee in einem Strand Café in Bondi, ich stopfte einen leckeren Strawberry-Donut in mich hinein (nebenbei die krank aussehende Taube verscheuchend, die immer wieder auf unseren Tisch flog) und wir beschlossen dann zu einem der Viewpoints auf einer Klippe am Strand zu gehen, von dem aus man weit aufs Meer und über Bondi gucken kann. Von dem Point sahen wir auf der anderen Seite, etwas weiter entfernt eine andere, größere Klippe und beschlossen dorthin zu wandern, obwohl es immer wieder anfing zu regnen.

Als wir dort ankamen, wurde es langsam schon dunkel und der Wind dort oben war so stark, dass man kaum aufrecht stehen konnte. Aber es war ein toller Blick, ein Erlebnis und erinnerte mich sehr an Urlaube auf Sylt! Das Wetter an der Küste hier kann im weitesten Sinne mit dem auf Sylt vergleichen. Im Sommer ist das natürlich nicht der Fall, jedoch ähnelt der Winter hier schon ziemlich dem Sommer auf der Insel. Das Wetter ist zurzeit unvorhersehbar! Meist gucke ich die Vorausschau im Fernsehen oder auf smh.com.au (Sydney Morning Herald, unsere Zeitung hier) an und werde trotzdem noch jeden Tag aufs Neue überrascht. Man wacht morgens bei Regen auf und packt sich dick ein, nur um dann einen Tag in der Sonne zu verbringen oder aber man geht in kurzen Sachen in die Stadt, nur um dann von Wolken und Wind überrascht zu werden. Darum empfiehlt sich hier immer der Lagen-Look: Eine Jeans, die man hochkrempeln kann, und ein Schirm im Rucksack für den Fall der Fälle.

So machten wir uns auch Sonntag wieder gehüllt in verschiedene Schichten Kleidung auf zum Sydney Harbour National Park, nur um dort die Jacke und den Schirm für den Rest des Tages durch die Gegend zu tragen.

Aber ich will mich darüber natürlich nicht beklagen, denn als wir vom Cirqular Quay mit der Fähre nach Manly übersetzten, begann es schon zu regnen. Als wir Manly erreichten allerdings, blitzte hier und da sogar ein bisschen Sonne durch die dichte Wolkendecke. Wir waren ausgerüstet mit einer Karte des Parks und liefen den „Manly Scenic Walkway" entlang. Zum Teil mussten wir auch klettert en und kamen schon ganz schön ins Schwitzen.

Der National Park liegt eigentlich direkt am Hafen von Sydney, aber man hat an kaum einer Stelle das Gefühl mitten in der Stadt zu sein. Man kann die unendliche scheinende Größe des Hafens von Sydney erst abschätzen, wenn man mal einen Blick darauf bei Google Maps geworfen hat!

Als wir unseren langen Weg antraten, schrie Lisa plötzlich auf und zeigte mit dem Finger über meinen Kopf. Und da hing sie: Meine erste große, australische Spinne. Es war eine ca. handflächen-große Huntsman Spider und sie teilte sich ihr Netz mit einer kleineren aber dennoch nicht minder ekligen Gefährtin. Sie sollte auf unserem Weg auch nicht die einzige bleiben und wir betrachteten die krabbeligen Viecher im Vorbeigehen mit Interesse und Respekt.

Der Weg führt an Stränden vorbei, durch dichten Busch, teilweise muss man über Felsen klettern, bergauf – bergab, bis man irgendwann gar nicht mehr das Gefühl hat so nah an der Zivilisation zu sein. Letzteres sorgte bei uns für einige Irritation, als wir an einer Weggabelung der falschen Abzweigung folgten und am Ende des zugewachsenen Weges die Äste auseinander bogen. Wir standen plötzlich an einem Fußballplatz mit spielenden Kindern und an der Straße geparkten Autos. Ich hätte gern ein Foto unserer Gesichter in diesem Moment gehabt und fühlte mich ein bisschen wie am Ende des Films „The Village".

Also verschwanden wir schnell wieder im Dickicht und weiter ging's! Bis zu einem schönen, einsamen Strand, an dem wir Kekse und Haribos picknickten und dabei erschöpft dem Rauschen der Wellen zuhörten.

Ein paar Stunden und zahlreiches hoch und runter Geklettere später erreichten wir schließlich eine Straße außerhalb des National Parks, die steil bergauf ging und an der wir eine Bushaltestelle für den Weg zurück suchten. Leider liefen wir dort längere Zeit vergebens entlang, bis wir schließlich an eine mehrspurige Straße Richtung Stadt kamen und mit lautem Jubelschrei die einzige Bushaltestelle weit und breit begrüßten. Als dann auch endlich einer der vorbeifahrenden Busse anhielt, waren wir ganz entzückt und stiegen ein. An diesem Abend fuhren wir das erste Mal über die Harbour Bridge...

2009 Von Walen, Kamelen und Klippenspringern

Wetter: 20 Grad (sonnig), gesehene Spinnen: 0

Ein langes Wochenende lag vor uns. Lisa und ich hatten uns mit Sophie und Kay verabredet, die ich von der Arbeit kannte, um die Planung dafür zu starten. Wir saßen in einer Bar in Darling Harbour bei ein paar Drinks und brüteten über dem Lonely Planet. Unseren eigentliche Plan nach Bateman's Bay zu fahren, hatten wir gecancelled, da wir dann fast das ganze Wochenende im Auto verbracht hätten. Plan B war nun am Samstag einen Ausflug nach Port Stephens zu machen, einer Region ca. 150km nördlich von Sydney.

So fuhren wir Samstagmorgen um 9 Uhr über die Harbour Bridge und die nördlichen Außenbezirke langsam aus der Stadt heraus und Sophie steuerte ihren Audi über den endlos erscheinenden Sydney-Newcastle Freeway, durch sonnendurchflutete Eukalytuswälder und an felsigen Hängen vorbei. Die Landschaft änderte sich erst, als wir auf den Pacific Highway kamen und gen Newcastle an der Küste entlang fuhren. Nun umgaben uns Wiesen und man konnte teilweise einen Blick aufs Meer erhaschen.

Nach einiger Zeit hielten wir in einem Ort namens „The Entrance", an einem schönen Strand an und beschlossen nach der täglichen Dosis Kaffee einen Strandspaziergang zu machen. Wie ein kleines Kind stapfte ich mit hochgekrempelter Hose barfuß durch den Sand und ließ hin und wieder eine Welle über meine Füße schwappen. Es war ein sonniger, warmer Tag und keine Wolke ließ sich am Himmel blicken. Zeit mal etwas Farbe im Gesicht zu bekommen, denn sonst verbringe ich die Tage ja im Büro und wahrscheinlich werden alle, die mich hier besuchen kommen, um nicht wenige Nuancen gebräunter sein als ich! Die Zeit am Strand vertrieben wir uns damit unseren australischen Akzent zu verbessern, denn tagsüber sprechen wir auch unter uns Deutschen nur Englisch. Vom snobistischen „Darling, that's amazing!" bis hin zum im Bogan[1]-Akzent betonten „G'Day Mate!" ratterten wir alles runter und lachten uns über uns selbst kaputt, während wir ein paar australische Rettungsschwimmer bei ihren Übungen beobachteten.

Das nächste Mal hielten wir erst wieder in Nelson Bay an, um dort in einem berühmten Imbiss herzhafte „Pies" zu essen. Kleine kuchenähnliche Dinger, die mit Fleisch, Gemüse und ohne Ende Käse gefüllt sind. Ich stellte schnell fest, dass ich die australische Leidenschaft für diese Art von Essen definitiv nicht teilen kann. In Nelson Bay war an

---

[1] *Bogans = „Eine unmodische Person mit einfachem Charakter und niedrigem sozialen Status" (vgl. Oxford Dicionary)

diesem Tag ein Country Festival, so dass unser Weg zum Hafen passend musikalisch unterlegt war. Außerdem passte die Musik auch sehr zu den herumlaufenden Leuten, die irgendwie gar nicht mehr den Australiern in Sydney ähnelten. Nachdem wir genug Musik gehört und Line-Dancing (dem australischen Pendant zum amerikanischen Square Dance) gesehen hatten, fuhren wir Richtung Anna Bay. Dort sollte in der es die größte Sanddüne der südlichen Hemisphäre geben, die nicht in einer Wüste liegt.

Schon als wir auf den, auf einer Anhöhe liegenden, Parkplatz fuhren, offenbarte sich uns ein toller Blick über den ewig langen Strand. In der Ferne sah man Menschen auf Kamelen reiten und die Wellen peitschten vom Meer herein. Es war immer noch sonnig und schön, aber gegen Abend war am Meer ein kalter Wind aufgezogen. Wir liefen durch den Sand, der sich in Richtung des Landesinneren bis zum Horizont erstreckte. Wir hatten das Gefühl, wir wären mitten in der Wüste. Das Ganze erinnerte mich an die Dünen von Corralejo auf Fuerteventura.

Wir liefen ein bisschen in den Dünen herum und als die Sonne irgendwann zu sinken begann, wollten wir gerade den Heimweg antreten…als Lisa plötzlich aufschrie und aufs Meer zeigte! Man hatte uns ja überall gesagt, dass es definitiv nicht die Zeit ist, um hier an der Küste Wale zu sehen, doch wenn man ihrem Finger folgte, konnte man gerade noch sehen, wie ein riesiger Buckelwal sich aus dem Wasser herausbäumte und dann in einer Fontäne aufspritzendem Wassers wieder in den Tiefen des Meeres verschwand.

Ein unglaubliches Erlebnis und ein glücklicher Zufall, denn wir anderen hatten uns eigentlich bereits vom Meer weggedreht. So saßen wir eine weitere halbe Stunde mit Fotoapparat und Videokamera ausgerüstet dort und starrten gebannt aufs Wasser hinaus. Der Wal war nicht allein, er war in Begleitung von mindestens zwei Freunden, die immer wieder aus dem Wasser heraussprangen oder aber durch das Loch auf ihren Häuptern fröhliche kleine Wasserfontänen hinausprusteten. Ein unglaubliches Schauspiel! Viele Leute bezahlen Geld für Wale Watching Tours, auf denen sie dann vielleicht gar keinen Wal zu Gesicht bekommen. Wir schienen wirklich die Einzigen am Strand zu sein, die die Walgruppe bemerkt hatten, denn um uns herum spazierten Menschen am Strand entlang, bauten Sandburgen oder unterhielten sich, aber niemand sah aufs Meer hinaus...nur wir Vier!

Als die Sonne schließlich unterging und eine Kamel-Karawane, die über eine entfernte Düne zog, in rotes Licht tauchte, traten wir langsam den Heimweg an. Natürlich nicht ohne ein obligatorisches Dinner, denn wir waren alle ganz schön hungrig. So aßen wir in Newcastle in einem kleinen Restaurant mal wieder King Prawns (Riesengarnelen, meine neue Leibspeise!) mit Gemüse und beobachteten die „Bogans", die in ihren feschen Jogginghosen und Schlabber-Shirts durch die Straßen zogen. Außerhalb von Sydney ist die Welt wirklich eine andere. IN Sydney scheint es ja bereits ein unausgesprochenes Gebot für Frauen zu geben nicht in Jeans aus dem Haus zu gehen! Läuft man in Jeans oder ähnlichen unstylischen Klamotten herum, wird man dort schon angesehen, als hätte man das Haus im Schlafanzug verlassen.

Am Samstag ließen Lisa und ich es ruhiger angehen und brausten gegen Mittag mit meinem kleinen Polo gen Süden in den Royal National Park. Interessant ist, dass der National Park direkt dort anfängt, wo Sydney mit seinen Vororten aufhört. Man kommt also direkt aus der Stadt und ist mit einem Mal von Busch umgeben. Aber hier in Australien wunderte uns das nicht weiter, schließlich gibt es ja, wie in einem vorherigen Eintrag erwähnt, auch einen National Park IN Sydney! Es war wieder herrliches Wetter und wir starteten unseren „Costal Track" mit einer Pause am Wattamolla Beach.

Wattamolla Beach ist eigentlich eine Bucht mit einer kleinen Lagune und einem tollen Sandstrand umgeben von Felsklippen. Auf den hohen Klippen standen auch tatsächlich ein paar Jugendliche, die sich aus mehreren Metern Höhe in die Lagune stürzten. Wir beobachteten sie mit Respek, weil das Wasser der felsigen Lagune alles andere als durchsichtig war und man jederzeit damit rechnete, dass einer von ihnen sich an einem Felsen ernsthaft verletzte.

Eigentlich wollten wir endlich einmal in die Fluten springen (allerdings vom Strand aus und nicht von den Klippen), aber da es hier im Winter immer bereits um 17 Uhr dunkel wird, beschlossen wir zunächst den Costal Track Richtung Marley Beach zu laufen und dann auf dem Rückweg schwimmen zu gehen, falls noch Zeit bliebe. Der Costal Track ist, wie auch die Wege im Harbour National Park, eigentlich nur ein Trampelpfad durch den Busch. Er ist aber sehr gut ausgeschildert.

Wenn man ihm folgt, kommt man über kleine buschbewachsene Steigungen schließlich an die Klippen, die ca. 50 Meter über den Meeresspiegel ragen und von denen aus man tolle Ausblicke über den Ozean hat. Wir ließen uns von einer Frau an der Felskante fotografieren und als sie fertig war, zeigte sie uns worauf wir eigentlich standen. Es war ein gerademal 30cm dicker Felsvorsprung, der wie ein Balkon direkt über die Untiefe ragte. Von der Seite sah es aus, als könnte er jederzeit brechen! Lisa und mir wurde zunächst ganz anders, dann waren wir begeistert und krabbelten wieder (diesmal etwas vorsichtiger) darauf, um für weitere Fotos zu posieren. Australische Grundentspanntheit eben...

Wir liefen immer weiter über die Klippen und wir merkten wieder einmal, dass Wandertouren in Australien einen anderen Charakter haben als in Deutschland, da der „Weg" teilweise nur durch Holzpfähle gekennzeichnet ist, die von Zeit zur Zeit auftauchen und man über Felsen und an den Klippen entlang klettert. Aber gerade das ist es ja, das besonderen Spaß bringt und einem jedes Mal ein kleines Gefühl von Abenteuer vermittelt!

Nachdem wir den ganzen Nachmittag gewandert waren, hatten wir irgendwann endlich Marley Beach vor Augen. Und doch war der Strand immer noch sehr weit entfernt von der Klippe, auf der wir standen! Da die Sonne langsam zu sinken begann, beschlossen wir, es bei diesem Ausblick zu belassen und lieber den Rückweg anzutreten. Dieselbe Idee hatten wohl mehrere Wanderer, so dass wir in einer kleinen Gruppe zurück gen Wattamolla Beach wanderten.

Dort genossen wir die Tatsache, dass die Australier verrückt nach Barbecues sind und sich somit überall öffentliche Gasgrills befinden. Wir hatten ein Paket Würstchen dabei, die wir auf einen dieser Grills warfen und ganz abenteuerlich mit Eukalyptus-Stöckchen wendeten (an das übliche Grill-Equipment hatten wir leider nicht gedacht bzw. auch gar keinen Platz dafür gehabt). Wir hofften zumindest, dass es sich um Eukalyptus-Stöcker handelte und nicht um irgendeinen ähnlich aussehenden, giftigen Busch. Zudem war der Grill auch nicht der Sauberste, aber Dreck reinigt ja bekanntlich den Magen und da ich das hier schreibe, wisst ihr auch, dass ich dieses Abendessen definitiv überlebt habe.

Abends trafen wir uns mit Sophie und Kay mal wieder auf einen Cocktail in Darling Harbour...und auf eine Henkersmahlzeit! Warum das? - Wir wollten am kommenden Montag, der hier ein nationaler Feiertag namens „Queens Birthday" war, zum SKYDIVING nach Picton fahren!!! Das wusste nur zu diesem Zeitpunkt noch niemand in Deutschland, außer Jens und meinem Vater Günter, die mich beide an diesem Abend noch anriefen...

2009 Die Elsbeth und ihre Fallschirmspringer

Wetter: 20 Grad (Sonne & wenige Wolken); gesehene Spinnen: 0

Die Nacht von Sonntag auf Montag wälzte ich mich nur von einer Seite auf die andere und konnte partout nicht vernünftig schlafen. Wie soll man auch schlafen, wenn man weiß, dass man am nächsten Tag in 14 000ft (ca. 4,3km) Höhe aus einem kleinen Flugzeug springen wird? Doch wie könnte man den Geburtstag unserer Hoheit, der guten alten Queen Elisabeth II, besser zelebrieren als vom australischen Himmel zu fallen?

Um kurz nach sieben Uhr morgens wurde ich von Sophie, Kay und Lisa Zuhause abgeholt und wir fuhren mal wieder aus Sydney hinaus. Diesmal mit einem mulmigen Gefühl, denn wir Mädels waren alle müde und aufgeregt vor unserem Sprung. Kay war als seelische Unterstützung und Kameramann mitgekommen und hielt uns mit kleinen Geschichten über Fallschirme, die nicht öffneten und ähnlichen Späßchen, bei „Laune".

Auch die Musik im Radio hatte an diesem Morgen alles andere als eine beruhigende Wirkung, denn als wir auf den Highway fuhren, hatten sich die DJs überlegt ausgerechnet heute mal wieder ein paar Kracher wie „Knocking on Heaven's Door" oder „Highway to Hell" aufzulegen. Ich war ja um sechs Uhr früh schon mit „Der letzte Tag" von Peter Fox geweckt worden und als dann im Radio auch noch „If today was your last day" von Nickelback angestimmt wurde, bat ich Kay doch bitte den Sender zu wechseln.

Gegen Viertel nach 8 erreichten wir die Basisstation der „Sydney Skydivers" in Picton. Es war schon eine ganze Reihe Leute dort: Skydiving Instructors, Skydiving Students, Hobby – Skydiver und dann Leute wie wir. Man erkannte uns daran, dass wir nervös auf Bänken saßen oder in der Gegend rumliefen. Wir vier suchten uns einen Tisch und füllten unsere Verträge aus.

Besonders beruhigend fanden wir die Zeile: „Accidents can, and do often, happen and people can get seriously injured or killed." und in diesem Satz besonders die drei Worte "AND DO OFTEN"!!! Ich konnte mich nicht zurück halten und fragte noch mal kritisch nach, als ich meinen Vertrag unterschrieben zurück geben sollte, wann denn das letzte Mal jemand bei einem Tandemsprung ums Leben gekommen ist. Die freundliche Dame an der Information sagte, dass das letzte Mal 1986 gewesen sei und das wäre auch nicht auf dieser Base passiert. 23 Jahre ohne Todesfall, damit konnte ich leben, denn wenn man in Australien jemanden fragt, ob das Wasser sicher ist, bekommt man generell Antworten wie: „Ja klar, es gab schon seit bestimmt 3 Monaten keinen Hai - Angriff mehr!".

Die Wartezeit vertrieben wir uns damit, dem ersten Flugzeug beim Starten und den ersten Skydivern beim Landen zuzusehen. Okay, alle gelandet, keine Knochenbrüche oder Todesfälle. Das war schon mal sehr gut und je mehr wir zusahen, desto mehr sehnten wir uns nach dem Moment, in dem wir endlich aufgerufen werden. Hätten wir es doch auch endlich hinter uns! Kay nahm derweil unsere letzten Willen auf Band auf und schließlich wurden wir zum Ankleiden bestellt. Jede von uns wurde in einen schicken rot-gelben Anzug und ein Geschirr mit mehreren Karabinerhaken gesteckt, was einem das Gefühl vermittelte, man würde gleich mit den anderen Darstellern von „Armageddon" das Raumschiff besteigen, um den erdbedrohenden Meteoriten zu zerstören. Aber naja, sooo hoch sollte es ja nun auch nicht gehen...

Mein Trainer Adrian filmte meine letzten Worte auch noch einmal (doppelt hält anscheinend besser!) und instruierte mich, wann ich meinen Kopf zurück, die Arme breit und die Beine zurück machen sollte und wie ich mich bei der Landung verhalten musste.

Ich hatte das Gefühl alles sofort wieder vergessen zu haben und zur Sicherheit hängte mich Adrian mit meinem Geschirr noch mal an eine Art Gestell, so dass ich wie ein Kleinkind in einer Schaukel da hing und jede Bewegung zu jedem Zeichen, das er mir gab, noch mal durch gehen musste.

Dann wurde ich durch die Heckklappe ins Flugzeug, einen sogenannten Skyvan, geführt. Das Ding sieht aus wie ein überdimensionaler Campingwagen mit Flügeln und man hat wirklich nicht das Gefühl, dass es fliegen kann, wenn man davor steht. Sophie saß schon direkt hinter dem Cockpit im Flugzeug und warf mir einen angestrengten Blick zu und als dann auch noch Lisa zustieg, die bis zuletzt auf ihren Instructor warten musste, startete die Maschine und es ging los. Adrian versuchte mich in ein Gespräch zu verwickeln und zwang mich mit dazu mit seiner Videokamera zu kommunizieren. Meine Nervosität war einer Mischung aus Endzeitstimmung und Vorfreude gewichen, so dass ich die 15 Minuten, die wir an Höhe gewannen, still vor mich hin stierte und nur von Zeit zu Zeit die anderen Mädels ansah. In meinem Kopf wiederholte sich ironischerweise immer wieder die Melodie von Reinhard Mey's „Über den Wolken".

Als die kleine Ampel im Flieger auf Rot schaltete, mussten alle aufstehen und Adrian schnallte mich erst vom Flugzeug ab (wir hatten alle auf dem Boden gesessen und waren dort angeschnallt worden) und dann an sich dran. Jetzt wusste ich, dass es definitiv kein Zurück mehr gab. Die Ampel schaltete auf gelb und die Heckklappe öffnete sich und als grün aufblinkte, sprang der erste Skydiver ab. Er hatte sogar ein SkyBord dabei und ich hätte gern mal gesehen, wie man damit fliegt, aber leider war ich in dem Moment zu sehr mit mir selbst beschäftigt. Eine Sekunde später verschwand Lisa aus meinem Blickfeld und dann war ich dran. „Nicht runtergucken!" dachte ich nur bei mir und hörte auch schon wie Adrian mir „Legs back!" ins Ohr rief, das Zeichen für mich, die „sichere Sprungstellung" (Kopf in den Nacken, Hüfte nach vorne, Beine nach hinten anwinkeln) einzunehmen. Ich wusste, dass ich damit den letzten Boden unter den Füssen aufgab und im selben Moment sprang mein Instructor ab...

...was dann kam, war einfach nur toll! Ich hatte den Mund zum Schreien aufgerissen und wartete auf das Gefühl, das man im Freefalltower im Heidepark bekommt. Aber es blieb aus! Ich musste gar nicht schreien und war so verblüfft davon, dass ich vorsichtshalber noch einen Moment den Mund aufließ. Und dann genoss ich einfach 50 Sekunden freien Fall! Naja, was heißt freien Fall...es ist mehr wie schweben, denn man fällt von dort oben nicht wie ein Stein zu Boden. Eine ganz andere Art, als im Freefalltower und gar nicht damit zu vergleichen. Adrian klopfte mir nach wenigen Sekunden auf die Schulter, was für mich das Zeichen war, meine Arme auszubreiten, die ich am Anfang gekreuzt über der Brust halten musste.

Ich fiel und fiel, schließlich durch eine Wolke hindurch, die sich an diesem schönen Tag an den Himmel verirrt hatte, und kurz danach löste der Schirm aus. Bis dahin müssen es so ca. 2,5km gewesen sein und dann glitten wir nur noch durch die Luft, zogen ein paar Kreise und ich konnte die Aussicht genießen. Ich fühlte mich wie ein Vogel. Es ist einfach nur toll und all die Angst, die ich zuvor hatte, war vollkommen unbegründet! Die Angst vor der Angst halt...

Der gesamte Sprung war einfach viel zu schnell vorbei! Langsam kamen die Bäume und auch die Menschen, die uns von unten beobachteten, wieder näher und mein Instructor setzte zur Landung an. Das hieß für mich Beine nach vorn und Schwups saß ich mit dem Po im Gras auf dem Landeplatz und fühlte mich ein bisschen wie Bridget Jones (gut, dass keine Schweinegrube in der Nähe war!). Adrian kniete hinter mir und gratulierte mir zum gelungen Sprung.

Zur Landung musste ich ein paar Worte in seine Videokamera sprechen, aber all die witzigen Dinge, die ich mir vorher überlegt hatte, fielen mir natürlich in dem taumeligen Zustand meines adrenalingeladenen Körpers nicht ein. Ich stammelte, als wäre ich grad zur Miss Australia gewählt worden. Mein Gehirn hatte auf Standby geschaltet und ich konnte, nachdem ich von dem Schirm befreit wurde, nur noch auf Lisa und Sophie zuspringen, die sich am Rand des Feldes schon lachend in den Armen lagen.

Mit einem breiten Grinsen im Gesicht warteten wir nur noch auf unsere Videos und Zertifikate, denn wir sind jetzt alle für zwei Monate offizielle Mitglieder des „Australian Parachutist Clubs" und haben einen entsprechenden Parachutist Schülerausweis bekommen.

Ich würde es auf jeden Fall wieder machen und kann es jedem nur empfehlen! Aber man sagt ja leider, dass das Gefühl beim ersten Sprung von keinem der kommenden Sprünge überboten werden kann...

Ihr könnt euch sicherlich vorstellen, dass wir nach dem Sprung ganz schön geschafft waren...und hungrig, aber das scheint ja momentan bei uns ein Dauerzustand zu sein. Also aßen wir lecker Thai in einer Stadt namens Campbelltown (wieder Bogan Alarm!) und fuhren dann nach Hause, wo ich erstmal allen einen ausgiebigen Spaziergang durch Balmain machte und die Sonne genoss, um wieder ein bisschen runterzukommen. Dabei musste ich kurz darüber nachdenken, wie gruselig es eigentlich ist, dass Peter mir nach meiner Rückkehr Zuhause erzählte, dass er denjenigen, der 1986 bei dem Tandem Sprung ums Leben kam, kennt und dieser ausgerechnet der Freund seiner Schwester war. Gut, dass er mir das nicht vorher offenbart hatte!!!

Ich setzte mich in einer Bucht von Balmain auf eine Mauer ans Wasser und las ein bisschen in meinem neuen Lieblingsbuch „Frühstück mit Kängurus" von Bill Bryson. Allerdings saß ich dort nur um die Zeit zu überbrücken, bis Lisa, Sophie und Kay wieder bei mir vorfuhren. Wir hatten uns verabredet, um Fotos unserer bisherigen Trips auszutauschen und die lustigen Skydiving Videos anzusehen. Sophies Video war das Beste, weil es zeigte, wie sie kurz vor dem Absprung an der Kante der Heckklappe stand und nach unten sah, woraufhin sie panisch versuchte sich im letzten Moment oben am Flugzeug festzuhalten. Allerdings war es natürlich zu spät, denn in dem Moment sprang ihr Instructor und sie hatte keine Wahl! Nachdem wir genug Spaß mit unseren lustigen Erinnerungsstücken gehabt hatten, gab es noch ein leckeres Steak in „Dick's Hotel" bei mir um die Ecke und natürlich einen „Gute-Nacht-Shot", um unseren Sprung zu feiern. Wir sind ja schon ein bisschen stolz auf uns!

Wie schrieb mir eine Freundin so schön in ihrer SMS nach meinem Sprung: „Wenn man vom Himmel fällt, kann einen bestimmt erstmal nichts mehr schocken!".

2009 Bridge Climb und Blue Mountains

Wetter: 20 Grad (wolkig): gesehene Spinnen: 1

Nun hat es etwas gedauert, bis ich wieder schreibe. Ich glaube, wenn man Skydiven war, erscheinen einem manch andere Dinge gar nicht mehr so spektakulär und erwähnenswert. Ohne, dass das jetzt arrogant klingen soll, aber es ist schon irgendwie so (...okay, das klang jetzt doch arrogant, sorry...).

Wie zum Beispiel der BridgeClimb, den wir vorletzten Sonntag gemacht haben. Dabei klettert man in einer Gruppe über den obersten Bogen der Harbour Bridge. Im Gegensatz zum Skydiven wurde hier ein Riesenaufwand gemacht und man musste zunächst fast eine Stunde Sicherheitsanweisungen und einen Test-Climb über eine Art Baugerüst hinter sich bringen. Erst dann wurden wir in unseren schicken BridgeClimbing Overalls aneinander angeleint auf die Brücke losgelassen. Das Schlimmste war, dass das Event um 12 Uhr 35 startete und wir bis zu diesem Zeitpunkt nur gefrühstückt hatten, unwissend der Tatsache, dass so ein Climb insgesamt drei Stunden dauert!

So kletterten wir schon mit knurrenden Mägen los und bekamen nur am Rande mit, dass man bei der ganzen Aktion angeblich 600 Kalorien verlieren soll. Aber es war ein Erlebnis und ist für jeden zu empfehlen, der sich vielleicht nicht gleich aus einen Flugzeug stürzen will. Der Aufstieg ist zwar relativ anstrengend, aber man hat die ganze Zeit rechts und links Geländer und ist ja auch angeleint, so dass der besondere Nervenkitze nicht so dramatisch ist. Oben angekommen hat man einen tollen Blick über den Hafen von Sydney. Sofern das Wetter schön ist, kann man sogar die Blue Mountains von dort oben sehen. Allerdings hatte das Wetter keine Lust schön zu sein und schwenkte von blauem Himmel exakt in dem Moment auf Wolken und etwas Regen um, als wir loskletterten. Das machte aber nichts, denn es war trotzdem eine schöne Erfahrung mit einem tollen Blick über die Stadt. Zudem hatten wir viel Spaß damit, uns mit lustigen Späßen über den touristischen Touch des Climbs lustig zu machen (da war sie wieder, die Arroganz eines „Parachutist Students"). Zeitweise dachten wir schon, dass unser Guide, der ganz vorne lief, die drei Mädels „von der letzten Bank" (wir waren tatsächlich die letzten drei in unserer Gruppe) gleich von den Seilen abschneidet und uns ins Wasser wirft. Aber eigentlich denke ich, dass wir ihm mal eine ganz liebe Abwechslung zu den anderen, etwas langweiligen Gruppenkollegen waren.

Nachdem wir um 15 Uhr 30 die letzten Stufen der Brücke hinunterkletterten und auch Sophie's Freund Kay wiederfanden, war es an der Zeit etwas Essbares zu finden und da kam uns das „Pancake House" in „TheRocks" gerade recht. Kaum stellte der Kellner uns jeweils eine große Portion „Pancakes mexican style" vor die Nase, da hatten wir den Pancake auch schon in uns hineingeschaufelt und verlangten nach der Nachtischkarte. So hungrig war ich wirklich schon lange nicht mehr gewesen! Der Kellner sah uns etwas verdutzt an, als dann auch noch jede von uns eine große Portion „Devil's Delight" (3 Schokoladen Pancakes mit Schokosauce & Erdbeeren) bestellte, die ebenfalls in wenigen Minuten verschwunden war. Er hat uns bestimmt für Backpacker gehalten, die gerade aus dem Outback kamen und seit Tagen nichts Gescheites mehr gegessen hatten.

Das Essen war aber auch zu gut und so schleppten wir uns vollgefuttert zum Cirqular Quay, um uns das Spektakel der „Burning Boat" Show anzusehen, die das Finale des „Festival's of Lights" war.

Ansonsten habe ich an dem Wochenende Malte und Hanna wiedergesehen, die ich damals auf dem Hinflug kennengelernt habe. Malte hatte Geburtstag und hatte uns zum Grillen im „Balls Head Reserve" auf der gegenüberliegenden Seite des Hafens eingeladen. Unsere Zusammenkunft nach all den Wochen wurde von einem seiner Freunde mit „Respekt Malte, du fliegst nach Australien, um deine Freundin zu besuchen und reißt im Flieger gleich zwei Mädels auf! Mit welcher Airline bist du noch mal geflogen?" kommentiert. Es war auf jeden Fall ein netter Tag, den ich mit einem Kinobesuch mit Sophie, Kay und Lisa ausklingen ließ.

Mein aktuelles Wochenende begann damit, dass wir, eine Flasche Baccardi (für $50!) im Schlepptau, Freitag zu Clemence's Geburtstagsparty nach „Ultimo" pilgerten. Mit Clemence hatte ich in Kopenhagen studiert und war auch in Russland mit ihr unterwegs gewesen, daher war ich etwas überrascht, als sie mir vorletzten Freitag die Nachricht überbrachte, dass auch sie sich in Sydney herumtreibt. Wir hatten eigentlich seit Kopenhagen keinen Kontakt mehr gehabt und sie hatte nur zufällig die Oper im Hintergrund meines Facebook Fotos entdeckt. Also hatten wir uns auf ein paar Cocktails im Watershed Hotel getroffen und gemeinsam mit Artem über die gute alte Zeit in Kopenhagen philosophiert. Bei der Gelegenheit hatte sie uns auch gleich zu ihrer Geburtstagparty eingeladen. Artem war allerdings an diesem Abend ein Langweiler und blieb lieber Zuhause, also feierte ich mit Sophie, Lisa und einem Freund von ihr auf Clemence's Party bis wir irgendwann gegen Morgen in einem Pub landeten und mit ein paar Brasilianern über deutsche Autos diskutierten.

Diese Nacht hatte zur Folge, dass Lisa und ich uns am nächsten Tag durch das Sydney Aquarium schleppten und wie besessen Popcorn in uns hinein stopften, um den Kater zu besiegen. Man muss dazu sagen, dass das Aquarium von Sydney zum Teil auf Flössen gebaut ist und geringfügig mit den Wellen schaukelt. Das war etwas kontraproduktiv an einem Tag, an dem man sowieso schon etwas wackelig auf den Beinen ist. Es war aber trotzdem schön, kleine Schnabeltiere, große Seekühe und Haie zu besichtigen. Es ist auch eine andere Erfahrung in einem Aquarium Tiere zu sehen, denen man in umliegenden Gewässern tatsächlich begegnen könnte. Da sieht man zwei Meter lange Haie in den Becken gleich mit ganz anderen Augen!

Abends hatten mich Artem und Daria zu einem russischen Dinner bei sich in Paddington eingeladen und nach einigen Orientierungsproblemen kam ich auch dort an und genoss leckere, selbstgemachte Borscht, Dumplings und andere russische Spezialitäten. Faszinierend, dass Daria das alles gekocht hatte! Natürlich musste ich auch Wodka mittrinken, das gehört in der Kultur ja irgendwie dazu. Das fiel mir nach dem ausgiebigen Vorabend leider etwas schwer. Witzig wurde es, als Artem mir ein vermeintliches Stückchen Käse anbot. Ich nahm es dankend an und bemerkte erst, als ich es schon im Mund hatte, dass es sich nicht um Käse handelte, sondern um ein Stück reinen Schweinefetts. Mhmm, lecker...

Am Sonntag hatten Lisa und ich wieder eine Tour geplant. Diesmal in die Blue Mountains, die ca. 80km westlich von Sydney liegen. Als Gefährt hatten wir einen T5, den ich organisiert hatte. Also ich rede hier nicht von einem Multivan oder ähnlichem, sondern von einem Transporter, vorn mit zwei Sitzen und einer großen Ladefläche dahinter! Lisa war begeistert von der enormen Beinfreiheit, die sie auf der Beifahrerseite hatte. Es hallte laut, als sie ihren Rucksack nach hinten zu meinem einsamen Rucksack in den Laderaum war, bevor wir starteten. Also hinauf in die Berge!

Losgefahren waren wir bei blauem Himmel in Sydney, doch je höher wir kamen, je mehr waren wir in dichten Nebel gehüllt. Die Wolken hingen an diesem Tag so tief, dass sie zwischen den Bergen gefangen waren, was nicht unüblich für die Blue Mountains ist. So konnte man im Ort Katoomba vom Aussichtspunkt „Echo Point" aus die Felsformation „Three Sisters" nur in Umrissen erahnen, was aber nicht weiter schlimm war. So hatte der Ausblick etwas Mystisches.

Die „Three Sisters" waren der Legende nach mal drei Schwestern, die in Katoomba wohnten und von drei jungen Männern umgarnt wurden. Um sie vor den bösen Männern zu schützen, belegte sie jemand mit einem Fluch und verwandelte sie in drei Felsen. Dieser starb dann aber leider, bevor er die Schwestern zurück verwandeln konnte, so dass sie für immer Felsen bleiben werden.

Lisa und ich machten uns auf in den Regenwald Richtung Scenic Railway, der steilsten Eisenbahnstrecke der Welt. Ungefähr zwei Stunden folgten wir dem Pfad durch den Regenwald (und der Name war Programm!), vorbei an unzähligen Aussichtspunkten von denen man aufgrund des Nebels keine Aussicht hatte, was aber irgendwie cool war, denn man hatte das Gefühl zwischen der Fels- und Nebelwand wie durch eine Märchenwelt zu laufen.

Irgendwann kamen wir an die Katoomba Falls, eine Reihe sehr schöner Wasserfälle, und stiegen dann ungefähr eine halbe Stunde lang an den Klippen hinab ins Tal, um zu der Basisstation der Eisenbahn zu gelangen. Und steil ist die Scenic Railway wirklich ohne Frage! Man wird in der Bahn tatsächlich senkrecht nach oben gezogen und hofft in der kurzen „Reisezeit" wirklich ein bisschen, dass das Seil oben nicht reißt! Ich glaub, das ist ein „Muss", wenn man in Katoomba ist, auch wenn die Fahrt viel zu schnell wieder vorbei ist!

Mittlerweile bin ich schon fast zwei Monate hier und muss sagen, dass die Zeit einfach nur an mir vorbei zieht. Sydney ist toll und ich will eigentlich gar nicht mehr hier weg! Man hat einfach so viele Möglichkeiten in und um die Stadt herum. Von langen Stränden und dem schönen Hafen, über nette kleine Märkte bis hin zu den Nationalparks und den Bergen...alles, wofür man in Europa quasi einmal in jede Richtung fahren müsste, hat man hier komprimiert auf einer Fläche von 200qkm.

Und Australien macht irgendetwas mit einem. Man tut Dinge, die man sich Zuhause vielleicht nicht getraut hätte und geht alles mit dieser australischen Leichtigkeit an. Nach dem Motto „Wird schon alles klappen!". Ich weiß gar nicht, wie ich in Deutschland je wieder klarkommen soll.

2009 Great Ocean Road „dekadent"

Wetter (Melbourne): 15 Grad (sonnig), gesehene Spinnen: 0, gesehene Koalas: 1, gesehene Wale: 4, gesehene Kängurus: 1

4 Uhr 50 zeigte die Uhr an, als ich langsam aus meinen Träumen erwachte, und ich konnte es in diesem Moment fast nicht fassen, dass ich jetzt tatsächlich aufstehen sollte. Mein erster klarer Gedanke war: „Wie konnte ich nur so blöd sein und den 7 Uhr Flug nach Melbourne buchen?". Hellwach wurde ich allerdings, als Lisa und ich nach der Landung in Melbourne Avalon - einem winzigen Flughafen, der eigentlich nicht mehr ist als eine Wellblechhütte umgeben von Farmland und Busch ist – trotz fünf verschiedener Autovermietungen keine fanden, die noch ein Auto für uns übrig hatte. Als ich den Blick des Avis Mitarbeiters sah, bei dem wir zuletzt vorstellig wurden, sagte ich nur: „Let me guess, you got no cars left?". Er nickte nur und Lisa ergriff die Initiative für den Plan B. Der Ort Geelong war nicht weit entfernt und sie ließ sich die Adresse der dortigen Avis Filiale geben. Mit einem Taxi brausten wir durch flaches Land bis in die zweitgrößte Stadt Victorias und hatten tatsächlich Glück. Die nette Avis Frau hatte noch einen winzigen Hyundai Getz übrig, der für das Wochenende unser Hauptaufenthaltsort werden sollte.

Lisa war diesmal am Steuer und lenkte uns mit musikalischer Untermalung von alten Michael Jackson Songs, die aufgrund seines plötzlichen Dahinscheidens bereits seit Donnerstag das Radioprogramm bestimmten, Richtung Great Ocean Road. Die Great Ocean Road ist unglaublich schön. Die Straße schlängelt sich über ca. 120km an der Küste entlang und alle paar Kilometer findet man einen Viewpoint, an dem man halten und den Blick von den Klippen genießen kann. Alles war herrlich grün, trotz der vor kurzem tobenden Buschfeuer in der Gegend, und das Wetter meinte es auch gut mit uns. Das ganze Wochenende ließ sich kaum eine Wolke blicken und wir erkundeten bei ca. 15 Grad die Gegend.

Ziemlich am Anfang der Straße kamen wir an einen kleinen Leuchtturm und ein paar Kilometer weiter gab es einen Viewpoint über einem tollen, felsigen Strand, den man über eine Treppe erreichen konnte. Wir liefen ein bisschen herum und saßen schon wieder im Auto, als Lisa mit ihren Adleraugen einen Koala erspähte, der an der Straße saß als wartete er auf den Bus. Also sprangen wir wieder aus dem Auto und liefen vorsichtig, bewaffnet mit Fotoapparaten, ab in Richtung des pelzigen Freundes. Leider waren wir nicht die einzigen, die ihn gesehen hatten, denn von der anderen Seite schlich sich ein älteres Ehepaar heran, die extra mitten auf der Straße angehalten hatten. Der Koala fühlte sich anscheinend etwas eingeengt, sah einmal nach links und einmal nach rechts und verschwand dann raschelnd im Gebüsch… Natürlich tat er das nur, um sich perfekt für die kleine Fotosession an einem Eukalyptusast zu präsentieren! Geduldig wartete er bis wir genug Fotos gemacht hatten und begutachtete uns interessiert aus dem sicheren Busch.

Wir fuhren etwas weiter und entdeckten von einem weiteren Viewpoint zufällig eine Gruppe Wale im Meer. Was für ein toller Tag! Wir beobachteten sie, wie sie sich immer mal wieder aus dem Wasser heraus wälzten und dann wieder in den Wellen verschwanden. Sie waren noch einmal um einiges näher am Ufer als die Wale, die wir vor ein paar Wochen in Anna Bay gesehen hatten. Als wir weiterfuhren ließ ich meinen Blick über die Klippen und das Meer schweifen und wir waren noch nicht sehr weit gefahren, als ich schrie: „Lisa, halt an! Noch mehr Wale!!!" und wir mit einer Vollbremsung gerade noch so in das Ende einer Haltebucht einscheren konnten. Zwei Inder, die nicht viel älter zu sein schienen als wir, sahen verschreckt von ihren Kameras auf, als wir plötzlich in einer großen Staubwolke neben ihnen erschienen, aus dem Auto sprangen und auf den Rand der Klippe zustürmten. Ich hatte vom Auto aus gesehen, wie einer der Wale ganz aus der Wasseroberfläche auftauchte und dann mit dem Schlag seiner riesigen Schwanzflosse wieder im Meer verschwand. Nun standen wir da und beobachteten die nächste Walgruppe, die diesmal noch näher am Ufer war.

Das war schon etwas sehr Besonderes, denn als wir in einem Hotel (Pub, Hotel, wer weiß das schon) direkt am Strand von Apollo Bay zum Lunch einkehrten, meinte die Bedienung, dass wir nur mit ganz viel Glück dort an diesem Wochenende Wale sehen könnten. Als wir dann abwinkten und ihr erzählten, wir hätten schon viele Wale in Australien und vor allem an der Great Ocean Road gesehen, meinte sie, dass wir uns da sehr glücklich schätzen könnten, da man dafür zur richtigen Zeit am richtigen Ort sein müsse. Sie war sehr nett, wir unterhielten uns noch eine Weile mit ihr über das Naturschauspiel und fanden es toll, dass auch die Einheimischen es noch so zu schätzen wussten.

Als wir am Cape Ortway ankamen, bogen wir links in eine Seitenstraße ein und folgten ihr mehrere Kilometer in Richtung ihrer Spitze. Kühe grasten direkt am Wegesrand, wir fuhren durch Baumalleen und genossen es der Großstadt mal ein Wochenende entflohen zu sein. An der Spitze des Cape Ortways gab es die älteste Telegraphenstation Australiens (oder war es doch nur Victorias?) und „Australias most significant Lighthouse" zu bewundern. Wir liefen herum, versuchten in den Gebüschen Schlangen zu erspähen, bewunderten die Gebäude und die Aussicht und versorgten uns im Café mit Wasser für die Weiterfahrt.

Die Weiterfahrt war sehr gemütlich und zog sich für eine längere Strecke durch Wald und Busch mit kleinen Farmhäusern, die Milchkannen als Briefkästen hatten. Außerdem war es eine sehr ruhige Fahrt, denn unsere Radiosender hatten uns bereits vor Kilometern verlassen. Dadurch merkte man noch einmal sehr deutlich wie abgeschieden die Leute dort leben. Irgendwann kam wieder die Küste in unser Blickfeld mit ihren Klippen und weißen Stränden. Wir fuhren noch ein paar Kilometer und die Sonne begann langsam zu sinken.

Kurz hinter Princetown erreichten wir dann unser Etappenziel des Tages: die zwölf Apostel, einige umspülte Felsen im Meer. Wie viele es von den ursprünglichen 12 heute noch sind, konnten wir leider nicht genau ausmachen. Wir kamen beim Zählen auf sechs, mit den beiden Überbleibseln der sogenannten „London Bridge" wären es aber 8 und irgendwo fiel die Zahl 7...einer soll ja auch erst letztes Jahr eingestürzt sein. Wir hielten etwas inne und beobachteten, wie die Sonne langsam hinter den Aposteln unterging. So ruhig, wie wir uns das vorgestellt hatten, war es allerdings nicht ganz, denn um uns herum wimmelte es zum ersten Mal des Tages von Touristen.

Da wir am nächsten Tag direkt nach Melbourne wollten, hatten wir uns vorgenommen, soweit wie möglich zurück über die Great Ocean Road zu fahren und dann in einem kleinen Badeort namens Lorne zu übernachten. Es ist allerdings nicht gerade ungefährlich dort längere Strecken im Dunkeln zurück zu legen, denn es besteht immer die Gefahr, dass ein Känguru aus dem Nichts auf der Straße auftaucht. In der Dämmerung fuhren wir durch ein längeres Waldgebiet, als Lisa plötzlich wieder scharf bremste, denn wir hatten bereits von weitem ein kleines Känguru am Straßenrand sitzen gesehen. Ich war begeistert, nachdem das erste Känguru, das ich an diesem Tag gesehen hatte, tot am Straßenrand gelegen hatte. Allerdings war das (lebende) Känguru nun nicht so interessiert an uns wie wir an ihm und war verschwunden als wir aus dem Auto gestiegen waren.

Also ging es für uns weiter durch den Busch und als es schließlich dunkel war, erschraken wir, denn am Straßenrand lag ein, auf die Seite gekipptes Auto im Graben. Wir fuhren langsamer und scannten die Szene, um auszumachen, ob unsere Hilfe von Nöten war. Schließlich war Lisa angehende Ärztin. Da bereits einige Helfer am Unfallort waren und wir in dem Auto niemanden mehr ausmachen konnten (es schien als wären alle Insassen bereits herausgeklettert), fuhren wir weiter... Nun noch etwas vorsichtiger! Erst kurz vor Apollo Bay kam uns die Feuerwehr mit Blaulicht entgegen, was einem noch einmal klar machte, wie lange es hier dauerte, bis man bei einem Unfall versorgt wurde, sollte wirklich etwas Ernstes passieren. Nach Apollo Bay waren wir wieder auf der breiteren Küstenstraße und somit war die Gefahr von Kängurus zumindest erst einmal gebannt.

Allerdings erwarteten wir nun hinter jeder Kurve einen auf uns zurasenden Wagen, der auf der rechten Seite fuhr. Irgendeinen Grund muss es ja schließlich geben, dass auf der Great Ocean Road sogar teilweise Pfeile auf der Straße aufgemalt sind, die noch einmal verdeutlichen, wer auf welcher Seite zu fahren hat. Und wer es dann immer noch nicht verstanden hat, wird sicherlich auf die Schilder aufmerksam, die „Drive Left in Australia" in Wort und Bild verdeutlichen.

Um ca. 20 Uhr erreichten wir schließlich Lorne und das Eskine Hotel, das mir von einem Kollegen empfohlen wurde. Das Eskine Hotel ist ein sehr schickes Hotel direkt am Strand von Lorne. Wir konnten zwar nicht herausfinden, wie viele Sterne es hat, doch einigten uns auf mindestens vier und buchten einen günstigen Heritage Room für $133 (ca. 35 Euro pro Person!). Die Rezeptionistin entschuldigte sich bereits im Vorfeld für das Zimmer und die alten Möbel in ihm, so dass wir beim Eintreten ein etwas mulmiges Gefühl hatten. Doch wir waren begeistert! „Alt" bezog sich auf Möbel, die vielleicht fünf Jahre auf dem Buckel hatten und das Bad war neu, modern und hatte zu meiner größten Freude eine extravagante Badewanne! So nahm ich nach unserem Dinner im Lorne Hotel seit Monaten endlich wieder ein langes, heißes Bad.

Der nächste Morgen begann um sieben Uhr und wieder einmal mit dem „Ich will nicht aufstehen – Gefühl". Schnell schwang dieses aber in pure Begeisterung um, als wir den Spa Bereich unseres Hotels betraten, in den völlig leeren Pool sprangen und uns im Whirlpool entspannten. Erst als eine Familie offensichtlich professioneller Schwimmer, Eltern und zwei kleine Jungs, schließlich dazu kamen und ihre Bahnen zogen, war es für uns Zeit in das Dampfbad zu flüchten und dort noch ein paar Minuten Ruhe zu genießen. Das Frühstück, das uns nach einer langen Dusche erwartete, war auch super. Ein Buffet mit allem Schnickschnack für $18 im Kaminzimmer mit Meerblick...äußerst dekadent!

Wir wollten gar nicht mehr weg und überlegten uns bei einem Strandspaziergang, ob die Ausrede „Ich wurde in Melbourne in Quarantäne gesteckt!" im Rahmen der Schweinegrippe auf der Arbeit anerkannt werden würde. Wieder war keine Wolke am Himmel...

Nach all unseren Erlebnissen auf der Great Ocean Road wurde Melbourne nur noch Nebensache. Dennoch fanden wir den Stadtteil St. Kilda, den wir uns hauptsächlich ansahen, sehr schön. Mit kleinen Shops, vielen Straßencafés und einem Strand in der Nähe des Piers hatte er etwas Niedliches. Nachdem wir etwas herumgelaufen waren, aßen wir in einem kleinen Restaurant mit live Musik am Strand und beobachteten ein asiatisches Hochzeitspaar, das Fotos am Meer machen ließ.

Als wir zurück nach Sydney flogen, waren wir müde, aber froh den Wochenend - Trip gemacht zu haben. Wir hatten so viel gesehen und erlebt und ich weiß, dass ich definitiv irgendwann noch einmal über die Great Ocean Road fahren möchte...vielleicht sind dann ja nur noch 5 Apostel da, man weiß es ja nicht...

2009 Skippy und das Motorboot

Wetter: 18 Grad (sonnig), Spinnen: nur in Gefangenschaft

Nachdem wir uns am Freitag bei Ice Age III zunächst über unsere lustigen 3D Brillen und dann den Film kaputt gelacht hatten und den Abend mit einem Cocktail in einem Hotel neben dem Greater Union Cinema ausklingen ließen, genossen Lisa und ich den sonnigen Samstag im Featherdale Wildlife Park in Blacktown.

Der Featherdale Park ist vergleichbar mit den Wildparks, die wir in Deutschland haben. Nur dass hier natürlich das australische „Wild", sprich Kängurus, Koalas und Wombats herumlaufen. Anders als in einem Zoo laufen die Kängurus frei herum und sie sind so zahm, dass man sie streicheln kann. Ich war begeistert und fühlte mich als wäre ich noch mal drei Jahre alt. Man wusste ja gar nicht, welches Känguru man zuerst streicheln oder füttern sollte! Lisa kommentiert das mit: „Die kleine Ines im Zoo!", hockte sich aber auch gleich neben eines, dass sich genüsslich kraulen ließ. Ein paar dicke Wombats schlurften durch ihre Gehege und an Baumstämmen hingen eingerollte, schlafende Koalas herum.

Koalas schlafen ca. 18 Stunden am Tag, wachen auf, fressen ein paar Eukalyptusblätter und rollen sich dann wieder auf ihrem Ast ein, wie eine dicke Fellkugel. Hach, Koala müsste man sein. Wenn auch Kay uns hinterher einige Illusionen mit der Information nahm, dass Koalas strohdoof und selten intelligenter als ein Meerschweinchen sein sollen. Darum werden sie hier auch oft überfahren. Sie folgen den Routen, die ihre Vorfahren schon vor hunderten von Jahren gelaufen sind, und wenn dort in der Zwischenzeit ein mehrspuriger Motorway gebaut wurde, dann gucken sie einmal blöde und laufen trotzdem weiter. Arme süße, dumme Koalas! Ich würde trotzdem einen mit nach Hause nehmen...

In dem Park gab es allerdings auch Reptilien und wir schluckten, als wir das 4,5m lange Salzwasserkrokodil fanden, dass reglos in einem Becken lag und uns mit kalten Augen anstarrte. Ich sagte es ja bereits bei unserem Aquarium-Besuch, aber man kann es nicht oft genug betonen: man sieht gefährliche Tiere in Zoos mit ganz anderen Augen, wenn man ihnen draußen in der Natur wirklich begegnen kann! Da ziehen dann Gedanken an romantische Strandspaziergänge bei Sonnenuntergang am Great Barrier Reef an einem vorbei, bei denen der Partner plötzlich mit einem Ruck im Wasser verschwindet. Meine Kollegen rieten mir ja bereits, dass es besser wäre im Norden Australiens an keinem Strand schwimmen zu gehen, an dem niemand anderes schwimmt. Und selbst wenn Leute im Wasser sind, so sollte man sich zunächst überzeugen, dass es Einheimische sind und nicht etwa Amerikaner. Die kommen in diesem Land, neben Deutschen übrigens, am häufigsten um!

Daran musste ich auch denken, als wir in das Reptilien und Spinnen-Haus gingen und uns näher mit allem beschäftigten, was klein ist und uns trotzdem umbringen kann. Die gefährlichste Spinne, die Redback Spider, wurde auch ausgestellt und wir waren überrascht, wie klein das Krabbeltier eigentlich ist! Kleiner als die durchschnittliche, deutsche Hausspinne hat die Redback Spider so viel Gift in sich, dass sie ohne größere Probleme ein Pferd umbringen kann. Auch die Funnelnet Spider und unsere Freundin, die - *„ungefährlich und tut auch gar nicht so doll weh"* - Huntsman Spider waren dort. So wie auch alle möglichen, giftigen Schlangen Australiens. Dort fanden wir zum Beispiel heraus, dass bei der „Brown Tiger Snake" der gute Rat *„Bleib stehen und rühre dich nicht!"* mal gar nichts bringt, denn sie gilt als höchst aggressiv und verfolgt selbst Menschen - die im Normalfall nicht auf ihrem Speiseplan stehen - gern, wenn sie sich von ihnen gestört fühlt. Ich sah mich schon vor meinem geistigen Auge im Norden Australiens, wie ich durch den dichten Busch vor einer bis zum nächsten Strand flüchtete...wahrscheinlich um dort das Frühstück eines 4m langen Salzwasserkrokodils zu werden...na dann Mahlzeit!

Ein paar Meter weiter fanden wir dann SIE! Die „Inland Taipan", die giftigste Schlange der Welt! Wir standen ein paar Minuten vor der Glasscheibe, hinter der sie zusammengekringelt lag. Sie sah nicht großartig anders aus, als die anderen Schlangen, aber wir versuchten trotzdem uns ihr Aussehen genauestens einzuprägen. Ein falscher Schritt im Outback und das Tier pumpt mit einem Biss so viel Gift in einen, dass es damit 100 Menschen oder 250 000 Mäuse auf einmal töten könnte *(vgl. Wikipedia)*! Allerdings sind angeblich aus den letzten Jahren keine Todesfälle bei Menschen bekannt und man hat ja noch GANZE zwei Stunden Zeit, bevor man starke Symptome spürt (Muskelzerstörung, Aussetzen der Nieren und Herzmuskelstörungen, um nur mal ein paar zu nennen).

Das richtige Verhalten bei einem Schlangenbiss ist Beruhigung des Opfers (na juchu!) und ein Druckverband, damit sich das Gift nicht zu schnell ausbreitet. Mal abgesehen von der bösen Brown Snake sind Schlangen aber eher friedlich und leben nach dem Motto: „Störst du mich nicht, bring ich dich nicht um!". Bei Erschütterung wird man sie eher im Gebüsch verschwinden sehen, als dass sie sich Giftzähne-fletschend auf einen stürzen.

Also widmeten wir uns lieber wieder unseren Freunden, den Kängurus, Wallabys, Bilbies (die sind sooo süß!), Quokkas und Wallaroos. Echidnas, auch Schnabeligel genannt und mit dem allseits beliebten Schnabeltier (süß aber giftig) verwandt, dümpelten auch in der Sonne herum. Australien hat ja eine Vielfalt merkwürdiger und zugleich niedlicher Tiere! Wir trafen sogar auf ein Wallaby mit einem Joey im Beutel. Mama fraß genüsslich an einer mit Futter gefüllten Eiswaffel und das kleine Joey versuchte mit einer Kralle aus dem Beutel heraus auch was von dem leckeren Snack abzubekommen ohne sich dabei zu viel bewegen zu müssen.

Hach, ich hätte den ganzen Tag dort verbringen können, wenn der Hunger uns nicht zurück nach Sydney und dort direkt in unsere Lieblingspizzeria am Cirqular Quay gezogen hätte. Als wir dann durch die Royal Botanic Gardens schlenderten, ging auch schon langsam die Sonne über der Oper unter und wir verbrachten den Abend damit, im "Belgian Cafe" auszutesten wieviel schokoladenhaltige Nahrung und Getränke man zu sich nehmen kann, ohne das einem schlecht wird. Ich kann mich leider nicht mehr erinnern, wann der Punkt erreicht war, aber wir müssen von dem ganzen Zucker Pupillen wie ein Koala auf LSD gehabt haben!

Unser Sonntag hatte weniger mit den gefährlichen und den niedlichen Bewohnern Australiens zu tun. Diesmal wollten wir im „Ku-ring-gai Chase Nationalpark" in einem Meeresarm Motorboot fahren. Als Sophie, Lisa und ich morgens (ohne Kaffee!) vor der Nussschale standen, die unser Motorboot sein sollte, sahen wir Kay erst einmal prüfend an und Sophie meinte: „Also unter einem Motorboot hab ich mir jetzt auch was anderes vorgestellt!".

Unser „Motorboot" war ein kleines Fischerbötchen mit Außenborder, war jedoch sehr günstig (120 AUSD für 3 Stunden) und wir sollten noch viel Spaß haben, damit durch den Creek zu tuckern.

Ich hatte es mir an einer Seite unter dem Dach gemütlich gemacht, während Sophie das Steuer von Kay übernahm und Lisa als „Ausgleichsgewicht" von einer Seite auf die andere diktierte. Als Kay sich auch überlegte mal die Seite zu wechseln und das Boot mit Schlagseite ins Schaukeln kam, so dass Lisa nass wurde, drehte sie sich erschreckt zu mir um und schimpfte laut „INES!!!" auf meine Seite, weil ich zur selben Zeit meinen Fuß bewegt hatte. Ich schimpfte empört zurück, dass ich gar nichts gemacht hatte und wir mussten alle lachen. Von da an war ich automatisch an jeder größeren Bewegung des Bootes Schuld, während Lisa schließlich von Sophie das Steuer übernahm, da diese leichte Koordinationsprobleme mit dem Ruder hatte. Hach, was für ein Spaß! Ich lag die meiste Zeit in der Sonne und beobachtete sehr entspannt die vorbeiziehenden Eukalyptuswälder.

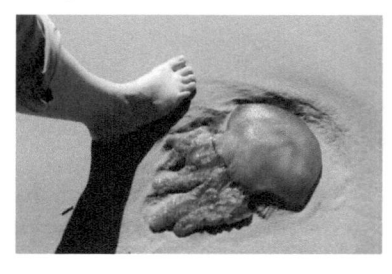

Leider muss ich gestehen, dass auch ich mich nun zu den bösen Menschen zählen muss, die ein australisches Tier auf dem Gewissen haben. Asche auf mein Haupt, denn als ich schließlich mit Steuern an der Reihe war, gab der Motor plötzlich ein schredderndes Geräusch von sich. Das war kurz nachdem ich von vorne den Satz „Das ist aber eine fette Qualle!" vernahm. Und tatsächlich, das Wasser war urplötzlich voller dicker, pilzartiger Quallen. Jetzt war es zwar eine weniger, aber bei der Vielzahl schien das wohl kein zu großer Verlust für die australische Fauna zu sein.

In einiger Entfernung entdeckten wir einen kleinen Strand in einer Bucht und beschlossen dort an Land zu gehen. Ich war immer noch Herrin über den Motor und das Steuer und lenkte das Boot souverän an den Strand...

...nein okay, das ist geflunkert...

Eigentlich war es eher so: Kay saß vorn auf dem Boot und gab mir nach hinten Anweisungen, während ich von hinten Dinge rief wie „Ich weiß nicht wie ich bremsen soll, ahhh, Kay Hilfe, nimm du das Ruder!" und Kay von vorne ruhig „Das schaffst du schon, jetzt noch ein bisschen nach links." antwortete.

Das hätte mich auch glatt etwas beruhigt, wenn dann nicht in der Mitte noch Lisa und Sophie gewesen wären, die zusammen die ganze Anlegeprozedur wie folgt untermalten:

Sophie: „Das geht so nicht, da sind überall Steine. Kay!!!"

Lisa: „Ach Quatsch, das klappt schon!"

Sophie: „Kay, hier ist es viel zu flach, wir setzen auf!"

Lisa: „Ines, bremseeeen!"

Kay: „Ines, gib Gas!"

Sophie: "Ines, leg den Rückwärtsgang ein!"

Ines: "Ahhhhh! Ich will nicht mehr!"

So ungefähr muss es gewesen sein, bevor wir mit dem Bug unseres Bootes am Strand aufliefen und Sophie den Anker warf...was natürlich keinen Sinn machte, denn wir waren ja bereits an Land, so dass der Anker nun einfach platt auf den Sand fiel und wir alle prustend anfangen mussten zu lachen. Wir sprangen mit hochgekrempelten Hosen vom Boot ins flache Wasser und gingen auf einen „Landgang" an unseren einsamen Strand. Während Sophie und ich den kleinen Wasserfall und die toten Quallen im Sand mit hochgradig biologischem Interesse erkundeten, hatten es sich Lisa und Kay zu unserer Erheiterung zur Aufgabe gemacht, das Boot zu sichern.

Lisa war gleich losgestampft und hatte das lange Seil um einen Felsen gelegt, während Kay den Anker im Sand fixierte. „Doppelt hält besser!", rief uns Lisa stolz zu und Sophie und ich sahen uns nur skeptisch an. Kay sah nun auch auf und wurde stutzig: "Muss nicht ein Ende am Boot festgebunden sein?". Keiner der beiden hatte bemerkt, dass sie dasselbe Seil „gesichert" hatten, dieses nun aber an keinem Ende mehr mit dem Boot verbunden war und unser Boot ohne jeglichen Halt in der Bucht vor sich hin schaukelte. In diesem Moment dämmerte mir kurz, dass es wohl doch gute Gründe gibt, warum man in Deutschland eine Lizenz zum Motorbootfahren benötigt. Aber hätten wir alle auch nur die geringste Ahnung vom Bootfahren gehabt, hätten wir wohl nur halb so viel Spaß gehabt!

Da wir auf dem Boot nur unsere mitgebrachten Butterstullen und ein paar Oreos gegessen hatten, waren wir am späten Nachmittag sehr hungrig und einigten uns auf ein „Barbie" in einem Park in Mona Vale direkt am selben Meeresarm. Im Coles Supermarkt um die Ecke hatten wir (nach einigen Schwierigkeiten den Eingang zu finden) Känguru - Steak und - Spießchen gekauft und warfen nun alles auf den öffentlichen Gasgrill. Ein älterer Herr, den wir baten ein Foto von uns zu machen, erzählte uns, dass auch er mal in Deutschland war (natürlich in München) und erleuchtete unseren Abend mit einer Flasche Champagner, die er uns schenkte.

So saßen wir gemütlich zusammen, aßen Känguru, tranken Kiwi Fruit Saft und lauschten dem „idyllischen" Gekreische der Cockatoos , die sich in einer größeren Gruppe auf den Bäumen ringsum versammelt hatten und hin und wieder einen Späher im Sturzflug über unseren Tisch brettern ließen. Cockatoos, also Kakadus, sind wirklich schöne Vögel, die aber mit einer entsetzlichen und zudem lauten Stimme versehen wurden.

Als ich gerade wieder in ein Stück von meinem Känguru-Steak abbeißen wollte, sinnierte Lisa plötzlich: „Ach ja, gestern haben wir sie gestreichelt und heute essen wir sie...". Ich musste unweigerlich an „Skippy – das Buschkänguru" denken und hätte mich fast an meinem Stück Fleisch verschluckt...aber nur fast...

2009 Schlaflos in Sydney

Wetter: 18 Grad (Sonne / Wolken), Spinnen: 1

Eine anstrengende, aber schöne Woche liegt nun wieder hinter mir, in der ich zweimal noch vor der Arbeit am Flughafen stand und auf Besuch aus Deutschland wartete. Nachdem ich Dienstag früh von 5 – 7 Uhr auf Julia, eine meiner besten Freundinnen, gewartet hatte, weil ihr Flieger Verspätung hatte, wollte ich am Freitag schlauer sein und ließ mich von meinem Vater Günter und seiner Freundin Birgit kontaktieren, sobald sie gelandet waren. Da die beiden mir eine SMS schickten, nachdem sie bereits durch sämtliche Kontrollen durch waren (anstatt anzurufen sobald sie gelandet sind), wäre ich davon fast nicht aufgewacht und stand also um 6 Uhr im Schlafanzug (und Mantel), ungekämmt und verschlafen am Flughafen, um sie zu suchen und dann direkt in Günter hineinzulaufen. Aber gut, nun waren alle heile angekommen und alles war schön! Auch wenn ich auf der Arbeit nur mit Hilfe meines guten alten Freundes Espresso überlebte.

Julia und ich hatten zum Zeitpunkt von Günter und Birgits Ankunft schon ein paar Abende in Sydney hinter uns und hatten uns an den, von Sophie organisierten, Events erfreut. So sahen wir am Mittwoch eine Filmpremiere von John Malkovich und waren am Donnerstag in einem lustigen norwegischen Theaterstück namens „Elling" inklusive Fingerfood und Drinks beim Empfang zuvor gewesen. Sicherlich ein schöner Urlaubsanfang für Julia, die sich tagsüber mit Sightseeing und Shoppen in Sydney die Zeit vertrieb, während ich arbeiten musste.

Am Freitag, als Günter und Birgit nun auch in der Stadt eintrafen, hatte ich einen Tisch im Sydney Tower Restaurant reserviert. Der Sydney Tower ähnelt ein bisschen dem Berliner Fernsehturm und oben in der Kuppel hat man die Möglichkeit in einem Buffet-Restaurant zu essen. Das Essen war leider nicht zu empfehlen, da das Buffet ein bisschen an Kantinenessen erinnerte und das Fleisch sehr trocken war. Doch der Nachtisch war toll, vor allem die American Brownies! Da sich das Restaurant aber um den Turm dreht, hatten wir trotzdem einen sehr netten Abend über den Dächern Sydneys und genossen den Ausblick.

Der nächste Tag sollte uns in den Royal National Park führen, in dem ich bereits einmal mit Lisa unterwegs gewesen war. Wir fuhren, nach einem ausgiebigen Frühstück in meinem Lieblingscafé Bertoni in Balmain und den Einkäufen für den geplanten Grillabend, direkt zum Wattamoola Beach, an dem wir in der Sonne entspannten. Julia und ich liefen mit den Füssen durchs Wasser, Günter filmte die Szenerie und Birgit lag auf der anderen Seite der Lagune an einen Felsen gelehnt. Es war sonnig und relativ warm, so dass ich zunächst noch überlegt hatte, schwimmen zu gehen. Ich ließ es dann aber doch, weil Günter mich davon überzeugte, dass Wandertouren mit salziger Haut in der Sonne sicherlich nicht zu empfehlen wären. Väterliche Ratschläge...was hatte ich sie vermisst!

Wie immer, wenn unsere liebe Familie unterwegs ist, war alles etwas chaotisch, was bereits mit dem Einkauf im Supermarkt begann und sich im National Park fortzog. Ich sank in der Lagune unter Wasser bis zu den Knien im Sand ein und meine Jeans wurde klatschnass. Günter machte es mir gleich mal nach, um dann mehrmals zu betonen, wie schnell seine gute Trekkinghose doch trockne. Dann fiel ihm aus Versehen beim Abtrocknen mein Handtuch ins Wasser, während Julia ebenfalls einen nassen Po bekam. Birgit hatte derweil ganz andere Probleme, weil ihr „festes Schuhwerk" aus einem paar weißer Stoffturnschuhe bestand und der Weg durch den Park noch sehr matschig werden sollte. Als wir später auf halben Weg auf dem Costal Track unterwegs waren, fiel Günter plötzlich ein, dass mein Handtuch immer noch am Strand auf einem Fels zum Trocknen lag. Naja, immerhin war es für die weitere Wanderung kein Ballast mehr! Es war also wirklich ein typischer Familienausflug und ich hatte schlagartig in Australien ein sehr, sehr heimatliches Gefühl.

Aber mal abgesehen von der Diskussion, die ich auslöste, als ich auf den dünnen Felsvorsprung über den Klippen stand, den Lisa und ich letztes Mal entdeckt hatte („Ines, kommst du da jetzt weg!!!"), wurde es eine friedliche und schöne Wanderung durch den Busch und an der Küste entlang, bei der sogar das Wetter mitspielte! Dass Günter mich zuvor davon abgehalten hatte, am Strand schwimmen zu gehen, war vielleicht sogar eine glückliche Fügung, denn als wir zurück kamen, entdeckten wir ein Schild am Parkplatz, auf dem Folgendes zu lesen war: „Warning – Sharks have been spotted recently on this beach!". Manchmal ist es also schon gut, auf seine Eltern zu hören. Auch wenn er bis heute gern hochtrabend davon berichtet, wie er mir damals, an dem ‚Hai Strand' das Leben gerettet hat.

Für den Abend hatten wir Würstchen und Känguru-Steak eingekauft, die wir der Lagune grillten. Zum Nachtisch gab es bei unserer Rückkehr in die Stadt Crème Brûlée in meinem zweiten

Lieblings Café „Our Place" und ein paar Drinks mit Lisa und ihrem Papa, der nun ebenfalls in Sydney war und mit dem sie die nächsten Wochen durch Australien reist. Wir saßen alle sehr gemütlich zusammen und ließen den Tag nicht zu spät ausklingen, da wir am Sonntag einen langen Weg nach Anna Bay vor uns hatten.

In Anna Bay zeigte ich den Dreien die größte Wanderdüne der südlichen Hemisphäre. Wir liefen durch das riesige Massiv von Dünen und im Gegensatz zum letzten Mal, als ich dort war, hatten wir eine extrem starke Brandung mit hohen Wellen, in denen sich ein paar Surfer austobten. Auf dem Weg nach Anna Bay waren plötzlich und sehr überraschend Sophie und Kay mit Freunden im Auto hinter uns, so dass wir uns später an der Düne trafen, um zusammen Sandboarden zu gehen.

Sandboarden macht unheimlichen Spaß, auch wenn die Düne, von der wir auf unseren Boards heruntergeschossen, sehr steil war und ich zunächst ein ungutes Gefühl hatte. Da war er wieder, mein innerlicher Angsthase! Aber es machte unheimlichen Spaß! Als Sophie schließlich auch auf ihrem Bord an der Kante vor dem Abgrund balancierte, rief sie noch einmal schnell: „Ines, ist das schlimmer als Fallschirmspringen?", was ich verneinte und schon war auch sie in der Tiefe verschwunden. Während Birgit von oben unsere B-Note bewertete und das Highlight auf Kamera festhielt, beendete Günter seine ersten Sandboarding Abfahrten jeweils mit einer Judo-Rolle. Einmal schaffte er es leider nicht ganz und landete mit dem Gesicht im Sand, so dass er aussah wie ein paniertes Schnitzel mit Brille. In meiner Hose hatte sich zu diesem Zeitpunkt allerdings auch schon ca. 1kg Sand angehäuft, da ich mehrmals kurz vorm Ziel vom Bord gerutscht war.

Plötzlich sah Julia (ohne Brille und damit fast blind!) in einiger Entfernung im Meer einen Wal und Kay bestätigte ihre Vermutung mit dem Fernglas. Wieder sahen wir Wale in Anna Bay... Diese Wale drängen sich einem aber auch auf. Wir beobachteten sie eine Weile, wie sie gen Norden zogen und versuchten vergeblich das perfekte Foto zu schießen. Unser Sandboarding Instructor hatte mir zuvor noch erklärt, dass man dort eigentlich eher Delphine zu Gesicht bekommt und wir somit nun zum zweiten Mal schon „very lucky" waren. Beim Stichwort „Delphin" leuchteten meine Augen! Die wollte ich ja noch viel lieber sehen! Und tatsächlich: Als uns der Bus nach dem Sandboarden wieder unten am Wasser absetzte, stieg ich aus, drehte mich zum Meer und sah sie!!! Zwei Delphine jagten sich gegenseitig durch den schäumenden Pazifik und spielten mit den Wellen.

Und das sollten nicht die letzten für diesen Tag gewesen sein, denn als wir in Nelson Bay in einem retten Fischrestaurant am Hafen zu Abend aßen, sprang Birgit plötzlich von ihrem Stuhl auf und zeigte in das Hafenbecken. Direkt wenige Meter vor uns und vielleicht zwei Meter vor der Promenade sprang Flipper aus dem Wasser und tauchte wieder ab...wieder und wieder! Wir waren begeistert, bekamen allerdings wieder nicht das perfekte Foto, da der Delphin einfach zu schnell für uns war. Aber was für ein schönes Ende eines tollen Tages! Wenn doch nicht noch die 200km bis Sydney und somit noch über drei Stunden Fahrt vor uns gelegen hätten. Ich wünschte, ich hätte auch so friedlich auf der Rückbank schlafen können, wie Günter und Birgit...

2009 Grünes, grünes Adelaide

Wetter: 17 Grad (Sonne / Wolken), Spinnen: 0

Nachdem Julia am Mittwoch wieder geflogen ist, hatte ich die Ehre mit den beiden Verrückten für drei Tage nach Adelaide zu fliegen. Die Verrückten, unter diesem Sammelbegriff sind Günter und Birgit liebevoll bei meinen Kollegen bekannt. Zu diesem Namen kam es durch den Zwischenfall, der sich am Dienstagmorgen ereignete, als Günter mich (aus dem Zug in die Blue Mountains) auf der Arbeit anrief, um mir mitzuteilen, er habe die Entscheidung getroffen spontan zum Ayers Rock zu fliegen. Und zwar am Mittwoch! Ich erinnerte daran, dass wir Freitag gleich wieder ins Flugzeug steigen und nach Adelaide fliegen würden, aber auch das hielt ihn nicht davon ab. Also hatte ich die glorreiche Aufgabe in der Mittagspause kurzfristig alles zu organisieren und zu buchen, was in meinem Büro von Schmunzeln bis Kopfschütteln verschiedenste Reaktionen auslöste. Aber bereut haben sie es nicht und Günters Wortlaut war: „Ist mir egal, ob mich alle für verrückt halten, es war jeden Dollar wert!". Als ich mir hinterher sein Video und die Fotos ansah, konnte ich das auch ohne weiteres nachvollziehen und bin schon ganz kribbelig, weil ich jetzt auch endlich zum großen, roten Berg will!

Naja, aber zurück zu unserem Ausflug nach Adelaide! Nach einem ausgiebigen Frühstück bei Bertoni, das mittlerweile auch zu Günter und Birgits Stammlokal geworden ist, machten wir uns mit einem äußerst gesprächigen, libanesischem Taxifahrer („I have good wife: cooking, cleaning, washing my car...") auf den Weg zum Flughafen in Sydney und vom Flughafen in Adelaide mit selbigem Gefährt direkt ins Hotel. Ja, INS Hotel. Denn das Stamford Grand, das ich auf Empfehlung einer Kollegin für günstige 25Euro pro Person und Nacht gebucht hatte, stellte sich als wahres Schnäppchen heraus. Wir wurden mit dem Taxi direkt vor die Lobby gefahren und ein Portier in roter Weste öffnete uns höflich die Taxitüren. Im Hotel war alles Gold, Rot und sehr dekadent und ich konnte gar nicht fassen, was ich da gebucht hatte. Auch unser Zimmer im 9. Stock war toll, mit Stadtblick und zwei Kingsize Betten. So lässt es sich leben!

Wir beschlossen in die Innenstadt zu fahren, um uns dort in den letzten Sonnenstrahlen umzusehen. Auf meine Frage, welche Tram-Linie wir nehmen sollten, hatte mir der freundliche Taxifahrer zuvor nur: „There is just one!" geantwortet. Ich bin wohl doch schon an die Größe Sydneys gewöhnt... Vom Stadtteil Glenelg fuhren wir also mit der Tram in die Innenstadt und aßen in einem niedlichen Thai-Restaurant in China Town zu Abend.

Im Pub und in der Cocktailbar unseres Hotels ließen wir den Abend ausklingen. Wie fast überall in Australien wurde in beiden Locations gerade live Musik gespielt und ich war besonders begeistert, als das Gitarren-Bongo-Duo im Pub plötzlich mein Lieblingslied „Sex on Fire" von den Kings of Leon anstimmte.

Bevor wir ins Bett gingen, wollten Birgit und ich allerdings noch den Pool austesten (wenn man schon mal einen hat!) und so fuhren wir im Bademantel von unserem Zimmer in den zweiten Stock, wo sich der Pool befand. Unser Schwimm-Vergnügen dauerte nur leider nicht allzu lange an, denn kurz nach unserer Ankunft wurden wir wegen der späten Stunde von zwei schrankartigen Männern auch schon wieder höflich gebeten zu gehen.

Um 5 Uhr 30 (Adelaidsche Zeit – man muss die Uhr dort eine halbe Stunde zurück stellen) am Samstag klingelte Günters Handy. Auch eine sehr gnadenlose Zeit, aber die Tour nach Kangaroo Island stand an und die wollte ich ja nun auf keinen Fall verpassen. Punkt 6 Uhr 30 kletterten wir verschlafen in den Minibus, der uns vom Hotel abholte. Irgendwo in Adelaide wurden wir dann mitsamt unserer Mitreisenden ausgeladen und uns wurde gesagt, dass wir auf einen großen Bus warten sollten, der uns zur Fähre bringt. Da standen wir nun frierend im Dunkeln und ich nörgelte ein wenig, dass man uns ja wenigstens an einem netten Café hätte umsteigen lassen können. „Ist das unser Bus?", fragte ich schließlich, als ein großer Reisebus um die Ecke bog, was Günter schmunzelnd mit „Ja, da ist ein Kangaroo aufgedruckt, das muss er dann wohl sein!" beantwortete.

Also ab durch die unglaublich grünen Hügelketten von Adelaide. Ich war begeistert, dass es dort so grün ist und das Land im Winter so fruchtbar aussieht. Die Sonne ging langsam über den Hügeln auf und im Morgenlicht konnte man hin und wieder Gruppen von Kängurus auf den vorbeiziehenden Wiesen sehen. Allein der Weg nach Kangaroo Island war schon sehenswert! Der Weg ist das Ziel, wie man so schön sagt.

Die Überfahrt zur Insel gestaltete sich stürmisch und schwankend. Sehr zur Freude von Birgit und mir, so dass wir etwas mit dem gerade zu uns genommenen Frühstück zu kämpfen hatten. Wer hätte gedacht, dass ich plötzlich zum ersten Mal in meinem Leben seekrank werde! Wir überstanden die Fahrt trotzdem ohne weitere Vorkommnisse, auch wenn ich mich - zur Erheiterung einiger Senioren und einer Gruppe Jugendlicher – regelmäßig im Schneckentempo von Sitzreihe zu Sitzreihe schwankend zum Kiosk vortastete, um Wassernachschub zu besorgen.

Auf Kangaroo Island ging dann die eigentliche Tour mit einem Ausflug zu einem Strand los, an dem man eine Kolonie Seelöwen bewundern konnte. Sie lagen dort faul in der Sonne herum und aalten sich im Sand. Ein paar Junge planschten im Wasser und waren zu niedlich, um wahr zu sein! Eines hatte leider seine Mutter verloren und die Rangerin, die uns begleitete, erklärte, dass man es sich hier zum Gesetz gemacht hatte, nicht in den Verlauf der Natur einzugreifen. Ich hätte das kleine Seelöwenbaby mit dem unbestimmten Schicksal zu gerne mitgenommen und mit der Flasche aufgezogen.

Ein Mittagessen gab es in einem Häuschen mitten im Busch. An unserem Tisch saßen eine junge australische Familie, zwei junge Spanier, die deutsche Dolmetscherin Barbara und eine Deutsche mittleren Alters. Die Deutsche und die Dolmetscherin unterhielten sich angeregt über die Insel, als die Frau plötzlich fragte: „Wie sieht es denn mit den Koalas auf Kangaroo Island aus?", die Dolmetscherin antwortete in tiefer Überzeugung: „Ach nein, Koalas gibt es hier keine!". Da zeigte die Deutsche plötzlich aus dem Fenster auf einen Baum und sagte: „Und was ist das da?". Tatsache, direkt neben dem Haus schlief ein Koala zusammengekugelt in einem Eukalyptusbaum. Günter spitzte die Ohren, zückte sofort die Kamera und kämpfte sich in den Busch, um das Tier von vorne zu filmen. Kaum war er draußen, taten es ihm sofort einige nach und der arme Koala wusste gar nicht wie ihm geschah.

Es sollte nicht der einzige Koala an diesem Tag sein, denn in einem Vogelreservat, das wir danach im Wald bewundern durften, saß ebenfalls einer im Baum und regte sich nur gelegentlich, um sich ein paar Blätter zu krallen. Leider konnte er sich nicht benehmen und pinkelte vom Baum aus ein paar Leute an, die darunter saßen. Ich weiß es ist böse, aber ich musste so lachen! In diesem Reservat durfte ich sogar, geschützt durch einen Lederhandschuh, einen Kookaburra auf die Hand nehmen.

Im Flinders Chase National Park besuchten wir dann die „Remarkable Rocks" (sehr kreativer Name...), auf denen wir herumkletterten. Leider überraschte uns plötzlich ein Regenschauer, so dass wir patschnass wieder in den Bus steigen mussten. Günter hatte die Ruhe weg und hatte sich im Gegensatz zu Birgit und mir irgendwo zwischen den Steinen vor dem Regen untergestellt, so dass der gesamte Bus zur Weiterfahrt nur noch auf ihn wartete. Von da an betonte der Busfahrer vorsichtshalber bei jeder weiteren Station, wie wichtig es ist, dass wir rechtzeitig wieder zurück sind. Wir haben das natürlich nicht auf uns bezogen...

Am „Cape du Coedic" stiegen wir vom Leuchtturm aus hinab zur „Admirals Arch", einem natürlichen Torbogen in den Klippen. Dort aalten sich unzählige Robben auf den Felsen, andere planschten vergnügt in einem natürlichen Pool zwischen den Felsen herum. Wäre es nicht urplötzlich so kalt geworden, hätten wir das Spektakel sicherlich ewig beobachten können. Zum krönenden Abschluss erschien dann über einer kleinen Felseninsel im Meer ein Regenbogen, also hatte der Regen zuvor immerhin noch etwas Gutes an sich gehabt.

Die Rückfahrt mit der Fähre am späten Abend war wieder sehr stürmisch und wir wurden noch einmal 45 Minuten ordentlich durchgeschüttelt. Als wir um 22 Uhr 30 wieder im Hotel ankamen, war ich unheimlich müde und freute mich nur noch auf eine heiße Dusche, während Günter und Birgit sich noch einmal in der Cocktailbar vergnügten.

Für den Sonntag hatte ich durch unseren Concierge (wie dekadent das klingt, aber ich liebe es) einen Mietwagen organisieren lassen, mit dem wir vor unserem Abflug am Abend noch das Barossa Valley erkunden wollten.

Das Barossa Valley ist das bekannteste Weingebiet Australiens, in dem deutsche Siedler 1847 den ersten Weinanbau betrieben haben. Da wir kein Navi dabei hatten, war Günter mein Navigator – oder auch Navigünter, – und wir fuhren nach einem ausgiebigen Frühstück in Richtung des Örtchens Tanunda. Nach einigen ungewollten Umwegen kamen wir schließlich auch dort an und suchten im Umland von Tanunda nach Bethany, der - 1841 gegründeten - ersten deutschen Siedlung im Barossa Valley. Bethany zu finden war eine kleine Herausforderung. Ich fuhr auf Günters Drängen über einen holprigen Feldweg und er nickte zustimmend „Hier sind wir richtig!". Kurze Zeit später wurde der Weg von einem Bachlauf unterbrochen, der bestimmt zwei Meter breit war. An diesem kleinen Flüsschen stand ein freundlicher Bauer mit seinem Sohn und winkte mir ermutigend zu. „You can go over it!", rief er. Etwas irritiert fragte ich aus dem Auto „Are you sure?" zurück. Denn irgendwie erschien mir dieses Wasser doch ein bisschen zu tief. Günter war derweil schon mit der Videokamera aus dem Auto gesprungen, weil er das Spektakel unbedingt auf Band festhalten wollte. Er musste dann allerdings wieder zurück ins Auto steigen, da das Wasser doch zu breit war, um mal eben darüber zu springen. Also fuhr ich langsam ins Wasser hinab und wir schafften es tatsächlich – wenn auch mit durchdrehenden Reifen – auf die andere Seite. Mal abgesehen davon, dass der Toyota unter der Motorhaube qualmte und rauchte, schien er das auch ganz gut überstanden zu haben. Da muss wohl doch etwas Wasser in den Auspuff gekommen sein...

An einem Weingut namens Bethany fragten Birgit und ich dann ein paar Mädels auf einem Grillfest nach dem eigentlichen Ort und die beiden sahen sich nur irritiert an, um uns dann mitzuteilen, dass wir schon mitten drin waren. Das war es also. Nichts Spektakuläres, nur ein paar Häuschen in Hufeisenform in die Landschaft gepflanzt. Hier waren vor vielen Jahren Deutsche eingewandert und hatten dieses winzige Dörfchen gegründet. Und eine lustige Sprache hatten sie: das Barossadeutsch. Das war eine Mischung aus Englisch und Deutsch und brachte so ein Kauderwelsch hinaus wie „Der rabbit ist über den fence gejumpt und hat die carrots abgenibbelt".

Im Barossa Valley fuhren wir zu ein paar Weingütern, aßen und tranken etwas und kauften Wein. Günter hatte bereits zuvor auf der Karte entdeckt, dass einer der grünen Hügel um das Tal „Kaiserstuhl" hieß, den wollte er unbedingt sehen und navigierte mich dorthin, wo er den Berg vermutete. Bei Krondorf fuhren wir irgendwo einen Berg hinauf und fühlten uns plötzlich ein bisschen wie von Almen umgeben. Überall grasten Kühe und wenn es nicht Eukalyptusbäume gewesen wären, hätte man glatt glauben können, man ist irgendwo im Schwarzwald. Natürlich fuhren wir wieder einmal verbotenerweise eine Dirtroad entlang und ich machte mir ein bisschen Sorgen um das Auto. Aber es ging schon und irgendwo oben auf dem Berg mit dem herrlichen Ausblick fanden wir dann tatsächlich den Beweis, dass wir auf dem Kaiserstuhl waren: Das Straßenschild der „Little Kaiserstuhl Road". Irgendwie merkwürdig sich mitten in South Australia plötzlich so ein bisschen heimisch zu fühlen!

Das Wochenende war so schnell wieder vorbei wie es gekommen ist und gestern in der Mittagspause habe ich Günter und Birgit am Flughafen verabschiedet. Jetzt bin ich wieder ganz allein in diesem großen, weiten Land. Aber nun ja auch nicht mehr lange, denn nächsten Donnerstag kann ich vor der Arbeit Jens vom Flughafen abholen und dann fängt am

Samstag unser Urlaub an! Fast vier Wochen werden wir mit einem schönen VW Caddy Camper durch das Land fahren und uns die gesamte Ostküste und den Ayers Rock ansehen. Die Zeit hier vergeht viel zu schnell. Ich glaub das muss an der Südhalbkugel liegen...

2009 Bye, bye Sydney

Wetter: 23 Grad (Sonne), Spinnen: 0

Das letzte Wochenende in Sydney ging unheimlich schnell um. Wir streiften am Samstag bei schönstem Sonnenschein noch einmal über die Paddington Markets, shoppten Souvenirs und fuhren am bewölkten Sonntag mit einem „Pedal Car" durch den riesigen Centennial Park.

Kay war es etwas unangenehm, dass Sophie und ich uns statt eines Tandems (wie ursprünglich überlegt) ein Pedal Car ausliehen. Pedal Cars sind diese Vehikel, die man aus italienischen Urlaubsorten kennt. Sie haben ein Lenkrad (unseres hatte sogar zwei!), ein kleines Stoffdach und Pedale. Wahrscheinlich ist jeder von euch schon mal mit so etwas gefahren...in den 80ern in Rimini mit Mama und Papa. Damals wahrscheinlich noch vorne im Körbchen und die Eltern mussten strampeln. Wenn man erstmal selber in die Pedale treten muss, merkt man wie anstrengend das werden kann! Vor allem am Heartbreak Hill kamen Sophie und ich ganz schön ins Schwitzen und da wir bergab nicht wirklich bremsen konnten, fuhr Kay mit dem Mountain Bike vor und räumte uns den Weg von stolpernden Inline Skatern und kleinen Kindern frei. Manchmal muss man auch mal peinliche Sachen machen, um richtig Spaß zu haben!

Ach, ich werde Sydney vermissen...allein schon meinen morgendlichen Weg zur Arbeit über die Anzac-Bridge und den Blick auf die Skyline von den Straßen Balmains! Aber andererseits kann ich es auch kaum erwarten, mehr von diesem tollen Land zu sehen,

in dem man mit Geld aus Plastik bezahlt,

unheimlich stolz darauf ist, die Wäschespinne erfunden zu haben,

sich im Winter auf dem Sofa in "Snuggies" hüllt,

in einem Hotel keine Zimmer vermietet, sondern Bier verkauft,

bei 18 Grad in "Ugg Boots" und Wintermantel durch die Stadt läuft,

sich nach jeder Fahrt beim Busfahrer bedankt,

in BYO Restaurants seinen eigenen Wein mitbringen kann,

in jedem Park, Reserve oder Wald öffentliche Gasgrills zur Verfügung hat.

Donnerstag früh hole ich Jens vom Flughafen ab und wir . Ich kann noch gar nicht wirklich glauben, dass wir uns nach drei Monaten endlich wiedersehen und bin schon ganz aufgeregt! Schnabeltiere, weiße Strände und tiefrotes Outback wir kommen!

2010 Zwei in einem Caddy – Am anderen Ende der Welt

Nachdem meine Arbeitszeit in Sydney ein Ende gefunden hatte, wollte ich mit Jens einen Monat lang das Land erkunden. Wir hatten vor, mit einem Camper von Sydney bis hoch zum Cape Tribulation zu fahren und in dieser Zeit 3.800km mit einem Caddy Camper zurückzulegen.

Als Jens in Sydney landete, erkannte er seinen Koffer sofort. Da er am Flughafen arbeitet, hatten sich seine Kollegen einen Spaß erlaubt und ihm eine blinkende Baulampe und diverse Verzurrbretter an seinen Koffer gebunden. Dieses „Zusatzgepäcks" hatte er sich bereits entledigt, als ich am Flughafen eintraf und ihn endlich, nach drei langen Monaten, wieder in den Arm nehmen konnte.

Wir verbrachten noch ein paar Tage in Sydney. Ich musste tagsüber noch arbeiten und Jens schaute sich im Alleingang die Gegend an. Er war begeistert von den unheimlich freundlichen Menschen in Sydney. Sobald er auch nur ein paar Minuten mit der Stadtkarte an einer Ecke stand, kamen sie und erklärten ihm und seinem mäßigem Englisch mit Händen und Füßen den Weg. Nach Feierabend zeigte ich ihm dann meine Sicht auf die Stadt. Wir gingen mit meinen neuen Freunden, Sophie und Kay, auf ein Konzert der australischen Band Eskimo Joe und schauten uns ein Rugby Spiel an.

Meine Kollegen belächelten etwas, dass wir uns einen Caddy Camper für diese lange Reise mieteten. „In Australien fährt man damit vielleicht ein Wochenende auf ein Festival, aber doch nicht einen Monat durch's Land!", lachte mein Kollege Adrian und meinte, wir würden uns irgendwann aufgrund der Enge sicherlich in die Flicken bekommen. Aber das ließ uns nicht von unserem Plan abweichen.

Bis unter das Dach beladen fuhren wir schließlich Anfang August vom „winterlichen" Sydney („nur" 23 Grad und herrlicher Sonnenschein) los in den tropischen Norden. In Port Macquarie, unserem ersten Stopp, lernten wir, wie einfach es doch war, abends sein Nachtlager aufzubauen. Man muss beim Caddy Camper lediglich alle Sitze nach vorn klappen und dann die im Kofferraum zusammengeklappte Matratze ausbreiten. Noch schnell die Vorhänge in die Fenster gehängt und schon fielen wir müde in unser Bett.

Bei Coffs Harbour liefen wir durch den Solitary Islands Marine Park, in dem wir auf Felsen am Meer einen Mittagssnack zu uns nahmen. Jens war peinlich berührt, als ich nach unserer kleinen Wandertour mitten in der Stadt plötzlich eine Vollbremsung hinlegte, weil ich die „große Banane" gesehen hatte. Sophie und Kay hatten mir davon erzählt, dass es in Australien in vielen Städten große Statuen von schnöden Alltagsgegenständen, Tieren oder eben, wie hier, Obst gab. Sie hatten es sich auf ihrem Road Trip durch das Land zur Aufgabe gemacht, möglichst viele, dieser „Big Things" zu Gesicht zu bekommen. Jens schüttelte also den Kopf, als ich aus dem Auto sprang, um eine große Banane zu fotografieren, aber amüsierte sich dann darüber.

Auf dem Weg von Coffs Harbour nach Ballina leitete unser Navi uns plötzlich ungewollt über eine Dirt Road. Ich (Angsthase!) war sofort in leichter Panik, da in unseren Mietwagenbedingungen stand, dass wir nur auf befestigten Straßen fahren durften. Jens hatte also nun in kurzer Zeit zum zweiten Mal einen Grund, sich leicht über mich lustig zu machen. Aber manchmal sind ja Fehler, die so einfach passieren, auch für etwas gut. In der Dämmerung tummelten sich plötzlich um unseren Feldweg herum unzählige Kängurus mit ihren Joeys im Beutel. Ein unbeschreiblicher Moment! So viele Kängurus hatte ich in meiner gesamten Zeit nicht auf einem Haufen in freier Wildbahn gesehen. Wir hielten inne und vergaßen fast, dass wir schnellstmöglich weiter fahren sollten, denn die Dunkelheit brach schon über uns herein.

Beim Frühstück auf einem Campingplatz irgendwo im Nirgendwo, den wir schließlich erreicht hatten, schlugen wir unser Nachtlager auf. Beim Frühstück am nächsten Morgen kamen wir mit einem älteren Ehepaar ins Gespräch, das mit einem riesigen Wohnmobil neben unserem kleinen Caddy stand. „Ihr Europäer fahrt in euren jungen Jahren durch Australien und wir Australier machen das, wenn wir alt sind.", scherzte er.

Die nächsten Tage verbrachten wir in Byron Bay, meinem persönlichen Lieblingsort in Australien. Wie ich hörte, soll Byron Bay im Sommer ziemlich überlaufen sein, aber als wir dort waren, waren die Strände herrlich leer. Wir hatten sogar einen Campingplatz direkt am Strand und sahen morgens als erstes das Meer, wenn wir die Vorhänge öffneten.
Byron Bay und das nahegelegene Nimbin sind kleine Hippie Orte. Wahrscheinlich fühlte ich mich darum gleich wohl. Wir beschlossen, etwas länger in dieser Gegend zu bleiben, als eigentlich geplant.

Auf der Fahrt nach Nimbin besuchten wir die ‚Nimbin Rocks', eine bizarre Felsformation. Nimbin an sich ist quasi das Mini-Amsterdam Australiens. Der Ort tat sich plötzlich vor uns im Busch auf, mit bunten Häusern und schrillen Menschen. In zahlreichen Geschäften konnte man ‚Kräutermischungen' kaufen oder man ging gleich direkt zur ‚Nimbin Hemp Embassy'. In einem Laden kaufte ich Tee, weil ich die

Zutatenbeschreibung so witzig fand: „Ingridients: Some tropical herb to relax".

Am nächsten Tag hatte ich gerade den Frühstückstisch im Sonnenaufgang mit Blick auf Strand und Meer gedeckt und hatte mich nur eine Sekunde umgedreht. Da sprang plötzlich ein fasanartiges Tier auf unseren Tisch und wollte mit unserem Weißbrot türmen. Nur mit Mühe und Not konnte ich noch etwas von dem liebevoll zubereiteten Frühstück retten, bevor Jens vom Waschhaus zurückkam.

Wir wollten wieder ein wenig wandern. Diesmal den Byron Bay Walking Track zum östlichsten Punkt des Australischen Festlandes und dann weiter zum Cape Byron Lighthouse. Ein wirklich toller Weg direkt am Meer entlang durch die felsige Landschaft. Ich konnte mich gar nicht satt fotografieren. Der Weg ist mehr ein Trampelpfad, wie ich ihn aus dem Royal National Park kannte. Ich lachte über die lustigen ‚Klobürsten-Pflanzen', die am Wegesrand wuchsen und deren Blüten eben aussehen wie Klobürsten. Vom Lighthouse aus hatten wir einen noch besseren Blick über die ganze Szenerie mit Meer, Wellen und Strand. Der Weg hatte sich auf jeden Fall wieder einmal gelohnt. Aber wir waren hungrig, also belohnten wir uns für die Anstrengung mit einem leckeren Essen, das wir auf einem gemütlichen Sofa auf dem Balkon des Restaurants „The Balkony" zu uns nahmen. Es war wieder leicht hippiemäßig angehaucht. Ich liebte es!

Da wir uns ungeplant doch etwas länger in Byron Bay aufhielten, war auch noch Zeit für eine Kanutour um den östlichsten Punkt Australiens herum. Wir beide, ein netter Guide und ein weiteres Pärchen in einem zweiten Kanu paddelten um das Cape Byron herum und befanden uns damit nun nicht nur auf dem östlichsten Punkt Australiens, sondern sogar noch östlicher. Und mitten in den Wellen geschah es: Zahlreiche Delphine gesellten sich zu uns. Was für ein Spektakel! Eine ganze Delphin-Schule schwamm neugierig um uns herum, einige sprangen neben uns aus dem Wasser. Sie waren so nah, dass man sie fast hätte berühren können. Jens sprang vom Kanu ins Meer zu den Delphinen und brachte mich damit fast zum Kentern. Byron Bay war wirklich ein Ort, der in Australien in all seiner Vielfalt fast nicht zu überbieten war.

Sufer's Paradise, unser nächstes Ziel, erinnerte mich eher an Panama City Beach oder ähnliche Amerikanische Urlaubsorte in Florida. Der Stand ist langläufig und weiß, aber leider haben die Australier hier die ganze

Strandreihe mit Hochhäusern zugepflastert, so dass wir uns nicht lange direkt in der Stadt aufhielten. Da wir feststellten, dass wir keine Lust auf „Stadt" hatten, sondern lieber in der Natur unterwegs sein wollten, fuhren wir auch direkt an Brisbane vorbei bis nach Maroochydore. In Maroochydore standen wir mit dem Caddy wieder direkt am Strand auf einem kleinen Campingplatz. Jens machte nach dem Aufstehen einen Strandlauf, als ich das Frühstück zubereitete, und jauchzte so laut auf, als er danach in die Wellen sprang, dass ich ihn bis zu unserem Platz hörte. Was für ein Leben. Es könnte ewig so weitergehen.

Der Lonely Planet versprach, dass man in Noosa Head unzählige Koalas sehen würde, wenn man einen der verschiedenen Tracks durch Wald und an der Küste entlang wandern würde. Für das Wort ‚Wandern' haben wir unsere eigene Definition. Während uns ab und an Menschen in kompletter Wanderausrüstung entgegen kamen, zogen wir es vor, in Shorts, Chucks und ich im Bikini-Oberteil loszuziehen. Eben wieder ein bisschen Hippie-Style. Wir wanderten kilometerlang den wirklich schönen Weg entlang und ich stellte irgendwann enttäuscht fest: „Irgendwie gibt es hier keinen einzigen Koala!". Wo hatten sie sich denn versteckt??? Des Rätsels Lösung folgte einige Minuten später, als ich zu Jens meinte: „Was riecht denn hier so verbrannt? Und warum ist hier alles so weiß?". Es hatte einige Tage zuvor ein Buschfeuer in Noosa Head gegeben. Ganze Abschnitte unserer Wandertour waren wahlweise schwarz verkohlt oder weiß wie Schnee. Man konnte das, nun gelöschte, Feuer noch riechen, was auch erklärte, dass die Koalas wahrscheinlich alle schnellstmöglich das Weite gesucht hatten.

Etwas enttäuscht saß ich dennoch im Caddy nach Hervey Bay, dem Ausgangsort für unseren Ausflug auf die weltgrößte Sandinsel Fraser Island. Am nächsten Tag setzten wir über auf die Insel. Der Caddy musste leider im Hafen stehen bleiben, da auf Fraser Island nur Fahrzeuge mit Allradantrieb zugelassen sind. Die Insel an sich ist ein großes Abenteuer, da es keine richtigen Straßen gibt, sondern nur Sandwege, in denen man beim Fahren schnell stecken bleiben kann. Zudem ist sie die größte Insel Queenslands.

Besonders schön war hier der glasklare Lake McKenzie. Weißer Silizium-Sand lässt das Wasser glasklar und türkis wirken. Wir hielten uns eine ganze Weile, leider nicht lange genug für meinen Geschmack, an diesem tollen See auf und wanderten dann noch ein wenig durch den tropischen Wald.

Am ‚75 Mile Beach' machten wir Rast in einem Ort, der ‚Happy Valley' hieß. Wir waren mit einem allradbetriebenen Bus unterwegs, der leider nun schlapp gemacht hatte. Wir waren also im ‚Happy Valley' gestrandet und chillten ein wenig am Strand. Der Strand ist gleichzeitig eine Straße, so dass man nicht nur das Rauschen der Wellen, sondern auch der Motoren der vorbeifahrenden Fahrzeuge hörte, wenn man hier in der Sonne lag. Das störte etwas, wäre aber sicher ein Heidenspaß gewesen, wenn man selbst am Steuer gesessen hätte. Der Tag war abenteuerlich und schön, allerdings haben wir uns vorgenommen, das nächste Mal für eine Tour über die Insel doch lieber ein eigenes Allrad-Fahrzeug zu mieten. Sonst hätten wir sicherlich noch mehr Zeit am Lake McKenzie oder auch dem Schiffswrack am 75 Mile Beach verbracht. So waren wir leider immer etwas getrieben von unserer Gruppe, denn natürlich hatte der Busfahrer einen Zeitplan einzuhalten.

„Der Kaffee schmeckt, es kann losgehen!", sagte Jens am nächsten Morgen an Deck unseres Boots für die Wale Watching Tour, „Wir haben zwar heute noch 800km vor uns, aber wir gucken uns jetzt erstmal Wale an!".

Nachdem ich in meiner Zeit in Australien zwar schon unzählige Wale gesehen hatte, wollte ich nun doch noch mal einen aus der Nähe anschauen. Wir tuckerten also mit einem Schiffchen aufs Meer hinaus und genossen es, in der Sonne an Deck vor uns hin geschaukelt zu werden. Unser Kapitän rief schließlich in sein Mikro: „Da vorn ist ein Wal! Nun bitte alle winken!". Es waren noch ein paar andere Leute dabei, unter anderem einige Kinder, die natürlich sofort mit Feuereifer winkten und riefen. Wale sind neugierige Tiere. Dass sie ankommen und wissen wollen, wer da winkt und ruft, ist ihnen zu Zeiten des Walfangs hier an der Küste schon oft zum Verhängnis geworden. Aber wir waren ja ungefährlich, von daher durften sie ruhig näher kommen! Und das taten sie auch. Neugierig schwammen sie um unser Schiffchen und darunter hindurch. Dann wieder etwas weiter weg, drehten sich dabei und platschten mit den Flossen, als wollten sie zurück klatschen. Wir waren begeistert!

Eigentlich hatten wir, naiv wie wir waren, vor gehabt, nach der Walewatching-Tour abends noch weiterzufahren. Wir stellten aber fest, dass wir früh aufgestanden waren, viel erlebt hatten und jetzt einfach nur noch essen und schlafen wollten.

Rockhampton war ein Ort, den wir gar nicht so auf dem Schirm hatten. Es war unser Stopp für die nächste Übernachtung, aber eben auch nur dafür und keine weiteren Besichtigungen. Wir wollten am nächsten Tag direkt weiter fahren und hatten Rockhampton schon fast verlassen, als auf den letzten Metern plötzlich ein Dorffest vor uns auftauchte. Es stellte sich als kulturelles Festival heraus, auf dem alle Nationalitäten, die in der Stadt lebten, sich, ihre Kulturen und…mhmmmm…ihre Gerichte vorstellten. Wir sahen uns einen Auftritt einer Tanzgruppe von Aborigines an, futterten uns durch diverse Buden, Jens kaufte sich einen schönen Australischen Drover-Hut und ich bekam ein Airbrush Tattoo. Es hatte sich doch gelohnt, noch einmal anzuhalten und den Nachmittag in der Stadt zu verbringen. Wie schön, dass hier alle Kulturen gemeinsam ihre Unterschiedlichkeit feierten. Mir gefiel das ausgesprochen gut!

In Airlie Beach, unserem abendlichen Stopp hatten wir den besten Campingplatz unserer Reise. Wir hatten etwas mehr investiert und hatten einen Platz mit einem eigenen Waschhäuschen ergattert. Neben unserem Stellplatz befand sich dieses kleine Häuschen, an dem es zwei Türen gab: eine zum Klo und eine zu einem kleinen Badezimmer nur für uns. Worüber man sich doch wieder freut, wenn man eine Zeit lang etwas spartanischer gelebt hat. Neben dem Campingplatz gab es eine kleine Hütte, an der an diesem Abend ein Grillbuffet angeboten wurde. Wir stolperten also durch die Dunkelheit dorthin und freuten uns, dass wir an diesem Abend ausnahmsweise einmal nicht selber grillen mussten. Neben ein paar Leuten vom Campingplatz waren hier auch Einheimische an den Tischen und schlugen sich die Bäuche voll. Und ein kleiner Dieb war auch dabei: Ein Opossum, das sich immer wieder aus der Dunkelheit zu den Tischen oder zum Buffet stahl und dann, gejagt vom Restaurantbesitzer, mit seiner Beute wieder in der Dunkelheit verschwand.

Ein besonderes Highlight war auch unsere Segeltour mit der „Iceberg" auf den Whit Sunday Islands am Folgetag. Zwei Tage segeln, weißer Sand und türkisfarbenes Meer, es war herrlich! Jens ging es nicht ganz so gut. Er war von leichter Seekrankheit geplagt und konnte sich einen Teil der Reise kaum bewegen, ohne dass ihm gleich übel wurde. Wir verbrachten zwei Tage und eine Nacht auf dem Segelschiff „Iceberg" mit nur ein paar Mitreisenden. Unser Kapitän war sehr cool und ihm war sehr daran gelegen mit uns möglichst nicht die ganzen überlaufenen Stellen auf dem Whit Sunday Islands anzusteuern, wie die großen Touristenschiffe. Wir waren natürlich dennoch im bekannten Whitehaven Beach, einem der schönsten Orte, an dem ich in meinem Leben je war. Dieser ist leider auch einer der schönsten Orte vieler Menschen, so dass wir uns dort nicht lange aufhielten, sondern lieber eine kleine, einsame Sandinsel ansteuerten und dort spazieren gingen.

Unser toller Campingplatz mit dem eigenen Badezimmer von vorletzter Nacht war nach unserer Rückkehr von der „Iceberg" leider schon ausgebucht, also mussten wir nach einer Alternative suchen. Die fanden wir auch, allerdings im kompletten Kontrast dazu. Ein kleiner, etwas schmuddeliger Campingplatz. Das Waschhäuschen war komplett offen, was dafür sorgte, dass sich allerlei Spinnen an der Decke und den Wänden tummelten. „Augen zu und durch!", dachte ich mir, als ich mich unter die Dusche stellte.

Auf dem Weg von Ailie Beach nach Paronella Park, machten wir einen Abstecher zu den Wallamans Falls. Ich war auf einem Campingplatz mit einem Mann ins Gespräch gekommen, der zu mir meinte: „Die Wasserfälle müsst ihr euch ansehen. Es ist bei Ingham nur kurz links rein!". „Nur kurz links rein", um den höchsten (einstufigen) Wasserfalls Australiens anzusehen, klang gut! Für Australier ist es „nur kurz links ein", für uns war es eine Fahrt von über 50km. So unterschiedlich kann das Gefühl für Entfernungen sein. Irgendwann mündete die Straße in eine Dirt Road, aber mittlerweile versetzte mich das nicht mehr in Panik was eventuelle Schäden am Caddy anging.

Auf so eine lange, staubige Fahrt den Berg hinauf und auch die anschließende, längere Wandertour durch den Wald, waren wir aber natürlich wieder einmal nicht eingestellt. Im Caddy befanden sich nur Chips und Cola. Das Wasser und alle anderen Vorräte waren uns ausgegangen und sollten erst bei unserem nächsten Stopp in Paronella Park wieder aufgefrischt werden. So wanderten wir eben mit Chips und Cola zum Wasserfall, wieder einmal typisch für uns. Wir kletterten ins Tal, um Wallamans Falls von unten zu bestaunen. Der Aufstieg war dann sehr anstrengend. Es war brütend heiß und wir bekamen langsam schlechte Laune mit warmer Cola im Gepäck für die Flüssigkeitsversorgung. Kurzzeitig wurden wir von dieser Laune abgelenkt, als uns ein älterer Herr einen riesigen Varan zeigte, der gerade auf einen Baum kletterte. Ohne den Herren hätten wir das fast zwei Meter lange Echsentier gar nicht gesehen. Es war farblich sehr gut getarnt an dem dicken, hohen Baum.

Als wir wieder an die Hauptstraße zurückkamen, entdeckten wir an einer Ecke einen kleinen Pub und stürzten sofort durstig auf ein KÜHLES Bier und ein KÜHLES „Lemon Lime and Bitters" hinein. Letzteres ist mein liebstes Erfrischungsgetränk in Australien gewesen. Zu jeder Gelegenheit bestellte ich es und bin auch heute noch sehr traurig, dass man dieses Getränk in Deutschland nicht bekommen kann.

Bei Tully hielten wir kurz, denn nach der großen Banane, dem großen Wal und einer großen Krabbe wollte ich auch noch „den großen Gummistiefel" sehen. Der steht im Städtchen Tully, weil dies angeblich der Ort Australiens mit den meisten Regentagen ist. Zurück auf großer Fahrt warf Jens ohne nachzudenken eine Bananenschale aus dem Fenster. „Haaaaaalt!", rief ich. Wir waren mitten in einer „Bananen-Quarantäne-Zone", da es hier vor kurzem wohl einen Pilz oder ähnliches gegeben hatte, der die Banenenernte gefährdete. Gott sei Dank haben wir bisher noch von keiner erneuten Bananenepidemie gehört, also war es wohl doch nicht so schlimm. Asche auf unser Haupt!

Paronella Park ist ein verwunschener Ort. Wir hätten von diesem Ort gar nichts gewusst, wenn nicht meine Kollegen in Sydney mir davon erzählt hätten. In meinen Reiseführern wurde ihm kaum ein Wort gewidmet. Es handelt sich um eine Art Schloss zwischen Zuckerrohrplantagen und Regenwald. Zumindest könnte man dies vermuten. In Wirklichkeit ist Paronella Park 1929 als eine Art Vergnügungspark errichtet worden. José Paronella, der mit Zuckerrohrplantagen sein Geld verdiente, baute eine Anlage mit mehreren Gebäuden, in denen und um die es für die damaligen Bewohner der Gegend zahlreiche Attraktionen gab. Es gab einen kleinen See mit Wasserfall zum Schwimmen, Tennisplätze und Filmabende im Hauptgebäude. Leider hatte Herr Paronella das Gebäude aus Sandstein in den tropischen Wald gebaut, was dafür sorgte, dass die Gebäude heute sehr verwittert aussehen. Fast, als wären sie schon Hunderte Jahre alt. Zudem zogen mehrere Stürme und Zyklone über das Gelände, die ihm zusätzlich zu schaffen machten. Wir spazierten durch die Parkanlage und genossen das verwunschene Ambiente. Schön war, dass man hier kostenlos campen und ein kleines Waschhaus nutzen konnte, wenn man eine Eintrittskarte für den Park kaufte. „Vielleicht können wir sogar in dem Teich baden? Ein altes Sprungbrett gibt es immerhin!", fragten wir uns.

Abends schlossen wir uns einer Nachtwanderung an, folgten unserem Guide durch den Park und gingen durch alte Umkleidekabinen aus Stein, in denen jetzt die Fledermäuse hausten. An dem kleinen Teich bekamen wir eine Tüte mit Fischfutter und durften die Aale füttern. Mega eklig! Die Aale sprangen zuhauf aus dem Wasser und kletterten förmlich den Hang hoch, um an das Futter zu kommen. Gut, dass wir hier am Nachmittag nicht schwimmen waren!

An den alten Tennisplätzen ertönte plötzlich die Musik einer Spieluhr und zeitgleich wurden die alten Gebäude vor uns von verschiedenen Seiten beleuchtet. Nun hatte man das Gefühl, man würde die Leute von damals vor seinem geistigen Auge wieder Tennis spielen und Tee trinken sehen und ihre Gespräche belauschen. Es war wie verzaubert! Wir waren noch zu aufgedreht, um nach der Nachtwanderung direkt schlafen zu gehen, also beschlossen wir, auf ein Bier in den nahegelegenen Mena Creek Pub zu gehen. Diesen erreichten wir über eine mehr oder weniger vertrauenserweckende Hängebrücke, die über den Wasserfall des Mena Creeks führte. Es war dunkel, etwas neblig und Paronella Park wollte uns anscheinend mit seinem leicht gespenstischen Ambiente nicht so schnell aus seinen Fängen lassen. Auf der Veranda des Pubs direkt saßen wir plötzlich in dichtem Nebel gehüllt, der wenige Sekunden später auch schon wieder verschwand.

Am nächsten Morgen sah die Welt schon wieder ganz anders aus. Es war herrliches Wetter und wir beschlossen nach einem Ort zum Schwimmen zu fragen. „Etty Beach ist in der Nähe! Fahrt dorthin.", riet uns ein netter Mitarbeiter des Parks. Gesagt, getan! Auf dem Weg zu Etty Beach waren wir allerdings irritiert. Überall waren große Schilder, die eindringlich davor warnen, hier schwimmen zu gehen. „Crocodiles – No Swimming!" stand darauf. Wir breiteten unsere Handtücher am Strand aus und checkten erst einmal die Lage. Nur wenige Leute waren an dem Strand, einige davon aber auch im Wasser. Als dann zwei Schulbusse kamen und zahlreiche Kinder sofort ins Wasser sprangen, hielt es uns allerdings auch nicht mehr auf dem Handtuch. „Wenn sie hier ihre Kinder ins Wasser lassen, kann es mit den Krokodilen schon nicht so dramatisch sein!", dachten wir uns. Ich fragte ein älteres Ehepaar im Wasser, ob ich mir bezüglich der Krokodile Sorgen machen müsse, aber der Mann winkte ab und sagte in bestem Australischem Akzent: „Ach, man hofft halt immer, dass sie wen anders fressen!". Na dann ist ja gut…

Über den Waterfall Way machten wir uns auf den Weg zu unserem nächsten Ziel: Port Douglas. Wir hielten an einigen der Wasserfälle, schauten uns am „Mi:Ma Baumwipfel Pfad" den Regenwald von oben an und gingen in den Millaa Falls schwimmen. Das Wasser war eiskalt, aber trotzdem herrlich. Jens schaffte es bis auf die andere Seite des kleinen Sees und kletterte hinter den Wasserfall, wo er dann ganz entspannt saß und zu mir rüber sah. Ich schaffte es nur kurz ins Wasser für eine kleine Abkühlung. Es war mir einfach zu kalt. Aber immerhin hatte das kalte Wasser einen Vorteil: Hier gab es keine Krokodile! Und wer konnte es ihnen mehr als ich verdenken, dass sie sich hier nicht im Wasser aufhalten wollten.

Port Douglas war einer unserer letzten Stopps. Der Ort und der Strand sind wunderschön. Allerdings rieten mir meine Kollegen vor unserer Reise noch davon ab, hier im Meer zu schwimmen. Der Box Jellyfish – die Würfelqualle – trieb hier im Wasser ihr Unwesen. Mein Lieblingsautor Bill Bryson beschreibt die Würfelqualle als das todbringendste Geschöpf auf dieser Erde. Sie schlitzt einen mit ihren meterlangen Tentakeln auf und injiziert ihr Gift. In seinem Buch „Frühstück mit Kängurus" beschreibt er, wie ein Mann trotz einer ordentlichen Morphium Dosis immer noch vor höllischen Schmerzen schreit. Das braucht nun wirklich kein Mensch. Wir verbrachten den Tag am Strand und grillten abends, wie fast jeden Abend, an einem öffentlichen Grill auf unserem Campingplatz. Ich darf gar nicht darüber nachdenken, wie viel Känguru-Steak ich in Australien verspeist habe.

Nach dem Aufenthalt in Port Douglas mussten wir unseren Caddy in Cairns abgeben, wo ich uns über eine günstige Website ein richtiges Hotelzimmer gebucht hatte. „Einmal die Ostküste hoch, heißt aber auch einmal bis die Straße zu Ende ist!", offerierte ich Jens. Ich wollte unbedingt noch bis zum Cape Tribulation, dem nördlichsten Punkt der Ostküste, den man über die gepflasterten Straßen erreichen kann. Jens war natürlich sofort dabei und so fuhren wir erst einmal hoch in den

Daintree Nationalpark, um am nördlichsten Punkt am Strand zu stehen und auf das Meer hinauszusehen.

In Cairns, wieder weiter südlich, ging es dann für uns ohne den Caddy weiter, was bestimmt zu einem lustigen Bild beim Check-In in das Hotel Mantra in Cairns führte. Am Taxi, das wir von der Autovermietung zum Hotel nahmen, kam uns schon ein Page mit einem goldenen Kofferwagen entgegen, auf den wir unsere Rucksäcke, Taschen und Plastiktüten luden. An einer Tasche hing einer unserer Töpfe. Der Typ staunte nicht schlecht über die Gäste, die hier gerade ankamen.

Wir chillten an diesem Tag an der ‚Lagune', einer künstlichen Schwimmgelegenheit am Strand (ohne Würfelquallen) und ließen uns dann in unser riesiges Hotelbett fallen. Was für ein Luxus, wenn man wochenlang in einem kleinen Caddy schläft. Andererseits vermissten wir ihn auch ein wenig, unseren treuen Gefährten. Eine leichte Wehmut tat sich bei uns auf, dass dieser Teil der Reise nun zu Ende war.

Doch es war noch nicht ganz vorbei. Der Ayers Rock erwartete uns. In letzter Minute hatte ich am Vorabend unseres Fluges noch den Rest von dem lustigen Tee aus ‚some tropical Herb', den wir in Nimbin gekauft hatten, im Hotelmülleimer entsorgt. Wir wussten ja nun wirklich nicht, was wir hier dabei hatten und ich wollte am Flughafen kein Risiko eingehen. Der Tee hatte zumindest für so einige sehr entspannte Abende vor dem Caddy bei Kerzenschein gesorgt.

Nun sollten wir eine ganz andere Landschaft erkunden als die, die wir bisher in Queensland gesehen hatten. Von den Tropen ging es direkt in den Busch. Ich hatte uns ein Hotel, übrigens das einzige Hotel in der Nähe des Ayers Rocks, gebucht und dazu einen Mietwagen für die drei Tage, die wir dort verbringen würden.

Wir wanderten einmal um den Ayers Rock herum. Natürlich wieder mit viel zu wenig Wasser im Gepäck. Gott sei Dank gibt es auf dem Weg große Kanister mit Trinkwasser, an denen man sich bedienen kann. Ähnlich wie Paronella Park zog mich auch dieser Ort in seinen Bann. Was ist das für ein Stein? Wirklich ein Meteorit? An einigen Stellen sah der rote Fels aus, als wäre er mal sehr heiß gewesen und geschmolzen. Hinter jeder Ecke gab es neue Höhlen und Formationen zu entdecken. An einigen Stellen entdeckten wir Höhlenmalereien der Aborigines.

Ein wirklich eindrucksvolles Volk übrigens. Ich hatte zuvor ein Buch über sie gelesen und fand ihre Verbundenheit zu Natur sehr spannend. Sie verlassen keine Lagerstätte, ohne nicht alles wieder so herzurichten, wie sie es vorgefunden hatten, und entschuldigen sich bei den erlegten Tieren dafür, dass sie sie für ihren Hunger getötet haben. Wenn mehr Menschen so einen bewussten Umgang mit dem, was ihnen gegeben ist, hätten, dann wäre die Welt wohl ein Stückchen besser. Auf den Ayers Rock klettern wir nicht. Die Aboriginies hatten extra Schilder angebracht, dass es eine heilige Stätte für sie ist und dass man dies bitte respektieren sollte. „Please don't climb!", stand dort. Also ließen wir es.

Abends hatte ich für uns ein romantisches Dinner in der Wüste gebucht. Ein kleiner Traum im Sonnenuntergang mit Blick auf den Ayers Rock mit einer kleinen Gruppe von Menschen das Abendessen mit musikalischer Untermalung eines Didgeridoos einzunehmen. Das Essen war lecker, der Blick war toll und als ich dachte, es könnte nicht mehr schöner werden, übergab sich am Nebentisch ein Chinese, der vergessen hatte, dass er keinen Alkohol vertrug. Hach, diese Idylle…

Statt auf den Ayers Rock kletterten wir durch die Kata Tuja, eine weitere Felsformation, die sich in der Nähe befand. Wir hatten die Felsen von einer Aussichtsplattform an der Straße aus gesehen und waren dort mit jemandem ins Gespräch gekommen. „Sieht aus wie ein großer Homer Simpson, auf dem Rücken liegt und schläft.", fanden wir. Hindurch zu klettern war spannend. Wieder ein kleines Abenteuer. Und wir waren fast ganz allein. Nur ein polnisches Pärchen begegnete uns auf unserem Weg, mit dem wir ein bisschen ins Gespräch kamen.

Ich war froh, dass Jens in meinen letzten Tagen in Australien bei mir war. Ich war wehmütig, aber auch froh, dass wir dieses Abenteuer nun zusammen abschließen konnten. Wir sahen uns nach unserer Rückkehr noch ein Rugby Spiel in Sydney an und nach einem abschließenden Frühstück mit meinem Mitbewohner Peter an einem schönen Strand, saßen wir auch schon im Flieger gen Heimat. Vier Monate Australien lagen hinter mir, ein Monat Australien hinter Jens. Diese Reise wird uns immer in Erinnerung bleiben, zumal wir auch ein ganz besonderes Souvenir mitgebracht haben: unsere Tochter Mia Sophie.

Teil 3: Unterwegs mit der Chaosfamilie, den Mädels aus meiner Kopenhagen Zeit, der „lustige Kollegen-Reisegruppe" und unseren Freunden

2012 Vienna calling

Da beginnt mein kleines Mini-Abenteuer gleich äußerst spannend! Ein monsunartiger Regenschauer überspülte die A2. Die Fahrt zum Flughafen über fühlte ich mich eher, als steuere ich ein U-Boot und kein Auto. Donner wie auch Wind ließen das Fahrzeug erschüttern und die Wassermassen flossen nur so über die Frontscheibe. Vom Aquaplaning kurz vor Garbsen mag ich gar nicht sprechen...

Komischerweise sind ja die einzigen, die noch mit 100 an einem vorbei ziehen, während man sich selber fragt, wo hinter dem ganzen Wasser die verdammte Straße ist, LKW. Ich selbst fühlte mich blind wie ein Maulwurf.

Als die Abfahrt zur A325 kam, machte ich somit drei Kreuze, dass ich es heile bis hier geschafft hatte. Doch Murphys Gesetz war noch nicht mit mir fertig! Ein netter, mir bekannter Flughafenmitarbeiter hatte mir im Voraus eine Parkkarte für den Parkplatz organisiert. Allerdings hatte es das Gewitter ebenfalls schon bis dorthin geschafft, als ich die zugehörige Schranke erreichte. Ich versuchte gerade die Karte in das Gerät an der Schranke zu stecken, als starker Wind und Regen sie mir aus der Hand rissen. Also Tür auf (welche gleich vom Sturm gegen den Schrankenterminal geschlagen wurde, gab bestimmt eine nette Beule) und ich todesmutig raus in Regen und Blitze. Wo war die Karte hingeweht??? Da sah ich sie: Sie schwamm mit dem Strom direkt auf einen Gulli zu. Also bin ich mit meinen schönen, neuen Wildleder-Ballerinas (nun für immer ruiniert) in das Bächlein gesprungen und habe die pitschnasse Karte wieder heraus gefischt.

Leider wollte sie danach gar nicht mehr in den Schlitz an der Schranke hineingehen. Über den Hilfe Knopf erreichte man leider auch nur ein Besetztzeichen. Da saß ich nun pitschnass mit der pitschnassen Karte im Auto und wusste nicht mehr weiter.

Hinter mir hatten sich mittlerweile zwei weitere Autos eingefunden und ich ließ die nette Frau hinter mir vor, damit wenigstens sie auf den Parkplatz kommen konnte. Natürlich indem ich ausstieg und zu ihrem Auto lief, was auch den letzten Rest von mir komplett nass werden ließ. Auch sie kam allerdings nicht durch die Schranke. Doch da ergab sich des Rätsels Lösung! Die Schranke war durch das Gewitter ausgefallen und mit etwas Glück erreichte sie jemanden über den Hilfe Knopf, so dass wir im immer noch tosenden Unwetter endlich auf den Parkplatz konnten.

Ich rannte endlich (mein Flug ging in wenigen Minuten) zum Germanwings Terminal und wollte hier nur eine Dame vom Bodenpersonal nach dem Weg zu meinem Gate fragen, was sich leider augenblicklich als grober Fehler herausstellte, denn dann fand ungelogen der folgende Dialog statt:

"Stellen Sie bitte ihr Gepäck auf das Band!"
"Aber ich möchte gar nichts einchecken..."
"Trotzdem!"
Ich folgte gehorsam.
"Was wollen Sie denn von mir wissen?"
"Eigentlich nur wo das Gate für den Flug nach Wien ist...."
"Brauchen Sie Bordkarten?"
"Nein, ich habe übers Internet eingecheckt."
"Zeigen Sie mal her!"
Ich zeigte artig den triefenden, verwischten Fetzen vor, der nach der Aktion draußen übrig geblieben war.
"Die sind ja ganz nass! Ich stelle ihnen neue aus!"
Kurze Pause
"Ich finde Sie nicht im System!"
Panik in meinen Augen...
"Waaaas?"
Nebenbei bemerkte ich, dass mein Handgepäck 2kg Übergewicht hatte und zog es unauffällig vom Gepäckband.
"Ach jetzt sehe ich, Sie hatten in Ihrem Pass noch einen anderen Namen!"
„Ja genau, jetzt bin ich verheiratet!"
Ich begann wieder zu atmen und schob meinen zu schweren Trolley unbemerkt mit dem Fuß noch ein Stück weiter hinter mich. Ich wollte jetzt bloß nicht noch für die Gepäckaufgabe zahlen. Der Frau war alles zu zutrauen.
"So und nun gehen sie mal auf die Toilette und ziehen sich um, sie sind ja triefnass!"
"Nein danke, ich möchte gern nur zum Gate!"
"Die Toiletten sind dort hinten..."
"Nein danke, bitte zeigen Sie mir nur, wie ich zum Gate komme!"
Es war hoffnungslos, sie ignorierte mich einfach.
"Es gibt auch Behinderten-Toiletten, dort haben Sie mehr Platz zum Umziehen!"
"NEIN DANKE, ich möchte nur zum Gate!!!"
"Ach so, sagen Sie das doch gleich. Dort hinten rechts. Aber Sie können noch hier warten, Ihr Flug hat wegen des Unwetters Verspätung."
"Nein danke..."
"Aber im Wartebereich gibt es nichts zu tun..."
"Ich habe ein Buch dabei und jetzt lassen Sie mich bitte durch..."

Und so gab es schließlich im Wartebereich doch noch "etwas zu tun". Das Ergebnis habt ihr soeben zu Ende gelesen.

P.S.: Ich vergaß den Grund meiner Reise nach Wien zu erwähnen: die jährliche Reunion mit meinen Freundinnen aus meiner Zeit in Kopenhagen. In so einer Aufregung kann man das ja mal vergessen... Irgendwann kam ich tatsächlich in Wien an. Und da standen sie schon mit einem kleinen, selbstgemalten Schild in der Ankunftshalle, auf dem "Ines - The German Girl" stand: Meine Freundinnen aus CPH Zeiten.

Ein paar Sticheleien musste ich mir von Barbara anhören, da Deutschland am Abend zuvor beim Fußball gegen Italien verloren hatte. Aber darüber konnte ich hinweg sehen, denn ich war so froh, alle endlich wiederzusehen.

Wien erwartete uns und wir wollten nun auch sofort in die Stadt. Der Erste, dem wir begegneten, war der Taxifahrer. Laut Website des Hostels sollte der Transfer per Taxi 35 Euro kosten, was sich somit billiger erwies als der Transfer mit dem Airport Shuttle, wenn wir zusammen schmissen. Doch wir wurden gleich erst einmal ausgenommen...48 Euro standen am Ende auf der Taxi-Uhr und der Taxifahrer erklärte mir doch allen Ernstes, dass er im Nachgang auch noch 15 Euro extra wollte, weil wir ein Großraumtaxi hatten. Allerdings waren wir alle zu froh uns endlich zu sehen und auch zu müde, um lange zu diskutieren, so dass wir es akzeptierten innerhalb unserer ersten Stunde im Land gleich ausgenommen zu werden.

Im "Wombat's Hostel" ergab sich der komplette Kontrast. Der Typ an der Rezeption, wie auch alle anderen, waren super nett! Ich glänzte natürlich gleich mit dem vollen Sprung in ein Fettnäpfchen, in dem ich auf das Foto eines Tieres mit dem Namen "Ines" zeigte und fragte, warum das Schwein so heißt wie ich. Daraufhin bekam ich natürlich die naheliegende Antwort, dass es sich dabei um einen Wombat handelt. Wie peinlich, da ich mich doch vorher noch für einen totalen Australien Experten hielt und immerhin auch schon einmal einen Wombat gestreichelt hatte. Ouch..."Wombat Ines" gefällt mir natürlich auch viel besser, als hätte man ein Schwein nach mir benannt...

Wir hatten ein 6-Bett-Zimmer, organisierten uns den Abend noch ein echtes Wiener Schnitzel in einer kleinen, etwas schäbigen Kneipe - aber immerhin nur für sechs Euro und mit einer unheimlich freundlichen Bedienung, tranken noch ein Bier und fielen dann nach einem ganzen Abend mit Geschichten aus dem letzten Jahr in unsere Hochbetten.

Am zweiten Tag ging es nach einem supergünstigen Frühstücksbuffet im Hostel (3,80€) in die Stadt. Wir besuchten die Hofburg und all die anderen Sehenswürdigkeiten. Dann fanden wir heraus, dass Sissi angeblich gar nicht so nett war, wie in den Filmen dargestellt, und lernten, dass auch Ihre Landsleute, sprich Kellner, Busfahrer und Verkäufer in Sachen Freundlichkeit nicht immer punkten konnten. Nicht, dass man mich hier falsch versteht. Wien ist eine tolle Stadt! Es war super, die Mädels wiederzusehen und mit ihnen alles zu erkunden, aber ein bisschen mehr Freundlichkeit und ein bisschen weniger Arroganz im Service-Sektor wären gar nicht schlecht gewesen.

Den Nachmittag verbrachten wir in der „Hermann Strandbar" und waren so k.o. von unserem morgendlichen Kulturprogramm, dass wir doch tatsächlich alle in unseren Liegestühlen eine Stunde schliefen. Wie eine kleine Rentnergruppe.

Aber danach waren wir wieder fit für einen Aperol Spritz und dafür unsere Tour fortzusetzen. Schließlich stand noch der Prater auf dem Programm und das dortige Riesenrad mussten wir als Wahrzeichen Wiens unbedingt mitnehmen.

Der Hunger trieb uns schließlich den weiten Weg zurück in das Viertel unseres Hostels, wo wir ein kleines, stylisches Restaurant fanden, in dem wir von einem...dreimal dürft ihr raten...unfreundlichen Kellner super Burger, Salate und gebratene Nudeln serviert bekamen. Wir waren satt und ließen den Abend mit einem Besuch des "Punk Band Contest" im Keller unseres Hostels ausklingen.

Den letzten Tag verbrachen wir ganz relaxt im Schloss Schönbrunn und den zugehörigen Parkanlagen. Wir liefen herum, sahen uns die Gemächer der Habsburger an und saßen im Park herum, um zu quatschen. Das ganze Wochenende war es super heiß (35° und strahlend blauer Himmel), so dass die kleinen Päuschen im Schatten auf dem Rasen uns sehr gelegen kamen. Das Schloss war von innen wie von außen wunderschön und im Prinzengarten konnte (ich sage damit nicht "durfte") man frische Orangen direkt vom Baum pflücken. Natürlich mussten wir zwischendurch auch etwas Richtiges essen, so dass es uns in das Café in der Gloriette verschlug. Wieder einmal Kellner, die uns das Gefühl gaben, uns glücklich schätzen zu können, hier speisen zu dürfen, und meine kleine Apfelschorle kostete doch tatsächlich für das Studenten-Portemonnaie horrende 4,80€. Aber das war natürlich an einem Touristenort zu erwarten.

Im Irrgarten und dem zugehörigen Spielplatz hatten wir wahrscheinlich den meisten Spaß! Ich liebe es, wie wir uns den Tag in Museen vertreiben können und im Kontrast dazu ausflippen, wenn wir einen Spielplatz sehen oder andere Gelegenheiten bekommen uns zu benehmen, als wären wir wieder zwölf Jahre alt (und wir finden es super!).

Ein Wochenende, an dem wir zusammen sein können, fliegt immer vorbei, so dass urplötzlich schon wieder der Moment kam, an dem es zurück zum Flughafen ging. Leider mussten wir am Ende zu den Gates rennen, da das Wiener Flughafenshuttle um 18h leider nicht kam und wir somit erst um 18:30h mit dem nächsten Shuttle zurück fahren konnten. Auf meine Frage, was denn mit dem 18h Bus passiert sei, bekam ich nur die patzige Antwort der Busfahrerin, dass sie es auch nicht wüsste. Am Telefon fand sie jedoch später heraus, dass der Bus wohl irgendwo defekt liegen geblieben war. Leider bremste uns dann auch noch ein Stau kurz vor den Terminals aus, so dass die Zeit für einen richtigen Abschied fehlte und wir alle zu unseren Gates sprinten mussten.

Aber das Gute ist, dass der Abschied nun auch nicht mehr so traurig ist, wie damals in Kopenhagen, als wir dachten, die schöne Zeit wäre jetzt vorbei und wir würden uns nie wieder sehen.

2013 Karibik

Mit einem Kind verändert sich das Leben und auch das Reisen. Mia kam 2010 auf die Welt und wurde umgehend zu einem Reisekind. Mit 3 Monaten flog sie das erste Mal, von da an waren wir ständig auf kleinen Reisen unterwegs. Wir haben uns zum Ziel gemacht unseren Kindern auf unseren „Spaziergängen" die Welt zu zeigen. Auf die eine oder die andere Art.

Mit Rucksack und Kind wollten wir vorerst aber nicht losziehen. Wir machten es uns leichter und organisierten unsere erste Reise mit Kind auf einen anderen Kontinent so, dass wir mit dem Schiff immer unsere Basis hatten, aber dennoch viel zu sehen bekamen. Und es sollte sich für uns und Mia lohnen.

Etappe 1: La Romana

Vor lauter Aufregung hatte ich die Nacht kaum geschlafen. Zwei Wecker hatte ich gestellt, damit wir bloß nicht verschlafen. Als wir die Koffer ins Auto trugen, machte es uns Deutschland nicht schwer zu verschwinden; es war nass und kalt.

Mimi fiel es am schwersten das warme Bett zu verlassen. Nur widerwillig ließ sie sich in ihren Kindersitz setzen. Unsere Katze Holly bekam zum Abschied ein Schälchen Nassfutter und stürzte sich gierig darauf. Ich glaube, sie hat unsere Abfahrt kaum bemerkt, obwohl sie die letzten zwei Nächte schon auf unseren gepackten Koffern geschlafen hatte. Sie hatte den Braten definitiv gerochen!

Natürlich waren wir traditionell viel zu spät daran. Wir hetzten zum Lufthansa-Schalter und wollten nach München einchecken, doch die Frau am Schalter schüttelte nur den Kopf. Wir waren auf keine Maschine gebucht. Nervös kramte ich die Reiseunterlagen hervor und erkannte das Problem: Oha, wir flogen mit AirBerlin und nicht mit Lufthansa! Wir waren im komplett falschen Terminal.

Also sprinteten wir, soweit es drei Koffer, zwei große Taschen und eine Kinderkarre samt Kind es zuließen zum AirBerlin Schalter und wurden im entsprechenden Terminal schon mit: „Familie Krawinkel? Schnell, schnell!!!" begrüßt. Woraufhin es auch schon direkt ins Flugzeug ging. In unserer Sitzreihe angekommen sah Mia uns mit großen Kinderaugen an: „Wo ist meine Frau Nielson?" Ein kurzer Anflug von Panik erfasste uns und kurze Zeit später hatten wir die gesamte Besatzung, sowie den Ramp Agent, den Jens glücklicherweise kannte, animiert, auszuschwärmen und das Flugzeug, die Brücke, sowie den gesamten Warteraum nach einem kleinen rosa Bären zu durchforsten. Ohne Frau Nielson würde nicht nur der Flug, sondern auch die nächsten zwei Wochen anstrengend werden, das wussten wir...sehr anstrengend! Frau Nielson tauchte Gott sei Dank wieder auf! Ihr war wohl der ganze Tumult zu viel geworden und sie hatte sich ein ruhiges Plätzchen im Handgepäck gesucht...Bären halt...

Für Mimi war Fliegen nichts neues, aber dennoch aufregend. Als wir in München landeten und es beim Aufsetzen kurz rumpelte erklärte ich ihr, dass es immer kurz „bumm bumm" macht, wenn man landet, doch sie hatte keine Angst. Als das „Pling" ertönte, das uns sagte, dass wir uns nun abschnallen dürften, kommentierte sie dies mit: „Das macht wie unser Auto!" und ich dachte: „Stimmt...". Mit Kindern erlebt man doch eingängige Situationen noch einmal komplett neu.

Der Flug von München nach LaRomana verlief stressfreier als gedacht. Wir hatten uns vorsichtshalber auf zwölf Stunden Geschrei eingestellt. Was man eben so tut, wenn man mit einer Zweieinhalbjährigen reist. Doch wieder einmal entpuppte Mia sich als Reisekind. Als wir das Flugzeug betraten, bekam sie eine Box von den Stewardessen, in der Stifte und Spielzeug zu finden waren. Diese Box beschäftigte Mia ausgiebig die nächsten Stunden, indem sie deren Inhalt ausräumte, beguckte, wieder einräumte und so weiter. Zwischendurch legte sie sich zweimal zu einem kleinen Nickerchen hin und spachtelte zu jeder Mahlzeit artig Flugzeugessen in sich hinein.

Als wir kurz vor der Landung waren, sagte Mimi laut: „Gleich macht es bumm und dann sind wir unten!", woraufhin mich die Frau vor uns zwischen den Sitzen hindurch kurz erschreckt ansah.

Wir alle waren froh endlich angekommen zu sein und Mia wurde von den Fluggästen um uns herum eingehend gelobt: „Was für ein tolles Kind!", „Sie hat nicht ein einziges Mal geweint!" (naja, einmal kurz, als sie beim Spielen das Klapptischchen auf den Kopf bekam, aber das ist ja auch verständlich) und „Rita, schau nur, jetzt zieht sie sich noch allein die Schuhe an! So ein tolles Kind!".

Voll des Lobes wandelten wir hinaus. Ich konnte mir förmlich vorstellen, wie alle umsitzenden Fluggäste uns ins Flugzeug kommen sehen hatten und dachten: „Scheiße, hoffentlich sitzt das Kleinkind nicht neben mir!". Der Triumph war auf unserer Seite!

Draußen erwarteten uns 30°C und Sonne und vor der AIDAaura tummelten sich zahlreiche Mitreisende. Doch wir wurden sofort aus der Menge gezogen und an ihnen vorbei geführt, da wir mit Kind reisten. Leute, kriegt Kinder! Es lohnt sich!

Als wir unsere Kabine bezogen war es ca. 18:00h. Mia streifte durch den kleinen Raum wie ein neugieriger Hund, sah schließlich das Telefon und stürmte darauf zu. „Ich muss erst mal Toni anrufen!" sagte sie und drückte schnell einige Tasten. Ich warf mich quasi auf das Telefon und erklärte ihr, dass wir von diesem Telefon keinen ihrer kleinen Freunde anrufen würden. Oder gibt es R-Gespräche aus der Karibik?

Mia war um 20:00h schon eingeschlafen, da ertönte ein lautes Notrufzeichen und wir wussten, nun müssen wir raus zur Seenotrettungsübung. Mimi musste mit raus. Wir hatten vorher extra gefragt, ob wir sie liegen lassen konnten, aber nein, es sollte eine realistische Übung sein. Also trugen wir sie, in ihre Bettdecke gewickelt, an Deck. Sofort raunte Entzücken durch die Menge von beschwimmwesteten Menschen. „Och Gott, guck mal, die Kleine, wie süß!", „Das arme, schlafende Mäuschen!". Nach einer weiteren Durchsage des Kapitäns wurden Mimi und ich netterweise erlöst. Jens blieb bis zum Ende der Übung und sicherte unser Überleben im Ernstfall.

Als die AIDA um 22:00h ablegte, lagen wir schon satt, geduscht und fix und fertig in unserer Kabine. Wir waren um 5:00h aufgestanden, nach deutscher Zeit war es nun schon wieder 3:00h nachts und Mia schlummerte tief und fest in meinem Bett.

Unter der Musik von Enya „Sail away" und den Gejubel des Hafenpersonals liefen wir aus. Ich ging noch einen Moment hinaus an Deck, ließ mir den Fahrtwind durch die Haare wehen und fiel dann auch komatös in meine Koje.

Etappe 2: Seetag

Als ich aufwachte, sah ich in zwei große Kinderaugen eines kleinen Wuschelkopfs. "Mama, wir wollten doch mit einem großen Schiff fahren?".

Ich rekelte mich ein wenig und antwortete gähnend:

"Aber Mäuschen, wir fahren doch gerade mit einem großen Schiff!".

"Jetzt?"

"Ja, jetzt gerade, während wir im Bett liegen!"

"Ich habe gar keine Papageien gesehen!"

Das erzählte Mimi schon seit Wochen jedem. Sie fliegt zu den Papageien! Auf einem AIDA Werbevideo war es die erste Szene: Zwei Papageien auf einem Ast.

"Mäuschen, wir sehen noch Papageien, das verspreche ich dir!"

"Ich will einen lila Papagei sehen!"

Oh je...lila ist Mimis Lieblingsfarbe. Gibt es lila Papageien? Wir werden es herausfinden.

Den Tag verbrachten wir chillig am Kinderpool. Während Mia mit den anderen Kindern im Kids Club spielte, genossen wir die Ruhe. Und weil sie so artig war, schenkten wir ihr aus dem Bordshop eine Prinzessin Lillyfee Handtasche, die sie fortan mit sich herum trug und somit alle überlebenswichtigen Dinge immer dabei hatte: einen Schnuller, Frau Nielson, ein Schnuffituch und das passende Sonnenhütchen zur Tasche. Als wir einmal an der Reling entlang liefen und Mia Frau Nielson nur locker in der Hand hatte, sagte Jens zu ihr: "Mia, pass auf, dass Frau Nielson nicht ins Wasser fällt, sonst spielen die Fische damit!"

Von da an sah Frau Nielson kaum noch Sonnenlicht, da Mia sie nun fast nur noch in ihrer Tasche ließ. Abends fragte ich sie, ob sie Frau Nielson haben wollte, worauf Mia ganz energisch sagte: "Nein Mama! Frau Nielson muss in der Tasche bleiben, sonst spielen die Fische damit! Hat Papa gesagt!".

Etappe 3: Montego Bay, Jamaika

Unser Tag begann mit einem guten Frühstück auf der Restaurant Terrasse und sollte jamaikanisch entspannt weitergehen. Als wir in Montego Bay von Bord gingen, hatten wir gleich Glück! Im Hafen hatten schon zwei Seniorenpärchen einen Taxifahrer namens Simon aufgerissen und suchten noch Mitfahrer zum Doctors Cave Beach. Das klappte ja wie am Schnürchen! Wir ließen uns zum Strand fahren und sprachen mit Simon ab, dass er uns nachmittags wieder abholen würde. Er meinte, dass all die anderen Taxifahrer uns sagen werden, dass er nicht kommen würde, doch wir sollten sicher sein, dass er da sein würde.

Also sprangen wir am Doctors Cave Beach zum ersten Mal in die türkisfarbende Badewanne und Mia jauchzte und planschte, bis sie am Nachmittag total erschöpft auf ihrem Handtuch einschlief. Jens und ich genossen die Sonne und ließen uns von einer der Seniorinnen den Cocktail "Bahama Mama" empfehlen. Den hatte sie vor 21 Jahren schon auf Jamaika getrunken und Jens meinte, wenn er sich so lange gehalten hat, dann kann er ja nicht schlecht sein. Trotzdem wollte er lieber etwas mit Rum („Very much Rum, please!"). Doch als ich an der Bar bestellte, las ich die Zutaten des Cocktails und brachte Jens gleich einen mit. Er enthielt Myers Rum, Coconut Rum, Gold Rum und Brandy. Das sollte Jens Wunsch nach "very much Rum" voll und ganz erfüllen!

Der Tag verging wie im Fluge. Simon stand tatsächlich zur verabredeten Zeit bereit und da wir für Mia nichts bezahlen mussten, bekam er ein paar Dollar Trinkgeld von uns.

Etappe 4: George Town, Grand Cayman

Die Cayman Islands erwarteten uns mit über 30°C und herrlichem Sonnenschein. Wir frühstückten wieder auf der Terrasse und Mia genoss die Aufmerksamkeit aller anwesenden Erwachsenen.

Als wir mit dem Tenderboot übersetzten, war sie schon etwas müde. Wir bummelten durch die Straßen von George Town, einer ehemaligen Festung gegen Piratenangriffe, und ließen uns gegen Mittag auf einen Cocktail in einer Bar am Hafen nieder. Mia schlief im Schatten allmählich in ihrer Kinderkarre ein und wir genossen den Ausblick auf das Meer und die Schiffe.

Am Nachmittag fuhren wir zur Marina auf der anderen Seite der Insel und machten uns mit dem Boot auf nach „Stingray City", einer Sandbank am zweitgrößten Korallenriff der Erde, auf der zahlreiche Rochen lebten. Mia hatte zwar zuvor geschlafen, war an Bord jedoch ziemlich nöckelig. Als alle Leute sich ihre Schnorchel Ausrüstung anzogen, bekam sie furchtbare

Angst vor den Taucherbrillen. Ich sagte ihr, dass doch alle aussehen wie große Frösche, doch sie beruhigte sich nicht. Schon gar nicht sollten Mama und Papa Taucherbrillen aufsetzen, so dass wir am Riff beide nacheinander "heimlich" schnorcheln gingen. Als es weiter zu der Stachelrochen - Sandbank ging, hatte Mia sich beruhigt, wollte aber partout nicht ins Wasser. Damit hatten wir von vorne herein gerechnet und gingen wieder hinter ihrem Rücken abwechselnd ins Meer.

So ein Rochen ist ja auch ein ganz schöner Brecher! Ich schnorchelte durchs Wasser, folgte einer ganzen Schar, später konnte ich sogar einen anfassen. Fühlt sich an wie ein glibberiger Pilz, gar nicht wie ein großer Fisch. Dann saß ich mit Mia an Bord und fotografierte Jens, wie er durchs Wasser paddelte und von mehreren Rochen umkreist wurde. Mia war nun wieder guter Dinge und rief: "Papa, lach mal, ich mache ein Foto!". Es war ein Erlebnis, denn mit Stachelrochen schwimmt man nicht jeden Tag. Man muss sich nur vor ihren Stacheln in Acht nehmen. Diese tragen sie auf ihrem "Rücken" und berührt man sie, können sie zu unangenehmen Schnitten führen. Wir kamen aber so davon und behielten Stingray City in guter Erinnerung, als wir durch die Mangroven und das Villenviertel von George Town wieder in die Marina einliefen.

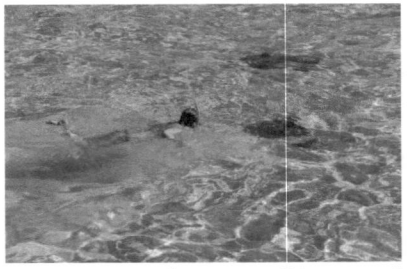

Dabei stand unsere Rückkehr unter keinem guten Stern, da auf dem Meer plötzlich einer der zwei Schiffsmotoren wie eine ohrenbetäubende Kettensäge aufheulte und schließlich ganz erstarb. Den Rest der Fahrt legten brachten wir im Schneckentempo und mit nur einem Motor hinter uns.

Der Tag endete mit einem BBQ am Seven Mile Beach, wo Mia mit Eimer und Schaufel bewaffnet den meisten Spaß hatte, als sie mit Jens eine "Badewanne" im Sand aushob.

Auf der Rückfahrt in die City von George Town standen wir eine ganze Weile im Stau und setzten daher mit einem der letzten Tenderboote wieder über zum Schiff. Als die AIDA ablegte, saßen wir drei müde und gedankenversunken an der Reling unseres Decks und sahen zufrieden auf Grand Cayman zurück.

Etappe 5: Seetag

Nach dem ereignisreichen Ausflug am Vortag stand der heutige Tag ganz unter Mias Stern. Sie tobte im Kids Club herum, bastelte ein Indianer-Stirnband und erklärte jedem sie sei kein Indianer, sondern "eine hübsche Prinzessin". Langsam wird sie wohl eingebildet, wo sie doch als zweitjüngster Passagier an Bord überall der Star ist. In dieser Aufmachung wurde sie dann tatsächlich noch das "Foto des Tages" auf dem Schiff.

Nur zwölf Kinder sind auf unserer Reise an Bord. Dabei ist eine Schiffsreise wirklich zu empfehlen, wenn man ein kleines Kind hat und trotzdem etwas von der Welt sehen will. Man liegt zwar nur tagsüber in den Häfen, aber man bekommt immerhin einen Einblick in Land und Leute. Es ist ein bisschen "Backpacking Deluxe". Man sieht viel, aber man fährt zum nächsten Ziel, während man schläft und das auch jede Nacht im selben Bett.Zudem hat man einen Arzt an Bord, falls das Kind mal krank ist oder sich, wie Mimi es geschafft hat, die Hand in der Fahrstuhltür einklemmt. Allerdings muss an dieser Stelle gesagt werden, dass ihre Blitzheilung prompt erfolgte, als die Krankenschwester die so genannte Tapferkeitskiste brachte und Mia sich ein Geschenk aussuchen durfte. Sie entschied sich nach langem Zögern für ein Piratenarmband, das sofort in ihr Handtäschchen wanderte.

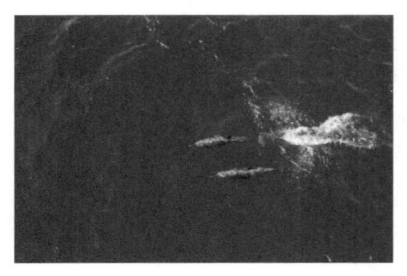

Es gibt auch nichts Herrlicheres, als an Deck zu sitzen und beim Schreiben aufs Meer hinaus zu sehen, so wie ich es gerade tue. Auf dem Weg nach Roatan in Honduras haben sich vor gut einer Stunde Delfine zu uns gesellt. Sie schwammen einfach neben dem Schiff her, sprangen von Zeit zu Zeit aus dem Wasser und tauchten irgendwann wieder in die Tiefe ab. Nicht nur Mia war ganz aus dem Häuschen ("Delfine sind lieb! Das sind keine Haifische!"), auch für uns war das ein ganz besonderer Anblick. Auch unvorstellbar, dass das Meer hier 4.500 Meter tief ist. Und von Jamaika nach Grand Cayman haben wir sogar den 7.500 Meter tiefen Cayman Graben überquert. 7,5km, fast unvorstellbar! Jens saß an Deck, sah aufs Meer hinaus und sinnierte darüber, was in dieser Tiefe wohl noch alles unentdeckt schlummerte. Naja, hoffen wir mal, dass die Riesenkraken zurzeit gerade Winterschlaf halten!

Etappe 6: Roatan, Honduras

Irgendwann in den vorherigen Tagen hatten wir Harry und Babsi, sowie Jürgen und Susanne kennen gelernt. In Honduras beschlossen wir mit ihnen gemeinsam etwas auf eigene Faust zu unternehmen und teilten uns zu 6 1/2 (Mia nicht zu vergessen) ein Taxi zum West End der Insel Roatan. Dort wollten wir uns unter die Leute mischen und an einem öffentlichen Strand ein bisschen entspannen. Zwischen uns und dem Strand stand nur ein waghalsiger honduriseher Taxifahrer, der uns durch bergiges Urwaldterrain manövrierte, als gäbe es kein Morgen. Wie zu erwarten, waren die Straßenverhältnisse eher schlecht und der Taxifahrer fuhr Slalom um die Krater in der Straße.

Ich liebe es ja in fremden Ländern durch die Gegend zu fahren. Der Weg ist hier immer das Ziel. Wir beobachteten Hütten, Häuser, Scharen von Kindern, umherstreunende Hunde und das tief türkise Meer...plötzlich mitten im Urwald dann auch mal ein einsames Pferd mitten auf einem Hügel. Mia war müde und schlief auf der Fahrt fast ein, so dass wir sie in der Half Moon Bay, die wir schließlich erreichten, zunächst in der Karre ließen. Sie schlief ein bisschen und als sie aufwachte, sah sie sich von ihrem Aussichtspunkt erstmal ausgiebig um.

Die Strände am West End von Roatan sind wie gesagt öffentlich und so tummelten sich neben ein paar Touristen auch die Einheimischen am Strand. Schnell machte uns ein anderer Deutscher aus und kam mit uns ins Gespräch. Nach zwei Minuten hatte ich keine Lust mehr zu zuhören! Kennt ihr diese Leute, die immer die Fahrt angeblich viel günstiger bekommen haben? "Waas? Zwölf Dollar habt ihr bezahlt? Also wir haben nur fünf Dollar bezahlt! Da hat man euch aber übers Ohr gehauen!". Das sind auch die Leute, die grundsätzlich schon 1000 schönere Strände auf der Welt gesehen hatten, als diesen hier und überhaupt: "Habt ihr gesehen, dass die hier in Gräben Abwasser ins Meer leiten?". Der angeprangerte Abwassergraben entpuppte sich während unseres Strandspaziergangs durch den weißen Karibiksand als ausgetrockneter Bachlauf, der von den Bergen herunter ins Meer führte.

Aber was soll man sagen, solche Leute gibt es immer, die anscheinend nur in den Urlaub fahren, um zu meckern. Eines Abends saß ich neben einer korpulenten Frau mit sächsischem Akzent am Tisch im Restaurant an Deck, die mau in ihrem Essen stocherte und sich lauthals beschwerte, die Nudeln schmeckten, als hätte sie eine Büchse Erasco aufgemacht. Ich verkniff mir jeden bissigen Kommentar und sagte lediglich: "Also mir schmeckt es!". Sie sind überall, wahrscheinlich frustriert und vom Leben enttäuscht und wollen deshalb auch allen anderen alles madig machen! Aber wer beim Anblick von türkisfarbenem Meer, das so intensiv ist, das es schon Astronauten aus dem Weltall aufgefallen ist, noch schlechte Stimmung verbreiten will, dem ist nicht mehr zu helfen...

Mia hatte unterdes ihren stummen Aussichtsposten in der Karre verlassen und ersten Kontakt zu den Einheimischen hergestellt. Ihr erster Kommentar, als sie hinter einem kleinen honduranischen Mädchen her paddelte, war ein leises Kichern und: "Mama, das Mädchen badet in einem lila Schlafanzug!". Das Mädchen badete einfach in einer Hose und einem T-Shirt. Mit meinem gebrochenen Spanisch fand ich heraus, dass sie Alisol hieß und den Rest erledigten die beiden Kinder unter sich. Sie planschten zusammen im Wasser und buddelten zusammen im Sand. Völkerverständigung leicht gemacht...wenn Kinder doch die Welt regieren würden! Solange sie im Spielen vertieft waren, übersah Mia sogar großzügig sämtliche Schnorchler mit ihren gruseligen Taucherbrillen, die neben uns ins Wasser stiegen.

Ich fühlte mich pudelwohl! So hatte ich mir das vorgestellt mit dem Schiff von Land zu Land zu schippern und überall mal einen kleinen Einblick in Land und Leute zu bekommen. Nach Honduras wäre ich sonst sicher nicht gekommen und so merkte ich, dass es doch vielleicht noch mal eine Reise wert ist.

Auf der Rückfahrt scherzten wir im Taxi über die grummeligen Besserwisser-Deutschen! Harry meinte, wir sollten denen erzählen, dass wir nur 2 Dollar für das Taxi gezahlt hatten, damit sie sich grün und blau ärgerten. Und da ein kleines Äffchen als Beifahrer in einem Taxi am Strand an uns vorbei gefahren war, ergänzte ich, dass wir dazu noch eine gratis Affen-Show bekommen hatten. Die Fahrt durch den Urwald wurde zur Dschungel-Safari hochgelobt und die Fahrt im Glasbodenboot, die Harry, Jürgen und Babsi gemacht hatten, wurde zum Tauchgang mit Seekühen. Wir sponnen unsere Geschichte immer weiter und lachten uns darüber kaputt, bis Jürgen schließlich meinte, wir dürften auch nicht zu doll übertreiben, sonst glaube es ja keiner mehr. Wir einigten uns auf 5 Dollar für die Fahrt inklusive Sichtung eines Äffchens und lachten uns weiter kaputt bis wir schließlich wieder am Hafen ankamen und vor dem Ablegen noch ein bisschen das Flair der Insel einatmeten.

Etappe 7: Belize City, Belize

Verschlafen brachen Jens, Mia und ich morgens zur ungnädigen Zeit von 6:45h vom Schiff aus auf nach Lamanai, einer Mayastätte im Urwald von Belize. Da die Mayas ja netterweise die Welt am 21.12.2012 doch nicht untergehen lassen hatten, wollten wir doch wenigstens ehrfürchtig ihre Pyramiden besuchen. Mit dem Bus ging es von Belize City ins Hinterland. 1 1/4 Stunden waren wir unterwegs und ließen das Land wieder einmal an uns vorbei ziehen. Obwohl sie aufgrund der frühen Aufbruchszeit hundemüde war, verhielt sich Mia im Bus mal wieder vorbildlich. Auch als wir irgendwo im Nirgendwo in ein Schnellboot umstiegen, brachte das manch einen mehr aus der Ruhe als unsere Mimi. Auf der Fahrt über den New River sahen wir aus nächster Nähe Affen, Leguane und ein Baby Krokodil. Der Kapitän des Schnellbootes jagte mit dem Boot durch den kurvenreichen Fluss, so dass man sich immer fragte, was passieren würde, wenn plötzlich hinter der nächsten Kurve mal ein Baumstamm im Wasser läge oder sich ein sonstiges Hindernis auftun würde. Aber er hatte seinen Job anscheinend im Griff, also versuchten wir nicht weiter darüber nachzudenken.

Dann kamen wir an und waren beeindruckt von den drei großen Maya-Pyramiden der Stätte von Lamanai. Lamanai bedeutet übrigens "untergetauchtes Krokodil".

Eine von ihnen, die Maskenpyramide, konnte man sogar besteigen, was wir abwechselnd taten, denn Mimi ließen wir lieber unten. So eine Pyramide ist ein bisschen zu hoch für so ein kleines Persönchen. Nachher wäre sie noch abgestürzt. Mia war allerdings hochbeleidigt, dass sie nicht mit hochklettern durfte.

Die Maya-Pyramiden haben wirklich etwas Mystisches, wenn man davor steht oder eben von ganz oben über den Urwald schaut. Es ist ein ähnliches Gefühl wie damals in Australien, als wir vor dem Ayers Rock standen. Früher haben die Mayas hier ihre Zeremonien abgehalten und wenn man bedenkt, dass sie die Pyramiden ganz allein aufgestellt haben... Sie hatten ja noch nicht

130

einmal große Tiere, wie in Ägypten die Elefanten, die ihnen hätten helfen können, die großen Steine zu transportieren. Beeindruckend ist auch, dass sie, wenn ich es richtig verstanden habe, ca. 200 vor Christi angefangen haben zu bauen und noch an diesen Pyramiden gebaut haben, als Christoph Columbus Amerika entdeckte. Unvorstellbar...

Mia wurde für das Kletterverbot an der Maskenpyramide schließlich von einer Äffchen-Familie entschädigt, die durch die Bäume tobte, während wir dem Pfad durch den Regenwald zur dritten und größten Pyramide folgten. Als sie an dieser Pyramide auch noch ihre Freundin Laura aus dem Kids Club traf, war sie wieder guter Dinge und die beiden Mädchen tobten über die grüne Wiese vor der Pyramide. Irgendwie unwirklich: zwei spielende Kinder vor einer Maya Pyramide.

Nachdem wir auch die Rückfahrt im Schnellboot wieder von links nach rechts und von rechts nach links geworfen wurden, erheiterte Mia auf der anschließenden Busfahrt die mehr oder weniger begeisterten Mitreisenden mit einer neuen Interpretation von "Alle Vögel sind schon weg" (ja genau, nicht "da"), die so schräg war, dass Jens meinte, wir müssten uns wohl keine Sorgen machen, dass sie sich mal bei Dieter Bohlen anmeldet.

Etappe 8: Cozumel, Mexico

Auf Cozumel in Mexiko folgte nach unserem Ausflug zu den Maya Pyramiden am Vortag wieder ein eher ruhiger Tag am Strand. Es war ein schöner, aber windiger Tag und so teilten wir uns mit der üblichen Truppe wieder ein Taxi zu einem der öffentlichen Strände. Der Strand war schön, hatte eine Strandbar und gemütliche Hängematten, in die man sich legen konnte. Auch hatte er eine kleine Lagune, die für Mia zum Planschen einlud, aber Mia war etwas kränklich und zog es vor, angezogen im Schatten Sandburgen zu bauen. Die anderen waren so nett, sie ein wenig zu bespaßen, so dass wir einen schönen Strandspaziergang machen konnten und schließlich auf der anderen Seite des Strandes in die mannshohen Wellen sprangen. Die Wellen wollten uns umhauen und mit ins Meer ziehen, aber wir waren stärker. Wir hatten einen riesen Spaß!

Den Nachmittag genossen wir in der Hauptstadt der Insel: San Miguel (ja genau, wie das Bier). Wir bummelten an der Promenade entlang zurück zum Schiff und beobachteten die Pelikane auf dem Wasser.

Abends genossen wir erstmals den Spa Bereich an Bord des Schiffes. Man kann schwitzen und durch ein großes Panoramafenster aus der Sauna auf das türkise Meer hinaus schauen.

Mia vergnügte sich derweil im Kids Club. Da sie so gern hin geht, machen die Betreuer eine Ausnahme und lassen sie teilnehmen, auch wenn sie noch nicht drei Jahre alt ist. Mimi genießt es, mit den anderen Kindern zu spielen und nimmt auch jeden Abend am Kinderessen teil. "Mama, du setzt dich auf eine Bank mit Papa und ich esse mit den Kindern! Geh mal zu Papa!".

So hatten wir abends auch etwas Zeit für uns. Dann gibt es natürlich auch noch die Abende, an denen unsere Mimi so erledigt ist, dass sie es nur noch schafft im Bett einen Teller Hamburger & Pommes von der Poolbar zu essen, zu duschen und dann direkt einzuschlafen. Wir haben wirklich Glück ein so entspanntes, zufriedenes Kind zu haben. Das wird uns von sämtlichen Mitreisenden fast täglich bestätigt, so dass Mia langsam schon eingebildet wird und Sätze wie: "Mama, nicht schimpfen! Ich bin ein ganz tolles Kind!" von sich gibt, während sie mit ihrem neuen Handtäschchen umher stolziert.

Etappe 9: Key West, Florida

"Okay, this is you!" bestätigte der US-Grenzbeamte, während er zwischen Jens und seinem Passfoto hin und her schaute. Das ganze nannte sich Face-Check und fand im Theater des Schiffes statt. In ihrer grenzenlosen Angst hatten sich die USA diese Prozedur ausgedacht, um noch mal ganz genau sicher zu gehen, dass wir auch wirklich wir sind! "Have you been in The States before?", fragte mich der Uniformierte beim Check meiner Identität, woraufhin Jens beim raus gehen meinte, warum er nur mich das gefragt hatte und scherzte, dass er den leisen Verdacht hatte, dass der Grenzbeamte und ich uns wohl schon auf der Spring Break 2004 begegnet waren. Daraufhin bekam er von mir einen Knuff in die Seite.

In Key West war es sonnig und windstill. Es ist wirklich ein schöner Ort mit vielen kleinen, netten Geschäften und Restaurants. Hier gefiel es uns ausgesprochen gut! Wir schlenderten durch die Straßen, vorbei an der Nachbildung eines riesigen, weißen Hais, dann an dem Haus, in dem früher einmal Ernest Hemmingway wohnte, und am alten Leuchtturm der

Stadt. Vor diesem Leuchtturm saßen die Statuen zweier Omis auf einer Bank und Mimi hatte unheimlich viel Spaß daran, mit ihnen zu posieren und sie wie richtige Omis zu behandeln. Rein gingen wir in das Lighthouse Museum und das Haus von Ernest Hemmingway allerdings nicht, da der Eintritt recht teuer war und wir vorher häufig im Internet gelesen hatten, dass es sich wohl nicht wirklich lohnt.

Irgendwann kamen wir an den südlichsten Punkt der USA. Naja, genau genommen ist dies gar nicht der südlichste Punkt der USA. Dieser liegt mitten in einem abgesperrten Gebiet der Army noch etwas südlicher. Da haben die Amerikaner den "Most Southern Point" einfach mal etwas verlegt, damit die ganzen netten Touristen sich mit dem großen Grenzstein fotografieren lassen können. Man muss sich nur zu helfen wissen! Auf dem Rückweg von diesem Stein liefen wir doch tatsächlich noch Captain Jack Sparrow über den Weg und stellten ihn noch vor Ort.

Mia schlief (wie jeden Tag) kurz nach Mittag in ihrer Karre ein und war wieder quietschfidel, als wir durch die kleinen Shops streiften. Was nicht zuletzt an der Sprite lag, die sie in einem mexikanischen Restaurant bekommen hatte. Sie wollte gern Apfelschorle trinken, aber leider kennt man dieses Getränk hier leider nicht. Und Apfelsaft war auch nicht vorhanden, also war das Naheliegenste für unseren Kellner eine Sprite. Mia hatte zuvor noch nie Sprite getrunken und war von so viel Zucker dann ganz aufgedreht. In einem Klamottenladen drehte sie so auf, dass sie ins Schaufenster kletterte und zwischen den Schaufensterpuppen tanzte. Unsere Mimi unterhielt wieder mal alle. Ihr heutiger Beitrag zur Völkerverständigung!

Als sie abends in unserer Kabine tief und fest ihren Sprite Rausch ausschlief, saßen Jens und ich an Deck vor unserem Fenster mit einem Glas Wein, philosophierten über das Leben und sahen über das Meer in die Sterne. Wie gut es uns doch ging! Ein zufriedenes Kind schlummerte da drinnen und wir konnten den Urlaub so unheimlich genießen. Um nichts in der Welt hätte ich auf diese abwechslungsreiche Reise verzichten wollen. In Key West konnte man T-Shirts kaufen, auf denen stand: "You only live once!". Was für ein wahres Wort!

Etappe 10: Miami, Florida

Eins sei von vorn herein klar gestellt: Miami ist definitiv einer der Orte, für den ein Tag Landgang nicht genug ist! So entschieden wir uns zunächst für einen Hop-on-hop-off Bus, mit dem wir uns erst einmal einen Überblick über die riesige Stadt verschafften. Es ist dabei wieder einmal erstaunlich, wie ähnlich amerikanische Städte aufgebaut sind. Wenn man schon einmal in den USA war, dann hat man immer gleich das Gefühl, schon einmal da gewesen zu sein. Miami unterscheidet sich von den anderen, großen Städten der USA allerdings dadurch, dass es kein China Town gibt. Interessant ist auch, dass man in Miami wirklich für alles Mögliche bestraft werden kann. Im Stadtteil Coral Gables zum Beispiel, einer Siedlung wie aus dem Bilderbuch (oder wie in der Serie „Desperate Housewifes"): Lässt du hier zwei Nächte am Stück deine Garage auf - Strafe! Streichst du dein Haus in einer anderen als der genehmigten Farbe - Strafe! Mähst du deinen Rasen nicht in den vorgegebenen Mähzyklen - Strafe! Und wehe du fährst in der City gegen eine Palme, dann bist du gleich mal 500 Dollar los! Aber sonst ist hier natürlich alles ganz entspannt...

Am Miami Beach bekamen wir Hunger und Durst und kehrten in einem Restaurant namens "Kitchen" ein. Hier tranken Jens und ich den größten Cocktail unseres Lebens. Jeder von uns bekam ein Glas mit dem Inhalt von bestimmt einem Liter! Allerdings raten wir euch, in diesem Restaurant vorsichtig zu sein, denn die versprochenen 2 for 1 Cocktails gab es im Nachhinein nur pro Person. Das wurde uns natürlich von der Bedienung zuvor (wohl weißlich) verschwiegen! Zudem hatte man uns in das Restaurant gelockt, indem man uns sagte, als Angebot des Tages sei die gesamte Karte um die Hälfte reduziert. Das stimmte nicht, aber nach unserer energischen Beschwerde bei der Managerin, hatten wir das Thema geklärt und bekamen alles um 50% reduziert!

Die 2 in 1 Cocktails hatten nun zur Folge, dass Jens und ich jeder noch einen Cocktail in je einem riesigen Plastikbecher mit auf den Weg bekamen. Jens meinte, für den hohen Preis würde er diesen Becher austrinken und wenn er am Ende jeden Eiswürfel noch einzeln auflutschen würde. Allerdings erledigte sich dies nach einem kurzen Toiletten-Stopp dadurch, dass Jens seinen Cocktail auf eine Mauer stellte und als er wieder kam, bereits ein Obdachloser fröhlich den Cocktail ausschlürfte. "Oh, it's very strong!" rief er und winkte Jens freundlich zu. Naja, im Endeffekt waren wir froh das Ding los zu sein, denn der Obdachlose hatte wirklich Recht!!! An diesem Abend schlief ich noch vor Mia...

Etappe 11: Nassau, Bahamas

In Nassau auf den Bahamas war es sonnig, aber (wie auch bereits in Mexico) sehr windig. Der Paradise Beach war trotzdem toll und vor allem relativ leer. Wir hatten wieder mit der üblichen Truppe ein Taxi genommen und einen öffentlichen Strandabschnitt gewählt, da man das Areal um das Atlantis Paradise Resort wirklich nicht bezahlen kann. Was will man auch in eine zwar sicherlich ganz tolle, aber abgesperrte Anlage, wenn man so einen langen Strand fast für sich haben konnte?

Das türkisfarbende Meer erwartete uns wieder einmal mit einer Brandung, die durchaus mit Sylt mithalten konnte. Jens, Mia und ich liefen den kilometerweiten, weißen Sandstrand entlang bis zur nächsten Biegung, hinter der er aber weder weiter ging. Als wir eine Baulücke am Meer fanden, dachten wir: "Da müsste man bauen!" und konnten uns gar nicht vorstellen, wie das Leben ohne Meer und mit dem täglichen Weg zur Arbeit wieder sein würde.

Auf dem Rückweg fuhren wir im wahrscheinlich ältesten Taxi der Bahamas mit. Falls es überhaupt eins war. Und ich bin mir auch im Nachhinein nicht sicher, ob die gute Frau wirklich Taxifahrerin war, denn sie brauchte gefühlte 10 Minuten, um den 1. Gang einzulegen.

Aber wir kamen sicher wieder in der Innenstadt von Nassau an und zogen über den Straw Market. Dort lernten wir Winston kennen, einen netten, etwas high wirkenden Typen, der seit 39 Jahren Figuren aus Holz schnitzt und mit dem wir uns eine ganze Zeit unterhielten. Jens war in seinem Element, als er handeln durfte und wir erstanden eine große Blume aus Holz als Souvenir.

Als die AIDA ablegte, standen wir mit Harry und Babsi in Bademänteln an der Reling und ließen Nassau an uns vorüber ziehen. Mia war an Bord sofort wieder den anderen Kindern gefolgt. Sie hatte sogar, sehr zu Papas Unmut, bereits mit den vierjährigen Emil angebandelt.

"Emil hat mich geknutscht!" (Papa: "Grr...") oder auch:

Mia: "Tschüs, Emil!"

Großes Gedrücke, Händchen halten und Geknutsche...

Emil: "Mia, meine Kabine ist die, an der ein Schild mit meinem Namen drauf hängt. Das hat meine Mama gebastelt!"

(Papa: "Grrrr...")

So ein Bengel. Hat es doch tatsächlich auf unsere Mimi abgesehen! Unmöglich!

Naja, zurück an Deck: Wir hatten Bademäntel an, da wir die Zeit ohne Mia wieder einmal in der Sauna verbrachten. Es waren ja auch "nur" 25°C auf den Bahamas gewesen, da wärmt man sich nach dem Landgang besser mal etwas auf. Und so genossen wir die frische Luft bis wir an Nassau vorbei aufs offene Meer hinaus geschippert waren und wieder in der Sauna verschwanden.

Etappe 12: Seetag

Ich öffnete das Rollo unseres Fensters und sah hieraus. Dunkle Wolken am Himmel, oh nein! An diesem Seetag wollten wir noch einmal richtig in der Sonne entspannen, doch die Sonne hielt sich leider am Morgen etwas versteckt. Aber auf so einem Schiff wird es ja nie langweilig, also gingen wir, als Mia sich wieder in den Kids Club aufgemacht hatte, erst einmal gemütlich in die Sauna. Es war so beruhigend hier aus dem Fenster zu gucken und über das Meer zu schauen. Auch als plötzlich ein Wolkenbruch herunter kam, der das Frontfenster des Ruheraums so unter Wasser setzte, als ob wir unter einem Wasserfall hindurch fahren würden, fand ich das wirklich sehr entspannend. Es war der erste Regen unserer Reise, wir befanden uns nun am Rande der Karibik auf dem Atlantik und es würde sicherlich in unseren letzten Tagen in der Karibik noch einmal schön werden. Wir hatten für den nächsten Tag einen Ausflug zur Baccardi-Insel Cayo Levantado geplant und der sollte auf keinen Fall ins Wasser fallen.

Andere waren nicht so optimistisch und ließen Sätze fallen wie "Nein, wenn es sich hier einmal eingeregnet hat, dann haben wir die letzten Tage kein Glück mehr." und ähnliches. Aber wir hofften trotzdem einfach auf Besserung. Ein Tag Regen in zwei Wochen, das ist doch schon mal ein guter Schnitt!

Nach dem Mittagessen holten wir Mia vom Kinderessen ab und beschlossen erst einmal ein kleines Nickerchen in der Kabine zu machen. Ich las ein wenig, da ich nicht schlafen konnte und als plötzlich ein Lichtstrahl durch das Fenster auf mein Buch fiel, sprang ich sofort auf und weckte meine Familie. Mia und Jens waren noch etwas schläfrig, aber die Wolkendecke war aufgebrochen, die Sonne war wieder da und da wollte ich auf keinen Fall in der Kabine bleiben. So zogen wir schließlich wieder zum Kinderpool und Mia bog, wie selbstverständlich, zu ihren Freundinnen in den Kids Club ab. Wir waren schon fast etwas beleidigt, dass es mit uns anscheinend so langweilig war, dass sie immer wieder dorthin wollte, aber natürlich war es auch schön, einfach in der Sonne zu sitzen und ein Buch zu lesen.

Etappe 13: Samana, Dominikanische Republik

In Samana stand die Baccardi Insel Cayo Levantado auf unserem Programm. Heute wollten wir noch einmal richtig schönen, weißen Karibiksand genießen. Denn in zwei Tagen ist schon wieder Abreisetag. Unglaublich, wie schnell diese zwei Wochen vorüber gegangen sind! Unser Boot holte uns direkt am Schiff ab und setzte über zu dieser tollen Insel, auf der vor ein paar Jahren der Baccardi Spot gedreht wurde. Schon von Weitem sah sie sehr vielversprechend aus!

Eigentlich ist von diesem Tag nicht allzu viel zu berichten, denn was macht man auf so einer Insel? Man entspannt, trinkt den ein oder anderen Cocktail aus einer Kokosnuss und legt sich dann wieder ein bisschen hin.

Am Strand sahen wir auch einen riesigen Seelöwen, der ins Wasser geführt wurde, ein Bad nahm und dann wieder zwischen den Palmen verschwand.

Mia machte auch hier einen ausgiebigen Mittagsschlaf am Strand, nachdem sie mit Emil eine Sandburg nach der anderen gebaut und mit ihrer Freundin Laura aus dem Kids Club zu Reggae Musik auf der Bühne der kleinen Beach Bar eine Tanzshow für alle Anwesenden aufgeführt hatte.

Am späten Nachmittag zogen ein paar dunkle Regenwolken über die Insel und verdeckten den zuvor noch strahlend blauen Himmel. Wir hatten Glück und es begann nicht zu regnen. Dennoch brachen viele Besucher der Insel abrupt auf und verließen mit den nächsten Booten schnell den Strand. Ich musste grinsen und meinte zu Jens: „An der Nordsee bleiben die Leute am Strand, wenn Wolken aufziehen, aber hier, wo das Wasser 31°C warm ist, fliehen alle, als wäre es ein Unwetter, das da kommt!". Naja, die dunklen Wolken zogen schnell vorbei und der Himmel wurde wieder blau. Nur hatten wir den Strand nun fast für uns alleine, was uns sehr entgegen kam!

Als die AIDA an diesem Abend abfuhr, passierten wir die Insel noch einmal. Dazu kamen wir noch an einigen anderen kleinen Inseln vorbei. Wirklich schön!

Der Abend stand unter dem Thema "Abschied". Es war unsere letzte Nacht auf dem Schiff und wir waren etwas deprimiert, dass unsere Reise nun wirklich vorbei war. Als kleinen Trost gab es im Restaurant spgar Hummer und eine riesige Eistorte.

Wir kommen in unserem Leben sicherlich noch einmal auf die eine oder andere Insel und in den ein oder anderen Ort zurück. Ich würde mal sagen, dass uns Key West und Samana am besten gefallen haben, aber natürlich war jeder Stopp ein Traum, an den wir uns noch lange zurück erinnern werden...und Mia mit ein bisschen Glück vielleicht auch.

Off Topic Weißt du, wieviel Sternlein stehen

Eigentlich ist das hier ja ein Blog, der uns und unsere Freunde an unsere Reiseabenteuer und die schönen Zeiten erinnern soll. Doch ein Thema, das sich fernab dieser Erlebnisse befindet, liegt mir sehr auf dem Herzen und ich habe lange überlegt, ob ich dieses, zugegebenermaßen auch noch sehr persönliche Thema wirklich hier veröffentlichen soll. Aber ich möchte, dass unsere Tochter Ida nicht in Vergessenheit gerät und der Artikel hier vielleicht auch dem ein oder anderen Mut macht, der sich in einer ähnlichen Situation befindet, wie wir im Jahr 2013. Außerdem ist klar, das Leben besteht nicht nur aus Reisen und Spaß. Auf der Karibikreise im Jahr 2013 wurde ich schwanger mit Ida. Sie war, wie Mia, ein Reise-Souvenir. Doch leider sollte diesmal alles ganz anders kommen.

Den folgenden Text habe ich für Marlen Ulbrich, die Vorsitzende des Vereins Sternenkinder e.V. in Hameln, im September 2015 geschrieben und Auszüge daraus wurden auch in einem Artikel von Birte Hansen am 22.09.2015 in der Deister und Weserzeitung veröffentlicht:

„Ich sehe keinen Herzschlag mehr."

Es ist der 6. Schwangerschaftsmonat mit Ida, zudem einen Tag vor dem 3. Geburtstag unserer Tochter Mia und mit einem Satz gerät unsere Welt aus den Fugen. Wir entscheiden uns bewusst Mias Geburtstag wie geplant zu feiern. Für einen Moment holen wir uns die Normalität zurück, essen Kuchen mit Familie und Freunden und spielen Topfschlagen. Denn am nächsten Tag wird alles anders sein. Ida wird dann nicht mehr bei uns sein.

Nach 10 Stunden Wehen kommt Ida am Morgen des 1.6.2013 auf die Welt. Es ist still, furchtbar still. Sie liegt in unseren Armen, wir streicheln ihr über den Kopf und verabschieden uns von ihr. Viel zu kurz. Dann ist sie weg und hinterlässt einen leeren Platz in unserer Familie und einen tiefen Schmerz, von dem ich glaube, dass er nie enden wird.

Es gibt Momente im Leben, da fühlt man sich, als würde man jeden Moment aus einem schlimmen Traum erwachen, aber man tut es einfach nicht. Und dann gibt es nicht viele Leute, die verstehen, in welcher Ohnmacht man sich befindet. In dieser Phase lernte ich Marlen (Sternenkinder / Hospiz-Verein Hameln e.V.) kennen. Ich weinte minutenlang, bevor ich in der Lage war, das erste Wort zu ihr zu sagen, aber ich wusste, dass dort jemand ist, der weiß, wie sich das anfühlt.

Ida wurde mit anderen Sternenkindern auf dem Friedhof Wehl beigesetzt. Marlen saß bei uns und Mia sang leise mit, als die Orgel in der Kapelle „Weißt du wieviel Sternlein stehen" spielte. Das Sternenkindergrab ist für uns ein wichtiger Anlaufpunkt und gibt uns das gute Gefühl, dass Idas so kurze Zeit auf dieser Welt ein würdiges Ende gefunden hat.

Mit Mia haben wir immer offen über ihre kleine Schwester, die leider nicht leben durfte, gesprochen. Sie war drei und zeigte auf den Himmel, an dem gerade die Sonne aufging: „Mama, guck mal, Ida hat den Himmel rot angemalt!". Kinder haben ihre eigene Weise mit dem Tod umzugehen und das kann auch den Erwachsenen eine große Hilfe sein.

Wir hatten ein Kind, dass wir nicht kennenlernen durften und das für immer ein großes Loch in unserem Herzen hinterlassen hat, aber dafür haben wir fast zwei Jahre später, ein Kind bekommen, dass wir ansonsten wohl nicht kennengelernt hätten. Mads ist 2015 geboren worden und erfreut uns jeden Tag mit seinem Lachen. Mia ist verrückt nach ihm und hat ihm schon erzählt, dass er eigentlich noch eine Schwester hat, die aber ein Sternchen ist und wenn er abends in den Himmel guckt, dann kann er sie sehen.

Wenn man doch manchmal einfach in die Vergangenheit reisen könnte und seinem früheren Ich doch mit einer solchen Hoffnung in einem schlimmen Jahr helfen könnte.

"Wenn du bei Nacht den Himmel anschaust, wird es dir sein, als lachten alle Sterne, weil ich auf einem von ihnen wohne, weil ich auf einem von ihnen lache. Du allein wirst Sterne haben, die lachen können."

(*Antoine de Saint-Exupéry*, "Der kleine Prinz")

2013 Paris, baby!

Wenn man schwere Zeiten durchlebt, dann helfen Freunde besonders. Nach Paris wäre ich eigentlich hochschwanger geflogen, hatte fast schon Sorge, dass man mich nicht mehr mitnehmen würde. Doch es kam alles anders. Alka rief mich kurz vor der Reise an und ich schluchzte: „Ich weiß nicht, ob ich zurzeit ein guter Reisegefährte bin!". Sie sagte nur ruhig zu mir: „Ines, wir machen es einfach gut!" Und genau so war es dann auch:

Paris, schon aus dem Flieger eindeutig zu erkennen. Wieder ist ein Jahr herum seit unserer letzten CPH Reunion in Wien. Das Kribbeln im Bauch zeigt mir, wie sehr ich mich freue, endlich zu landen und die anderen zu sehen und wie sehr ich es seit Januar vermisst habe, unterwegs zu sein. Wenn ich reise, überkommt mich immer das Gefühl, dass die Welt zwar klein ist, es aber noch so viele Orte gibt, die ich sehen oder wieder sehen will. Reisen ist damit eigentlich besser als jede Therapie. Gerade wenn man erlebt hat, wie schnell so ein zartes Leben ein Ende finden kann, ist es wichtig zu sehen was noch alles auf einen wartet. Jeden Depressiven müsste man eigentlich lieber in ein Flugzeug setzen als auf die berühmt berüchtigte Couch zu legen. Aber vielleicht verstehe ich davon auch nicht genug...

Beim Aussteigen bemerke ich türkise Flecken an meiner strahlendweißen Bluse. Erschrocken begutachte ich meinen türkisen Nagellack, der vor meiner Abreise noch nicht ganz getrocknet war. Mhm, bombenfest und keine Spur verschmiert. Des Rätsels Lösung: ein Kind hatte anscheinend türkises Kaugummi an meinen Gurt im Flieger geschmiert. Von innen...na danke, denke ich. Allerdings sorgt der Fleck später, als mich Alka nach einer überschwänglichen Begrüßung am Flughafen über die Pariser Autobahn stadteinwärts fährt, noch für Aufregung. "So kann ich mich ja nicht in einer Weltstadt blicken lassen", sage ich zu Alka und versuche mich so schnell wie möglich, zur Freude der anderen Autofahrer, auf dem Beifahrersitz umzuziehen. "Hoffentlich werden wir nicht geblitzt!" meint Alka und wir müssen lachen. Wie schnell doch nach all dieser Zeit immer alles wieder so ist, als wären wir nie getrennt gewesen, denke ich, als ich endlich wieder vollständig bekleidet bin (Gott sei Dank, denn wir haben längst Montmartre erreicht).

Alka hat sich für heute Sightseeing mit mir vorgenommen bis die anderen am Abend zu uns stoßen. Sie ist gerade von einem Jahr in Indien zurück in Paris und erklärt mir, dass sie ihre eigentliche Heimat jetzt schon wieder vermisst. "Paris ist viel gefährlicher als Mumbai, Ines!", sagt sie und ich sehe sie, nach allem was ich in letzter Zeit in der Presse gehört habe, ungläubig an. "Halt bloß deine Tasche fest! In Montmartre sind viele Touristen und damit auch viele Taschendiebe! Und lass dich nicht anquatschen!". „Mannmannmann", denke ich. So „gefährlich" hatte ich Paris nun nicht in Erinnerung. Und dann fällt mir auf, dass ich das erste Mal ca. 1989 und das letzte Mal 1997 in der Stadt war. 1997??? Noch mal nachrechnen...tatsächlich! Vor 16 Jahren mit dem Schüleraustausch. Gott, bin ich alt...

Wie befohlen kralle ich meine Tasche an meiner Schulter fest und bin auf der Hut vor den tausenden von Taschendieben. "Und lass dich nicht von irgendwelchen Typen anquatschen!", ermahnt mich Alka erneut streng. Ich bin etwas irritiert, da sie mich ja eigentlich kennt und ich mich eher selten "anquatschen" lasse. Und zack, da ist es auch schon passiert.

Auf dem Weg zu einem kleinen Restaurant in der Nähe der Sacré-Coeur, Alka ist schon ein paar Meter vor mir, stehen plötzlich sechs Männer vor mir und versperren mir den Weg. Freundlich reden sie auf mich ein, dass ich ihnen doch bitte meinen Finger geben soll, sie würden dann etwas "ganz Tolles" damit machen. Ich möchte eher nicht, dass auch nur einer von ihnen irgendetwas mit meinem Finger macht und versuche schnell zu entkommen. "No, no, no...merci, no!"...doch egal, in welche Richtung ich entwischen will, immer stehen sie plötzlich wieder mit ihren Schnüren vor mir. Alka hat inzwischen bemerkt, dass ich abhandengekommen bin und dreht sich zu mir um: "Ines?". Alle gucken in ihre Richtung und ich nutze die Gunst der Stunde, schnell aus dem Pulk zu verschwinden. Alka muss lachen und erklärt mir, dass die Typen ein Bändchen an deinem Finger festmachen und dann daraus in Windeseile ein Armbändchen knüpfen, dass dir angeblich Glück bringt. Einige Touristen fallen darauf rein und es ist natürlich klar, dass das Armbändchen am Ende nicht umsonst ist.

Wir biegen auf dem Weg zur Sacré-Coeur irgendwo rechts ab und suchen ein kleines Restaurant, das am Nachmittag noch warme Küche hat. Uns beiden knurrt der Magen und es ist schon 15 Uhr! Alka fragt auf dem Weg zum Restaurant einen Mann nach dem Weg, der uns etwas hinterher ruft, als wir gehen. "Er sagt, du bist sehr schön!", sagt Alka und ich muss trotz der plumpen Anmache grinsen. An der Ecke Rue Paul Albert und Rue Maurice Utrillo finden wir ein kleines Café, in dem wir uns niederlassen und aus dem wir die nächsten Stunden nicht mehr heraus kommen sollen. Es gibt so viel zu erzählen. Was ist im letzten Jahr alles passiert? Weißt du noch, damals in Kopenhagen? Was ist aus den ganzen Leuten geworden? Wen hat man zwischendurch mal irgendwo gesehen? Nach dem Essen legen wir uns in zwei Sonnenstühle vor dem Café und beobachten die Leute. Ich wundere mich, dass so gut wie keine Touristen hierher kommen, aber Alka meint, dass die Touristen eher selten mal rechts oder links den Berg hinunter gehen.

Nach dem Essen kommt natürlich ein weiterer Punkt auf dem Pflichtprogramm: der Eiffelturm! Da die Schlange gerade gar nicht so lang ist, stellen wir uns schnell an. 1997 war ich noch zu Fuß hinauf geklettert, aber mit dem Alter nimmt man doch lieber den Fahrstuhl. Außerdem sind über 30°C und es ist fast unerträglich schwül, so dass man es selbst im Fahrstuhl kaum aushalten kann. Aber oben angekommen, werden wir von dem einmaligen Blick über Paris entschädigt. Es ist wirklich schön wieder hier zu sein. Irgendwo haben meine Schulfreundin Nina und ich uns 1997 mit Edding am Eiffelturm verewig, aber wer weiß heute noch wo.

Als ich das letzte Mal hier war leuchtete am Eiffelturm der Countdown zum Jahr 2000 in Tagen. Heute "funktelt" er zu jeder vollen Stunde, sobald es dunkel ist. Als die Sonne langsam untergeht, treffen wir uns auch mit Kristel, die nach Feierabend hier ankommen soll, und wir beschließen auf der Wiese vor dem Turm ein kleines Picknick zu machen.

Wir lassen uns von ein paar Typen fotografieren und lächeln in die Kamera. Als wir uns wieder Richtung Eiffelturm umdrehen, muss ich laut lachen. Den ganzen Tag habe ich meine Tasche auf Alkas Warnungen hin an mir festgeklammert und nun haben wir uns alle drei für das Foto umgedreht und unseren ganzen Kram hinter uns auf einem Haufen liegen gelassen. Sehr clever...

Spät abends sind wir endlich wieder fast komplett! Wir holen Barbara aus Italien vom Flughafen ab und in Anbetracht weniger Alternativen nachts um 0 Uhr essen wir bei McDonald's, bevor wir uns bei Kristel häuslich nieder lassen. Ich habe ein schlechtes Gewissen, weil ihr Vater extra sein Zimmer für mich geräumt hat und unten auf einer Couch schläft, bin dann aber unheimlich froh, endlich im Bett zu liegen!

Am zweiten Tag ist auch Sophie wieder mit von der Partie und wir ziehen für die nächste Nacht in die Wohnung ihres Bruders um, der direkt im Zentrum wohnt. Coole Wohnung, muss ich sagen, doch als mir der monatliche Mietpreis gesagt wird, wird mir schlecht.

Unser morgendlicher Brunch dauert Stunden und das ist auch gut so! Zu den Themen, die Alka und ich gestern beim Mittagessen diskutiert haben, kommt noch eine ganze Reihe hinzu. Wir plappern und plappern und plötzlich ist schon wieder Nachmittag! Alka, Kristel, Sophie, Barbara und ich beschließen unsere dicken Bäuche erst einmal vom Café "La salle à manger" zum Bootsanleger zu schleppen, um uns gemütlich über die Seine schippern zu lassen.

Wie am ersten Tag mit Alka fällt mir auch mit meinen anderen Freundinnen auf, dass wir zwar lange getrennt waren, aber es nach einer kurzen "Aufwärmphase" immer wieder so ist wie damals in Kopenhagen.

Natürlich aber konnten wir Paris nicht verlassen ohne abends in einer echten Crêperie gegessen zu haben. Einen deftigen Crêpe habe ich noch nie gegessen, also war ich ganz gespannt. Und ich muss sagen: Es hat sich gelohnt!

2013 Granada...und das Chaos fährt mit!

"Jetzt müssen wir nur noch den Mietwagen abholen!", sagte Ingrid nach unserer Landung im sonnigen Málaga. Fast die ganze Familie (meine Tante Ingrid, mein walisischer Onkel Bobby, Jens, Mia und ich) war eingeflogen, um meine Cousine Janice zu besuchen, die ein Auslandssemester in Granada macht. Hach, da kommen alte Erinnerungen an ERASMUS-Zeiten in Kopenhagen hoch...

Bis jetzt hatte alles wunderbar geklappt. Trotz lauter Reifengeräusche ("Die Reifen sind kaputt, ist aber nicht schlimm!") waren wir heile zum Flughafen in Hannover gekommen und unser Flug nach Málaga kam sogar früher an, als erwartet. Nur noch schnell zum Mietwagen und ab nach Granada...dachten wir! Den Autovermieter zu finden war eine wirkliche Herausforderung, denn das Büro von "Firefly" war gut versteckt im Parkhaus des Flughafens, fernab von allen anderen Autovermietern.

1 1/2 Stunden und einen wirklich seeehr hilfsbereiten Spanier später, saßen wir endlich im Mietwagen und waren auf dem Weg zur Autobahn...dachten wir! Das Navi kannte einige Straßen und Kreisel nicht und führte uns mehrmals im Kreis. Nachdem wir den IKEA am Flughafen von jeder Seite einmal passiert hatten, fanden wir endlich ein Schild zur Autobahn Richtung Granada. Unser Navi ließ uns alle 5km wissen, dass wir jetzt bitte abfahren sollten, allerdings zeigten die Schilder der Autobahn immer noch Granada an, so dass wir lieber drauf blieben. Es stellte sich heraus, dass das Navi auf "Autobahnen meiden" eingestellt war. Nachts gegen zwei Uhr kamen wir im Hotel an, noch nicht wissend, dass wir anscheinend auf einer spanischen Mautstraße die Zeche geprellt hatten ("Ach, darum können die es sich leisten, dass alle Schilder blinken und leuchten!"). Wir alle, besonders auch unsere Mimi, waren total platt und wollten nur noch schlafen!

An unserem ersten richtigen Tag gab es zunächst ein Wiedersehen mit Janice beim Frühstück. Danach sahen wir uns ihre Wohnung an und fuhren dann, (traditionell in unserer Familie) auf den letzten Drücker, Richtung Alhambra.

Die Alhambra ist atemberaubend schön! Mimi fand das leider nicht und ließ sich maulend durch die Nasridenpaläste tragen. Das war wohl etwas zu viel Kultur für sie. Aber die Verzierungen an den Wänden und die Architektur dort sind wirklich einmalig. Man kann sich gar nicht vorstellen, wie die aufwendigen Muster aus Holz und Stein zur damaligen Zeit erstellt wurden. Der Eintrittspreis, auch wenn er wirklich viel zu hoch war, und die Flüche der spanischen Zigeunerin, die Ingrid einen Zweig schenkte und dann fünf Euro dafür haben wollte, hatten sich wirklich gelohnt. Wir verbrachten fast den ganzen Tag dort oben auf der Festung und blickten auf Granada herunter. Wirklich sehr, sehr malerisch!

An Tag zwei war uns nach Entspannung zu Mute, waren wir doch am ersten Tag so viel durch die Sonne gelaufen, dass uns schon die Füße wehtaten. Wir überredeten unseren Chauffeur, meinen Onkel Bobby, sich noch einmal für uns in den verrückten, spanischen Verkehr (und die eine Million Einbahnstraßen!) zu stürzen und mit uns nach Nerja an den Strand zu fahren. Man erreicht den Ort von Granada aus innerhalb von ca. einer Stunde über die Autobahn und eine Küstenstraße mit einem richtig tollen Ausblick auf das Mittelmeer ("Müsste man von hier nicht schon Afrika sehen können?"). Der Weg war eigentlich schon das Ziel!

In Nerja angekommen, liefen wir barfuß durch den Sand und genossen das Meeresrauschen. Mia baute mit Jens und Bobby eine Sandburg und Gott sei Dank gab es auch einen Spielplatz, denn ich hatte ihr am Vorabend versprochen, dass wir heute auf einen tollen Spielplatz gehen würden, um sie für das viele "Spazieren gehen" zu entschädigen. Es war ein sehr entspannter Tag und wir aßen sehr, sehr leckere Paella in einem kleinen Restaurant am Strand.

Shoppen stand am dritten Tag auf dem Programm! Wir ergatterten Schnäppchen, aßen leckere Tapas und leckeres Eis ("Ich WILL keine Kinderschokolade!!!") und landeten, nachdem wir die Altstadt durchquert hatten, schließlich auf der Aussichtsplattform "El Mirador San Nicolás" mit Blick auf die Alhambra. Pünktlich zum Sonnenuntergang waren wir dort und ließen den Anblick mit musikalischer Untermalung von ein paar Straßenkünstlern auf uns wirken. Mia bekam dort schließlich einen Ring von einem kleinen, spanischen Mädchen geschenkt, dessen Vater ihn aus einem einzelnen Draht gemacht hatte (und das ohne Geld dafür zu wollen). Mia war hin und weg, verlor den Ring aber leider noch vor unserer Abreise irgendwo in den Straßen von Granada.

Als die Sonne wieder einmal untergegangen war, kehrten wir, wie jeden Abend im "Chaplin" ein, einer

Tapas Bar in Janice Viertel. Wir tranken „Tinto de Verano" und aßen kostenlose Tapas dazu. Das ist wirklich ganz toll: man bestellt ein Getränk und darf sich dann in der Tapas Karte eine Kleinigkeit zu Essen dazu aussuchen ohne etwas dafür zu bezahlen. Und die Getränkepreise sind wirklich moderat. An unserem letzten Abend aßen und tranken wir so zu sechst für den Preis von insgesamt 25 Euro! Mia lernte einen kleinen (zweijährigen) Antonio kennen und erzählte seiner Mutter, dass sie Zuhause einen Freund hat, der auch Toni heißt. Schließlich verabschiedeten wir uns von Janice, die wir erst zu Weihnachten wiedersehen werden. Und irgendwann war dann leider auch der letzte Tag zu Ende, dabei hatten wir doch das Gefühl, gerade erst angekommen zu sein.

Am Freitag früh um vier brachen wir fünf wieder Richtung Málaga auf und wunderten uns schließlich am Gate, dass dort noch niemand saß. Eine spanische Stewardess empfing uns wenig freundlich mit den Worten: "What do you want? Everybody is already on the plane! You are to LATE!" Netterweise durften wir aber doch noch mit fliegen, nachdem wir ausgiebig von der ersten unfreundlichen Person, die wir in Spanien getroffen haben, gemaßregelt wurden. Man muss sagen, dass die Spanier ansonsten wirklich ein sehr nettes Volk sind! Man hat uns überall nett empfangen, uns sogar das Handy ausgeliehen und Mia wurde von jeder Frau mit "Guapa" und einem Kopftätscheln begrüßt.

Wir werden unseren kleinen Chaos-Urlaub bestimmt noch lange in Erinnerung behalten und haben uns vorgenommen doch von nun an öfter einmal mit der ganzen Familie zu verreisen! Das ist dann immer ein bisschen wie im Film "Die schrillen vier auf Achse".

2014 Ein Goldfisch und vier Mädels – CPH Reunion am Lago Maggiore

Kein Jahr haben wir sie seit unserem Auslandssemester ausgelassen: Die jährliche CPH Girls Reunion! Dieses Jahr waren wir zwar in etwas abgespeckter Besetzung, aber natürlich hatten wir wieder einen Anlass uns zu treffen und der hieß Leo! Leo ist das Baby von Barbara, das im Frühling geboren war und natürlich von seinen Tanten aus dem Ausland unbedingt besucht werden musste. Also ging es für uns zum mittlerweile dritten Mal an den schönen Lago Maggiore nach Italien.

Schon im Auto vom Flughafen Malpensa zu unserem Hotel hatten wir das Gefühl, als ob die Zeit immer dort anknüpfen würde, wo wir uns das letzte Mal gesehen hatten. Die Fahrt vom Flughafen in Mailand nach Verbania mit Barbara, Sophie und Alka im Auto wurde auf jeden Fall nicht langweilig, denn es gab sooooviel zu erzählen. Ein Jahr war vergangen und ich war wieder schwanger. Ein kleiner Mads strampelte in meinem Bauch, ich zeigte stolz erste Ultraschallbilder herum und ließ mich von meinen Freundinnen drücken und beglückwünschen. Sie wussten ja, was für schwere Zeiten hinter unserer kleinen Familie lagen.

Wir können nicht leugnen, dass wir älter geworden sind, denn angekommen in unserem Hotel „Pesce d'Oro" (Zum Goldfisch) zogen wir es vor unsere langen Gespräche bis zum Abendessen lieber erst einmal im Liegen auf unseren Betten fortzuführen. Meine Füße waren sowieso geschwollen, also kam mir das ganz gelegen. So eine Reise ist ja auch anstrengend...

Es taten uns übrigens auch die ca. 50 deutschen Senioren nach, die zur selben Zeit wie wir mit einem Reisebus ankamen und das Hotel stürmten. Naja, da kamen wir uns wenigstens wieder jung und knackig vor! "Rooooswithaaaa, is dat unser Zimmer?", rief eine von ihnen lauthals durch die Gänge. Barbara ist ja jedes Mal, wenn ich sie besuche, enttäuscht, dass ich nicht in Sandalen mit Sportsocken anreise, wie sie es seit ihrer Kindheit von deutschen Touristen am Lago Maggiore gewohnt ist...Tja, wenn ich Rooooswithaaaas Alter erreiche, denke ich vielleicht noch einmal darüber nach.

Da wir in der Vergangenheit schon viel Zeit am Lago Maggiore verbracht hatten, hatte Barbara für den nächsten Tag einen Ausflug an den Lago d'Orta geplant. In dem kleinen Örtchen „Orta San Giulio" konnte man ohne Weiteres einen ganzen Tag verbringen! Es ist ein kleines Städtchen mit verwinkelten, typisch Italienischen Gassen und vielen kleinen Geschäften. Wir streiften durch den Ort und nahmen dann eine Fähre zur Isola di San Giulio, einer malerischen, alten Klosterinsel im Lago d'Orta. Da wir Leo im Buggy dabei hatten gestaltete sich das Schlendern durch die alten Klostergassen etwas schwierig und so wurde er eigentlich mehr wie in einer Sänfte getragen als geschoben. Das passte ihm aber anscheinend sehr gut, von den Mädels getragen zu werden. Nicht, dass er sich als kleiner Italiener zu sehr daran gewöhnt.

Abends kochte Barbaras Mann Marco für uns und uns wurde klar, dass die Zeit wohl doch ganz schön ins Land gegangen ist. In 2007 hätten wir uns nach dem Essen wahrscheinlich partyfertig gemacht, um danach irgendwo mit dem Aufwärmen zu beginnen und in der Kulør Bar oder im Emma Kopenhagens Nachtleben unsicher zu machen. Nun saßen wir nach dem Essen gemütlich zusammen, tranken noch etwas, quatschten über alles, was wir voneinander verpasst hatten und sahen uns Bilder von Barbara und Marcos Trip auf den Kilimandscharo an. Wahnsinn, da muss ich auch noch hin!

An unserem letzten Tag fielen wir nicht nur endlich über das italienische Eis her (ich wartete ja schon seit der Ankunft darauf, dass wir endlich die Gelegenheit bekamen), sondern verbrachten einen wirklich heißen Septembertag im botanischen Garten. Barbaras Vater hatte dort mit seiner Stiftung für Krebskranke ein Fest organisiert und wir waren mitten drin. Statt Currywurst Pommes gab es hier leckeren Italienischen Käse, Salami und jede Menge Wein, während Spenden für die Stiftung gesammelt wurden.

Aber wie immer geht natürlich jedes unserer Mädels Wochenenden viel zu schnell vorbei und Sonntagabend saßen wir alle schon wieder in unseren Fliegern nach Hause. Natürlich nicht ohne das nächste Wiedersehen zu planen. Diesmal wohl mal wieder in Deutschland bei uns, auch zum mittlerweile dritten Mal. Und ich bin mir sicher, dass es wieder so sein wird, als hätten wir Kopenhagen nie verlassen (bis auf die Männer, Hochzeiten, Babys und was sonst noch so in den letzten Jahren passiert ist). Und die Reisemöglichkeiten zu Anne-Laure nach Kanada und ab Januar zu Alka nach Singapur müssen natürlich auch noch gewürdigt werden. Mal sehen, ob da was zu machen ist. Und wie das Reisen mit zwei Kindern dann überhaupt weiterhin funktioniert.

2014 Von adoptierten Omas und Hühnern im Zimmer – ein Familientrip nach Wales

Früher noch mit dem Rucksack unterwegs gewesen, gehören neuerdings auch kleine, chaotische Family Trips zu unserem Reiserepertoire. Nach unserer letztjährigen Kurzreise nach Granada, um meine Cousine Janice im Auslandssemester zu besuchen, sollte es diesmal nach Wales in die Heimat meines Onkels Bobby auf einen Verwandtenbesuch gehen.

Am Flughafen bekam unsere Mimi von meiner Tante Ingrid noch eine Kinderzeitschrift für den Flug. Diesmal waren wir allerdings schlauer als auf unserer Granada-Reise.

Damals hatte sie am Flughafen eine Kinderzeitschrift mit einer pinken Glitzerblockflöte als Beilage bekommen, naiv wie wir waren. Natürlich wurde die Blockflöte, sehr zur Freude sämtlicher Mitreisenden, bereits während des Fluges (bis zu ihrer Konfiszierung) ausgiebig ausgetestet, später dann in unserem (sehr hellhörigen) Hotelzimmer (wecken der nebenan schlafenden Verwandten inklusive) und dann sogar in der Hotellobby, während Papa und Onkel an der Bar ein Bierchen tranken und auf uns während eines Shoppingtrips warteten.

Um es kurz zu fassen: DAS würde uns nicht noch einmal passieren! Darum schob Ingrid auch ganz diskret eine „Playmobil"-Zeitschrift (Beigabe: ein Playmobilmännchen) über eine Kinderzeitschrift mit einer kleinen Gitarre als Gimmick.

Schon im Flugzeug stellte sich heraus, dass unsere Mimi mit ihren vier Jahren nun schon ein alter Flughase ist. Kaum im Flugzeug, hatte sie es sich auch schon auf ihrem Sitz bequem gemacht und blätterte beim Start unbeteiligt in ihrer „Playmobil"-Zeitschrift, wie es ein Geschäftsreisender auf einem Business Flug mit dem „Handelsblatt" oder ähnlichem machen würde.

Irritiert war sie nur, als Bobby und ich nach der Landung in Birmingham am Stand der Autovermietung mit einem freundlichen Mitarbeiter auf Englisch klärten, dass er der Fahrer des Wagens sein würde und nicht wie im Vertrag angegeben ich („My niece can't drive, because...because...she's pregnant." – Argumentation kann er!). „Bobby hat ganz komisch gesprecht..." war Mimis verwunderte Reaktion.

Nach der Fahrt nach Cwmbran in Wales stand zunächst ein Besuch bei Bobbys Bruder Marc und dessen Frau Kim an, bei denen wir erstmal verpflegt wurden und man sich schon über unsere Herberge für die Nacht lustig machte. Nachdem Marc uns vor einigen Monaten bereits mit typisch britischem Humor klar gemacht hatte, dass er uns nicht mehr als eine Decke über einer Wäscheleine als Zeltersatz in seinem Garten anbieten würde, hatten wir es vorgezogen doch lieber ein Bed & Breakfast in der Nähe zu suchen. Meine Tante Ingrid hatte sich mit der Suche nach einer Unterkunft beschäftigt und eine Farm in der Nähe gefunden, die auch drei Gästezimmer anbot, die Ty Shon Jacob Farm.

Marc hatte am Vortag unserer Ankunft schon mal einen Blick darauf geworfen und lachte schallend als wir in seinem Wohnzimmer saßen. Er erzählte uns, dass die Farm auf einem Berg lag und wir ohne Allrad schon mal gar nicht da hoch kommen würden. Er hätte sich auch die Zimmer angesehen und berichtete, dass dort Hühner durch die Räume liefen und wir uns schon mal auf etwas gefasst machen sollten. Im Dunkeln würden wir übrigens nie dorthin finden, da es zu abgelegen war, also würde er uns mit seinem Auto hinleiten.

Die Fahrt war tatsächlich abenteuerlich. Im ersten Gang keuchte unser Mietwagen im Dunkeln den Berg hinauf und nachdem wir die letzten Häuser von dem nächstgelegenen Ort Pontypool bereits ca. drei Kilometer hinter uns gelassen hatten, folgten noch mal ca. zwei Kilometer Feldweg mit Schlaglöchern so tief wie Loch Ness. Ingrid hatte mir schon gesagt, dass das Bed & Breakfast 35£ pro Nacht kosten und es sich um einen Bungalow neben dem Farmhouse handeln würde. Meine Erwartungen waren aufgrund des Preises nicht gerade hoch und ich erwartete eigentlich einen besseren Trailer, hatte für Mimi und mich extra warme Sweatshirts für die Nacht eingepackt, man weiß ja nie...

Von außen sah das Ganze auch in der Realität (und im Dunkeln) relativ unspektakulär aus, aber als wir die Tyshon Jakob Ranch betraten, waren wir begeistert! Alles war traditionell und liebevoll eingerichtet. Nein, das ist eigentlich fast eine Untertreibung. Unser „Family Room" war riesig und beinhaltete ein Doppelbett und zwei Einzelbetten mit zahlreichen Kissen und dicken Steppüberwürfen, so dass wir zunächst fast glaubten, dass wir alle in diesem einen Zimmer untergebracht sein würden. Aber nein, eines der plüschigen Einzelbetten war für Mimi bestimmt, das andere würde leer bleiben, da Ingrid und Bobby das, nicht weniger schöne, Nachbarzimmer bezogen. Mimis erste Reaktion beim Betreten unseres Zimmers war: „Hier sieht es aus wie in einem Schloss! Hier muss mal ein Prinz gewohnt haben!"

Von unserer Sitzgruppe, bestehend aus zwei Chesterfield-Ledersofas am anderen Ende unseres „Family Rooms", konnte man auf die riesige Holzterrasse (die nur zu unserem Zimmer gehörte) und das darunter liegende Tal schauen. Unser Badezimmer hatte nicht nur goldene Wasserhähne, sondern auch noch eine Badewanne, von der man direkt auf die Pferdekoppel neben dem Häuschen schauen konnte, was wir am nächsten Morgen natürlich gleich ausführlich ausprobierten. Das führte zwar dazu, dass der Rest der Familie kalt duschen musste, aber man gönnt sich ja sonst nichts.

Das Frühstück war in unserem Zimmerpreis enthalten und erwartete uns am nächsten Morgen, im Frühstücksraum mit verschnörkelten, mit Samt bezogenen Stühlen, als üppiges Buffet mit allem, was man so für einen guten Start in den Tag braucht. Jens und ich luden uns die goldenen (!!!) Teller voll. Alles nur vom Feinsten!

Irgendwann, während wir aßen, unterbrach uns Ingrid und sagte: „Ihr wisst aber, dass das Frühstück gleich noch kommt oder?" Wie, was? „Frühstück ist doch schon da", dachten wir. Und dann kam Agneta, unsere schwedische Wirtin, schon mit einem großen Tablett voll Spiegeleier, Würstchen, Speck, Lavabread usw. um die Ecke. Ach ja, ich hatte mich tatsächlich schon gewundert, dass das große Buffet keine Eier bereithielt. Hungrig wurden wir erst gegen Abend…

Da wir in unserem Zimmer auch einen alten Kaminofen hatten, fragen wir Agneta noch beim Frühstück, ob wir diesen abends anheizen dürften, Holz lag ja da. Sie fragte uns freundlich, wann wir abends ungefähr nach Hause kommen würden und meinte, dann würde ein gemütliches Feuer auf uns warten. Herrlich…Neben unserem Zimmer haben wir natürlich noch einiges von Wales gesehen. Ich wollte jetzt auch gar nicht so lange ins Schwärmen kommen, aber es war wirklich toll dort!

In Cwmbran trafen wir uns an unserem ersten Abend mit Bobbys gesamter Waliser Familie in einem Pub, redeten viel, lachten, tranken Guinness und aßen Steak aus brutzelnden, gusseisernen Pfannen. Beim ersten Marsch durch Cwmbran wurde für Mimi eigens von der Familie ein Buggy angeschafft, damit das arme Kind nicht laufen musste. Sie ließ sich seitdem bei jedem unserer Ausflüge durch die Straßen chauffieren. In Wales Hauptstadt Cardiff verbrachten wir einen ganzen Tag, schauten uns, immer mit der Waliser Familie im Gepäck, die Cardiff Concert Hall und das Regierungsgebäude an, sowie das Schloss, den Hafen und das Fußballstadion.

Und natürlich das Mini-Stonehenge, das ja vor Jahrtausenden von den Römern an die Waliser verschenkt wurde und so weiter und so fort...aber Moment mal, hatte Stonehenge nicht irgendwas mit Druiden zu tun? Fast hätten wir es geglaubt, wenn Bobby und Marc bei diesem ausführlichen, historischen Einblick nicht irgendwann doch noch ins Lachen gekommen wären...

Mimi genoss es, nun doch noch die ganzen komisch sprechenden Menschen um sich zu haben und adoptierte Bobbys Schwägerin Kim bald als Ersatz-Oma. Kim schob sie im Buddgy durch die Gegend, hatte immer etwas zu naschen oder zu trinken dabei und schenkte Mimi zudem in Cardiffs Innenstadt auch noch die ein oder andere Kleinigkeit. Für uns war das natürlich auch unheimlich komfortabel!

Die Küste wollten wir natürlich auch noch sehen und machten uns an unserem letzten vollen Tag auf den Weg nach Swansea und „The Mumbles". Dort spazierten wir lange am Strand entlang (das Meer hatte sich ja erst einmal für mehrere Stunden davon gemacht).

Mimi maulte zwar zunächst etwas (tja, Buggys fahren im Sand nicht so super), war dann aber mit Feuereifer dabei, unter den unzähligen Muscheln am Strand die Schönsten herauszusuchen. Ich habe wirklich noch nie so viele Muscheln an einem Strand gesehen! Ein anschließender Spielplatzbesuch stimmte Mimi dann noch gnädiger und schließlich kehrten wir im „The Junction", einem kleinen Café am Strand ein und wärmten uns mit heißem Kakao, in dem Mashmallows schwammen, wieder auf.

„The Mumbles" ist ein niedliches, kleines Bergbau-Örtchen in der Swansea Bay, das an einen Berg gebaut ist, auf dessen Anhöhe eine alte Burgruine steht. Hier schlenderten wir ein wenig durch die Straßen mit ihren kleinen, alten Geschäften, bevor wir wieder Richtung Cwmbran aufbrachen, denn an unserem letzten Abend wollte Kim für uns kochen.

Gut, dass sich die Familie schon daran gewöhnt hatte, dass die deutschen Verwandten nicht gerade leuchtende Beispiele der deutschen Pünktlichkeit sind. Zuuuufällig kamen wir auf dem Rückweg noch an einem Outlet vorbei und konnten einfach nicht daran vorbei fahren. Natürlich kauften wir nicht nur Klamotten (für unsere dicken Bäuche) und Schuhe (für unsere breiten Füße), sondern auch britischen Tee, so dass man uns nicht vorwerfen kann, dass wir sämtliches kulturelles Interesse plötzlich über Bord geworfen hatten.

Aber natürlich kamen wir zu spät zum Essen und saßen zur Strafe allein am Esstisch, denn die Waliser Verwandten waren bereits seit einiger Zeit fertig.

Als wir zurück auf „unsere Alm" kamen, waren wie immer in unseren Zimmern die kleinen Lampen auf den Fenstersimsen an und das Feuer in unserem Zimmer fackelte gemütlich. Man kann sich wirklich schnell an den kleinen Luxus gewöhnen! Auch an die Häschen, die im Dunkeln zuhauf über den Feldweg hoppelten, wenn wir heim kamen. Und natürlich an die netten und kinderfreundlichen Einheimischen. Hühner fanden wir in unseren Zimmern allerdings bis zuletzt nicht!

2015 Rhodos im Reeeeegeeen

Schon Tage vor unserer Abreise auf die schöne Insel Rhodos sang Jens Vater, unser Opa Werner, nahezu ununterbrochen den alten Udo Jürgens Schlager "Rhodos im Regen", worauf Mimi entgegnete, dass das ein schlechtes Omen wäre und sie ab jetzt nur noch „Fischbeck (sein Wohnort) im Regen" singen würde, wenn er nicht augenblicklich damit aufhören würde.

Am Flughafen waren wir mal wieder die Letzten. Der Check-In war eigentlich bereits geschlossen und musste extra für uns noch einmal geöffnet werden. Und zu allem Überfluss wurde dann noch unsere, extra für den ersten Urlaub mit unserem kleinen Mads erworbene, "Kinderwagenschuckelmaschine" (ja, so etwas gibt es tatsächlich!) einem ausgiebigen Sprengstofftest unterzogen. Ein Stoffesel, in dem sich ein Plastikkasten mit 4 dicken Batterien befindet, war wohl doch etwas zu verdächtig. Zumal keiner der Mitarbeiter sowas schon mal gesehen hatte.

Also rannten wir zum Boarding und ich kramte im Lauf nach den Bordkarten. Fand sie natürlich nicht sofort, wurde dann aber von einer netten Stewardess gleich durchgewunken mit den Worten: "Nein, los, laufen Sie! Brauchen wir nicht!". Vielleicht kennt man uns mittlerweile schon...

Bei unserer Ankunft auf der Insel war es trotz Opas Dauergesang wunderbar sonnig und schön warm. Es war auch nicht zu heiß, wie unsere lieben Verwandten befürchtet hatten: "Oh mein Gott, mit einem 5 Monate alten Baby...müsst ihr da unbedingt schon fliegen? Und dann die Hitze in Griechenland im August..."

Mads überstand den Flug super! In einem der eingehängten Babybettchen in der ersten Reihe schlief er eigentlich fast pausenlos (wenn er nicht gerade Hunger hatte) und auch wenn er wach war, erfreute er sich bester Laune. Ein Reisekind wie seine Schwester eben!

Unser Hotel, das La Marquise ist, ein Pauschalhotel, wie wir sie eigentlich nicht so gern mögen, aber immerhin kein "Bunker", wie einige Hotels in der Nachbarschaft. Für unseren ersten Urlaub zu viert wollten wir es erst einmal langsam angehen lassen und uns nicht gleich mit einer Machete durch den Dschungel kämpfen.

Das Hotel war klasse angelegt. Viele kleine Häuschen und ein Pool, der sich wie ein Kanal durch das Areal schlängelte, so dass jedes

Erdgeschosszimmer einen Poolzugang direkt an der eigenen Terrasse hatte. Und die Zimmer... Mia betrat das Zimmer zum ersten Mal und sagte: "Wow, Mama! Sind wir etwa reich???" Also die Zimmer waren wohl auch super!

Dass man vom Zimmer direkt in den Pool springen konnte, hatte zur Folge, dass Mia morgens nach dem Frühstück vorne zum Zimmer hineinging, sich im Laufen ihre Kleider vom Leib riss und dann hinter unserer Terrasse nur noch ein lautes "Platsch" zu vernehmen war. Sie fand es großartig!!! Und ihr Bruder lag den ganzen Tag entspannt auf seiner Krabbeldecke und sah von dort aus dem Treiben zu. Ab und zu nahmen wir ihn mit seinem kleinen Schwimmreifen mit ins Wasser und er paddelte fröhlich mit. Das hatte an den ersten Abenden zur Folge, dass beide Kinder das Abendessen nicht mehr wach überstanden und wir nun Mia in den Kinderwagen hievten und Mads zum Zimmer zurück trugen. Unsere israelischen Zimmernachbarn fanden es super, grüßten mit Bier von ihrer Terrasse und riefen lachend: "Good solution!".

Urlaub mit kleinen Kindern ist immer ein Abenteuer, auch wenn man pauschal in Griechenland ist. Mia und ihre Urlaubsbekanntschaften Jule aus Deutschland, Mika aus Israel und Vivika aus Frankreich machten den Pool im Schlauchboot unserer Nachbarn unsicher. Mit Vivikas und Jules Eltern verstanden auch wir uns super und verbrachten einige Cocktailabende zusammen. Es ist immer entspannend für die Eltern, wenn Kinder im Urlaub Freunde finden! Mads hingegen war noch klein und mit sich selbst zufrieden. Er fiel frisch eingecremt von einer Liege am Strand und war paniert wie ein Schnitzel, auch nahm bei seinem ersten Bad im Meer erstmal einen großen Schluck Salzwasser. Aber alle das störte ihn nicht weiter.

Auf einer kleinen Bootstour zur Anthony-Quinn-Bucht und einigen anderen schönen Schnorchelspots mit "Alkyoni Cruises" auf einem schönen Holz Boot war Mads der Star an Bord. Eine Dame aus der Crew hatte uns netterweise angeboten, auf ihn aufzupassen, während wir im Wasser sind. Als ich zwischendurch mal zum Nachschauen aus dem Wasser kam, waren die beiden von einigen entzückten italienischen Touristinnen umringt, die ihn von allen Seiten betüddelten. Also alles Bestens!

Nach Rhodos Stadt konnte man von unserem Hotel für wenige Euro ohne Probleme mit dem öffentlichen Bus fahren. Wir verbrachten einen Tag in der wunderschönen Altstadt, ließen uns Gyros in einem kleinen, versteckten Restaurant mit Garten schmecken, litten ein bisschen unter der Hitze an diesem Tag (hinter unserem Hotel hatte zum selben Zeitpunkt der Wald angefangen zu brennen), aber hatten alles in allem viel Spaß.

Beim Abflug von Rhodos ist für Familien definitiv ein VIP CheckIn empfehlenswert. Der Flughafen ist die Hölle! Wir hatten erst das Gefühl unsere Reiseleiterin hätte uns mit diesem VIP-Gedöns nur extra Geld aus den Rippen leiern wollen, aber es war wirklich jeden Cent wert!!! Am CheckIn und den Sicherheitskontrollen standen Schlangen von Menschen bis hinaus auf die Mitte des Parkplatzes. Natürlich nicht gesittet hintereinander, sondern eher nach dem Vorbild „15jährige Mädchen auf dem Backstreet Boys Konzert" oder was die Jugend heute so hört (Justin Bieber?!). Wir aber wurden zu einem extra Schalter geführt, an dem unsere Bordkarten schon auf uns warteten und unser Gepäck seine Bändchen bekam. Dann wurden wir durch eine Seitentür in einen Raum mit einem extra Xray geführt, wo unsere Koffer kurz gescannt wurden. Danach verbrachten wir die restliche Wartezeit in der Lounge bei Gebäck und **Rho**secco. Herrlich!

Unser Flug gen Heimat hob mit 1 1/2 Stunden Verspätung ab. Die Schlangen im Flughafen waren so lang gewesen, dass es kaum ein Fluggast außer uns pünktlich zum Flieger geschafft hatte. Im Flieger lachten wir noch kurz über den Tag, an dem es tatsächlich einmal für eine halbe Stunde geregnet hatte und Mia im Pool auf Opas Singerei schimpfte, wie ein kleiner Rohrspatz!

2015 Diese eine Liebe...

Seit Jahren verschlägt es uns auch immer mal wieder auf die schöne Insel Sylt. Erst zu zweit, dann zu dritt (meist in Begleitung von meinem Vater Günter und meinem Bruder Malte) und nun das erste Mal zu viert.

Der Grund für unseren Aufenthalt war diesmal ein ganz Besonderer! Das wussten wir allerdings bis eine Woche vor unserer Abfahrt noch nicht. Bis dahin gingen wir davon aus, dass wir ein langes Wochenende mit Jens Schwester Marion und ihrem langjährigen Freund Micha auf der Insel verbringen würden. Plötzlich wurde uns offenbart, dass wir unsere schicken Sachen einpacken mussten, da die beiden dort heimlich heiraten wollten. Und das nach 20 Jahren Beziehung. Damit hatte nun wirklich keiner rechnen können. Aber nun hatten wir die Ehre, als einzige Gäste dabei zu sein!

Wie immer waren wir auf der Insel viel mit dem Fahrrad unterwegs. Für Mia hatten wir einen Fahrradsitz und Mads lag bequem in einem Babyanhänger. In der „Kupferkanne" aßen wir Berge von Kuchen und Waffeln bis wir fast platzten, lagen in der Nähe der „Buhne16" faul am Strand und hielten die Füße in die Nordsee (und Mads die Nase in den Sand). Im Restaurant „Blockhouse" verdrückten wir Steaks und frühstückten jeden Morgen "Rantumer" (Brötchen) in unserer Ferienwohnung im Haus Sabine.

In der Sylter Schokoladenmanufaktur gerieten Jens und Marion (die Experten für "den Bau" von Nachtischen aller Art) in einen Kaufrausch und Mia plünderte die Kekse für den kostenlosen Schokoladenbrunnen. Dort kauften wir auch die tollen Schokoküsse, die statt einem Waffelboden einen Marzipanboden haben. (Hier ist allerdings Vorsicht geboten, denn mehr als einen sollte man wirklich nicht essen! Es kann einem sehr schlecht werden, wenn man es mit den köstlichen Dingern übertreibt!). Es war ein herrliches, langes Wochenende und unser Mads, der gerade noch von einer Grippe mit 40°C Fieber geplagt wurde, erholte sich langsam in der guten Nordseeluft.

Die Hochzeit fand im Hörnumer Leuchtturm statt. Da Kinder nicht auf den Leuchtturm durften, mussten wir vier unten auf das Brautpaar warten, was uns Zeit gab, das Hochzeitsauto von oben bis unten mit Luftballons, Girlanden und dem obligatorischen "Just Married" - Schild zu schmücken. Mimi hatte ihre wahre Freude.

Das Schönste an diesem Tag war allerdings unsere kleine "Feier" am Strand. Zwar wurden auf dem Weg dorthin Marion und Jens mehrfach zu ihrem Schritt beglückwünscht (Micha heiratete in Jeans und Sakko, während Jens seinen besten Anzug trug und man ihn anscheinend deshalb immer wieder für den Bräutigam hielt). Wir tranken Champagner am Strand und dank eines Kuchens, den wir noch von einem der Vortage irgendwo im Rucksack fanden („Gut und günstig Zitronenkuchen", originalverpackt, aber etwas angeditscht), gab es sogar eine "Hochzeitstorte". Wir bestanden darauf, dass Marion und Micha den guten Kuchen offiziell anschnitten und lachten uns dabei kringelig (mag auch am Champagner gelegen haben). Mads schlief im Kinderwagen, Mia hatte sich ihrem kleinen Brautjungfernkleid entledigt und tanzte in Unterwäsche mit den Füßen durch das Wasser, Jens und Micha machten einen Spaziergang am Strand und fanden uns Frauen danach in bester Laune (und mit leerer Champagnerflasche) wieder.

Das Wetter spielte auch mit. Wir hatten unheimliches Glück, da es Anfang Oktober und trotzdem mit um die 20°C und Sonnenschein ungewöhnlich schön und beständig auf Sylt war. Es war sogar so schön, dass Oma Allo später beim Anblick der Hochzeitsfotos bemängelte, dass der Himmel ihr zu blau und damit unnatürlich aussähe.

Sicherlich werden wir den kleinen Sylt Urlaub und unsere kleine Privatfeier am Strand nicht so schnell vergessen. Hat es uns doch besser gefallen, als auf so mancher teuren, großen Hochzeitsfeier!

2016 Transatlantik Überfahrt

Natürlich sollte nicht nur Mia damals schnell in den Genuss einer Fernreise mit ihren Eltern kommen, sondern auch unser kleiner Mads. Er war nicht ganz ein Jahr alt, als es uns wieder auf eine Fernreise zog. Auch nicht ganz ohne Augenmaß, denn Mia war fast sechs Jahre alt und dies wäre vielleicht unsere letzte Chance noch einmal die günstigen Preise und die Leere außerhalb der Ferien zu genießen. Zufällig fand ich bei ausgiebigen Recherchen im Internet ein Angebot für eine Karibikrundfahrt mit Atlantiküberquerung mit der AIDA. Problem war: Der günstige Preis resultierte daraus, dass es bereits in wenigen Tagen losgehen sollte und es zudem auch keine passenden Flüge mehr gab. Also suchte ich nach Flügen, die ein paar Tage vorher gingen, suchte nach Transfers und einem schönen Hotel in der Dominikanischen Republik und baute uns so zu einem sehr günstigen Preis eine fast dreiwöchige Karibiktour zusammen.

Etappe 1: Die Reisekinder und der Traumstrand

Wer schon einmal in Punta Cana in der Dominikanischen Republik gelandet ist, weiß, dass man dort sofort in Urlaubsstimmung kommt. Allein das Flughafengebäude, eigentlich nur eine mit Palmblättern gedeckte Bambushütte, scheint einem schon sagen zu wollen: „So, jetzt kann der Urlaub los gehen!".

Ein netter Kofferträger gabelte uns gleich auf und wuchtete unser Gepäck mit dem Ausmaß eines Studentenumzugs auf eine Sackkarre. Es waren wirklich gut investierte 2$, denn als wir kurz vor dem Ausgang noch an einen Security Check kamen, winkte er bloß ab und sagte: „Alemán!" zu den Kollegen von der Security und zack waren wir draußen. Unser vorgebuchtes Shuttle von Holiday Taxis brachte uns über eine Autobahn nach Bayahibe. Und da war es, dieses Gefühl endlich wieder ganz weit weg von Zuhause zu sein, als wir einen Mann überholten, der mit einem Esel auf dem Standstreifen ritt. Andere versuchten, ihre Kühe daran zu hindern auf die Autobahn zu laufen oder ritten zu Pferd auf dem Mittelstreifen. Schade, dass die Kinder da schon tief und fest an uns gekuschelt schliefen.

Die ersten vier Tage unserer Reise verbrachten wir im Hotel Catalonia Gran Dominicus. Wir waren alle erst einmal k.o., waren wir doch morgens um vier Uhr los gefahren. Bei unserer Ankunft im Hotel war es bereits 18 Uhr lokale Zeit (also 0 Uhr deutsche Zeit). Nun entspannten wir erst einmal komplett, lagen noch am ersten Abend im weißen Karibiksand am Strand von Bayahibe, aßen in den leckeren Restaurants auf dem Hotelgelände (das Carpaccio beim Italiener am Strand...mhmmm...) und die Kinder tobten durch das glasklare Meer oder wahlweise auch mal den Pool. Untergebracht waren wir in der Villa Pedernales, in einem einfach gehaltenen, großen Zimmer mit einem modernen Bad. Alle anderen Gebäude des Hotels waren, wie der Flughafen, offene Bambushütten mit Palmdächern. Es war herrlich!

Besonders das Restaurant am Strand war toll. Es hat lediglich ein Dach und die weißen Vorhänge wehten leicht im Wind, als wir dort, pünktlich zum Sonnenuntergang, aßen. Wir konnten das Meer sehen und hören. Jeden Abend schliefen die Kinder beim Essen ein (die Zeitumstellung) und wir fuhren Mia in der alten Rhodos-Taktik in Mads Karre ins Zimmer und trugen das schlafende Baby nebenher.

Mads jauchzte richtig, als er mit Schwimmflügeln neben uns durch die karibische See paddelte, während Mia durch die Wellen sprang, hin und wieder überrollt wurde und lachend wieder aufstand. Ich sah den beiden zu und dachte, dass wir wieder einmal alles richtig gemacht hatten und uns nicht durch den zwölf Stunden Flug hatten abschrecken lassen. Nachdem das Gerangel um Eimer und Schaufeln auch ausgestanden war (schlaue Eltern haben jedes Teil doppelt dabei), spielten unsere Kinder sogar harmonisch zusammen im Sand bzw. Mia baute etwas und Mads haute mit der Schaufel drauf. Gott sei Dank war das mittlerweile zu einem Spiel geworden und brachte keine Tränen mehr mit sich. Zwischendurch ging ich mit Mia auf Erkundungstour mit der Kamera. Wir gingen am öffentlichen Strand spazieren und den kleinen Steg entlang und konnten uns gar nicht satt sehen, so türkis war das Meer und so schön wehten die Palmen seicht im Wind.

Am letzten Tag wurden die Palmen im großen Garten gestutzt und einer der Gärtner schenkte Mia eine Kokosnuss, die er für sie mit seiner Machete köpfte, damit sie daraus trinken konnte. Mia war überwältigt und erzählte jedem, der es hören wollte, dass ihr ein Mann eine Kokosnuss mit einem großen Schwert geöffnet hatte. Wir tranken die Kokosnuss am Strand im Schatten der Palmen und saßen abends noch etwas wehmütig auf der Terrasse unseres Zimmers. Hätten wir doch noch ewig dort bleiben können!

Den Vormittag unserer Abreise verbrachten wir am Pool und beobachteten die Kinder. Macs übte im flachen Wasser laufen. Er kam mit den Füßen auf den Boden und wurde oben von seinen Schwimmflügeln getragen. Und Mia spielte im tieferen Wasser irgendetwas Geheimes mit Meerjungfrauen („Ihr dürft mir nicht zuhören!").

Robert mit seiner Familie aus München, die wir im Hotel kennengelernt hatten, kam an unserer Liege vorbei, um sich von uns zu verabschieden, da sie heute auschecken und mit der AIDA weiterfahren würden. Wir lachten und sagten: „Na, dann sehen wir uns ja heute Abend am Buffet!".

Etappe 2: Zimmer mit Aussicht

Das eigentliche Ziel unserer Reise habe ich ja noch gar nicht verraten. Das Hotel in Bayahibe war prinzipiell nur ein kleiner Teil von dem, was wir geplant hatten. Frei nach dem Motto: „Der Weg ist das Ziel" wollten wir ab La Romana mit der AIDA noch ein paar karibische Inseln ansteuern und mit dem Schiff über den Atlantik zurück fahren, um dann von den Kanaren aus nach Hause zu fliegen. Diese Reise hatte zwei Vorteile: zum einen hatten wir das Ganze erst fünf Tage vor Abflug in Deutschland gebucht und damit ein super Schnäppchen gemacht (Balkonkabine für rund 750€ pro Erwachsenem, Kinder kostenlos) und zum zweiten würden wir nur einen langen Flug haben und zurück bequem von Teneriffa direkt nach Hannover fliegen können.

Die erste Überraschung erwartete uns kurz nach dem Einzug in unsere Kabine an Bord. Denn Robert aus München steckte seinen Kopf am Sichtschutz vorbei. Die Münchner hatten tatsächlich (zumindest vorerst) die Kabine direkt neben uns. Perfekt für Jens, dass Robert Bayern Fan ist und die beiden sich nun schon einmal den Kopf zerbrechen konnten, ob das Champions League Viertelfinale denn an Bord übertragen werden würde oder nicht.

Als das Schiff ablegte und Enya mit „Orinoko Bay" ertönte, bekam ich Gänsehaut. Vor ziemlich genau drei Jahren starteten wir unser letztes Karibikabenteuer aus genau diesem Hafen und fuhren genau an diesen Felsen vorbei. Jens und ich saßen auf dem Balkon, die Kinder schliefen selig in der Kabine und wir stießen mit einem Glas Wein auf den nächsten Teil unserer Reise an.

Etappe 3: Seeehr entspannt auf St. Kitts

Von St. Kitts hatte ich vor unserer Reise noch nie etwas gehört, dachte ich, als ich morgens die Balkontür öffnete und meinen Blick über den Hafen schweifen ließ. Die Inselbewohner begrüßten uns in der Hauptstadt Basseterre mit einer Art karibischem Musikcorps und Jens tanzte mit Mia dazu.

Ein Taxi war nicht schwer zu finden und so fuhr Taxifahrer James uns und die Barsinghausener Familie, mit der wir uns am Vorabend verabredet hatten, über die Insel. An der schmalsten Stelle der Insel gibt es einen Aussichtspunkt auf einem der kleinen Berge, von dem aus man fast bis zur Südspitze gucken kann. Hier hielten wir kurz und genossen die Aussicht, bis es weiter an den Cockleshell Beach ging. Der Strand war herrlich! Jede Menge Muscheln und Korallen waren im Sand zu finden, so dass Mia erst einmal auf Sammeltour gehen musste. Mads konnte es hingegen gar nicht erwarten, endlich seine Schwimmflügel an zu bekommen, musste aber zunächst noch eine Banane verspeisen. Gut, dass er kurz vor dem Urlaub aufgehört hatte, tagsüber Milch zu trinken. Das wäre bei unseren Ausflügen sicherlich ein logistisches Problem geworden. So ernährte er sich im Urlaub hauptsächlich von Bananen, Brötchen, Kartoffelbrei und (ich sag es ja nur ungern) Pommes.

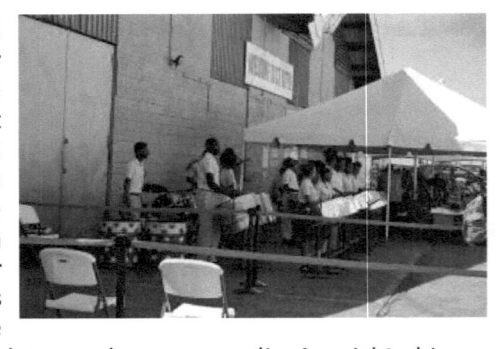

Von der Cockleshell Bucht aus konnte man die Nachbarinsel Nevis sehen, in deren Bergspitze sich die Wolken verfingen. Neben Touristen waren auch einige Einheimische im Wasser, was immer ein gutes Zeichen ist. Der Strand war fernab von allem und wir ließen uns vor einer kleinen, bunten Bude nieder, in der Rasta Männer Getränke verkauften. Jenny und ich bestellten Rumpunsch und ich scherzte: „To relax from the kids!", woraufhin der Rasta Mann hinter der Bar mich angrinste, den Inhalt ein paar weiterer Fläschchen in den Drink kippte und dann auch noch etwas Festes, Undefinierbares hineinrebelte. Der Punsch war „very strong", verfehlte seine Wirkung nicht (wir waren danach seeehr entspannt) und wir hofften inständig, dass das krümelige Zeug, das in unserem Punsch schwamm, Muskatnuss oder ähnliches war.

Während wir relaxten, suchten die Männer nach etwas mehr Action und liehen sich Jetskis aus. Ich musste kurz zum Übersetzen mitkommen und kam mit der Frau, die im Verleih arbeitete etwas ins Gespräch. Ich bewunderte ihren wunderschönen Strand und merkte dann nur an: „…if there just weren't so many tourists…". Sie grinste etwas ertappt, zuckte dann aber mit den Schultern und sagte: „You know, everyone needs everyone!". Recht hatte sie natürlich! Die Jetskis waren schon etwas mitgenommen, zumindest musste der, den Jens bekommen sollte, zunächst einmal aufgebockt werden, damit das ganze Meerwasser aus einem klaffenden Loch an der hinteren Seite lief. Aber die beiden hatten ihren Spaß und Jens, der zum ersten Mal mit so einem Ding unterwegs war, wäre am liebsten gleich noch einmal los gefahren.

Unser Taxifahrer James holte uns auf die Minute pünktlich wieder am Strand ab. Meinetwegen hätte er sich gern etwas verspäten können!

Dieses Mal lagen wir ganz dekadent mit Cocktails im Whirlpool an Deck, als das Schiff im Sonnenuntergang ablegte und die Insel hinter uns immer kleiner wurde.

Etappe 4: Martinique oder „Vive la France!"

In Fort-de-France betraten wir zwischenzeitlich mal europäischen Boden inklusive € als Währung. Für 7€ (Roundtrip) fuhren wir und die Barsinghausener mit einer kleinen Fähre direkt neben dem Cruise Dock hinüber nach Anse d'Mitan, einem netten, kleinen Badeort direkt auf der anderen Seite der Bucht. An Bord der Fähre war es brütend heiß und wir sehnten uns nach einer Abkühlung im glasklaren Meer. Vor einem kleinen Hotel fanden wir Schatten unter zwei demolierten Sonnenschirmen, die ich einer Liegenverleiherin mit gebrochenem Französisch aus den Rippen leierte (und sie sich anscheinend auch, da sie aussahen, als hätten sie die letzten 10 Jahre in der hintersten Ecke ihres Schuppens gestanden). So konnten die Kinder im Schatten im Sand buddeln.

Es war, wie gesagt, sehr heiß an diesem Tag und so verbrachten wir ihn fast komplett im Meer mit Blick auf Fort-de-France und das wilde Treiben im Hafen in der Ferne, in dem Segelboote, Fähren und Fischerboote hin und her fuhren. Die Kinder der Einheimischen planschten im Meer neben unseren Kindern und mich erinnerte diese ganze Bucht extrem an unseren Aufenthalt in Honduras vor drei Jahren. Die Bucht und das ganze Flair waren sehr ähnlich!

Als wir auf die Fähre zurück zum Hafen warteten (was eine längere Wartezeit bedeutete, denn eine kam zwischendurch leider nicht), sprangen die Jugendlichen des Ortes vom Fähranleger ins Wasser, machten dabei Salti und andere Kunststücke oder zogen einfach nur die Mädchen ins Wasser, die sich spielerisch wehrten. Jens konnte natürlich auch nicht anders und sprang ebenfalls. Mia war begeistert und wollte sofort, dass Papa noch einmal springt!

Etappe 5: Die Flut von Barbados

„Ich muss den Crane Beach sehen", denke ich. Der Crane Beach soll einer der Top 10 Strände in der Karibik sein. Nur die Taxifahrer in Bridgetown auf Barbados sind leider nicht sehr kooperativ. Sie wollen viel Geld und am besten auch noch, dass jedes unserer Kinder (wir sind wieder mit den Barsinghausenern Jenny, Benny und ihrer Tochter Amy unterwegs) auch noch voll bezahlt. Wir verhandeln und als alles nichts hilft, gehen wir ein paar Schritte und schon kommt der nächste Taxifahrer auf uns zu und bietet uns eine Tour zum Crane Beach und danach zum Carlisle Beach für 25$ (Kinder frei) an. Wir schlagen zu und brausen über die Insel, vorbei an kleinen, bunten Hütten und schier endlosen Zuckerrohrplantagen.

Der Weg zum Crane Beach ist schon ein kleines Abenteuer und am Ende muss man an einer Felsklippe entlangklettern (es sind aber in Sprungweite immer Betonplatten eingelassen), an der links von einem die Brandung hoch peitscht. Ich mache mir etwas Sorgen um die Kinder, aber Mia hopst fröhlich von Platte zu Platte und Mads bekommt von all dem überhaupt nichts mit, da er auf Jens Arm tief und fest schläft. Der Strand ist wirklich schön, eingerahmt von hohen Felswänden und auf der linken Seite befindet sich das Crane Beach Hotel auf einer der Klippen. Hinter dem Strand wehen Palmen im Wind. Leider ist es etwas bewölkt, also muss man alles erst einmal auf sich wirken lassen.

Der Crane Beach liegt an der Atlantikküste von Barbados und der Wellengang ist demnach nicht zu unterschätzen. Wir legen unsere Sachen am Strand in sicherer Weite zum Meer ab und erkunden den Strand. Mia und ich stürzen uns gleich in die Wellen bzw. gehen Wadentief ins Wasser und werden dennoch von den hohen Wellen umgerissen.

Als wir herauskommen, sind wir etwas verwundert, denn Jens und Jenny halten all unsere Sachen (und die Babys!) hoch, die alle triefnass sind. Wir hatten wirklich Glück, denn eine Welle ist tatsächlich soweit an den Strand gekommen, dass sie mein Kleid, unseren Rucksack und vor allem Mads & Amy ins Meer gezogen hat. Gott sei Dank hat Jenny eine bemerkenswerte Reaktion und sich als Erstes auf die Kinder gestürzt, sonst wären sie wohl auf

Nimmerwiedersehen in den Fluten verschwunden. Vor Ort schlug mir das Herz bis zum Hals.

Am Carlisle Beach soll alles wieder vollkommen entspannt zu gehen. Mal abgesehen davon, dass unser Taxifahrer plötzlich weitere 5$ für die Rückfahrt zum Hafen nehmen will und Jenny und ich daher zahlreiche andere Taxifahrer „aufreißen" und mit ihnen verhandeln, war es hier herrlich. Wieder liegen wir vor zwei kleinen Holzbuden mit Getränken und leihen uns für die Kinder Sonnenschirme für 5$ (die allerdings nie jemand einfordert). Das Meer hat Badewannentemperatur und ist nun wirklich keine Abkühlung, aber wie immer türkis und glasklar und vor allem wellenfrei. Daher dürfen alle wieder unbehelligt planschen!

Etappe 6: Die Atlantiküberfahrt oder „Wir lagen vor Madagaskar"

„Das nächste Land hier ist der Meeresboden in 8km Entfernung", berichtet der 3. Wachoffizier von der Brücke zwischenzeitlich und einem wird klar: „Jetzt sind wir mitten auf dem Atlantik!". Sechs Tage dauert unsere Überfahrt von Barbados nach Gran Canaria, aber gegen alle Unkenrufe kommt Gott sei Dank keine Langeweile auf und das Wetter spielt auch mit. Dafür haben wir zwischenzeitlich so starken Seegang, dass man aus einem Fenster im „Marktrestaurant" mal nur komplett Meer und mal nur komplett Himmel sieht. Dennoch wird keiner von uns Seekrank oder bekommt anderweitige Probleme.

Die Abende verbringen wir meist auf unserem Balkon und schauen bei einem Glas Wein auf die schaumigen Wellen. Einmal streuen wir für unsere kleine Ida Blüten ins Meer und sehen zu, wie sie in der endlosen Dunkelheit verschwinden. Oft sitzen wir auch mit den anderen auf der Terrasse eines der Restaurants oder trinken Cocktails auf einer Poolparty.

Und natürlich werden auch die Champions League Spiele an Deck übertragen, so dass Jens und Robert (und anscheinend sämtliche Männer des Schiffes) sich zum Public Viewing in der Bar versammeln können. Als Mia und ich die Bar an einem dieser Abende betreten, scherze ich mit einer Frau, die gleichzeitig ankommt, dass man, sollte man einen Mann brauchen, doch hier definitiv fündig werden müsste.

Tagsüber sind wir meist am Pool auf dem obersten Deck (und schwappen bei starkem Wellengang im Wasser hin und her, wie in einem Wellenbad, juchu) oder am Kinderpool am Heck des Schiffes. Mads krabbelt umher, spielt mit dem dort vorhandenen Spielzeug oder springt mit seinen Schwimmflügelchen in den 30cm tiefen Pool. Mia geht ab und zu in den schiffeigenen Kids Club, bastelt dort oder probt für eine geheime Aufführung. Einen Abend auf See werden wir dann aufgeklärt, dass die Kinder auf der großen Bühne in der Mitte des Schiffes etwas vorführen werden. Mia ist stolz ohne Ende, als der „Dschungeltanz" vorbei ist und sie sich am nächsten Morgen auch noch im Bord-TV sieht.

Und dann, eines Tages nach seinem Mittagsschläfchen in der Kabine, steht Mads an eine Kabinenwand gelehnt, dreht sich um und läuft mir direkt in die Arme. Jens und ich jubeln und sind überglücklich! Er läuft!!! Und wer kann schon von sich behaupten mitten auf dem Atlantik das Laufen gelernt zu haben...

Hin und wieder hat unser Schiff auch Begleiter auf seiner Überfahrt, so gesellt sich einen Tag ein Wal zu uns und wir können von der Reling aus beobachten, wie er Wasserfontainen in die Luft schießt. Einen anderen Tag verfolgt uns eine ganze Delphinschule über mehrere Stunden und fliegende Fische springen auch hin und wieder mal neben dem Schiff her.

Jede Nacht wird die Zeit um eine Stunde vor gestellt, so sind Jens und ich irgendwann abends auf dem Balkon nicht mehr allein (Mia liegt dann bei uns in der Hängematte und erzählt uns ausgiebig von ihren Erlebnissen des Tages). Wir verpassen morgens nun öfter das Frühstück und gehen dafür Brunchen oder gleich zum Mittag. Auch nicht schlimm, da man mit so einer Vollverpflegung ja prinzipiell sowieso nur am Essen ist. Dafür bleibt es nun abends auch immer ein bisschen länger hell und so sehen wir beim Abendessen auf der Terrasse des „Weite Welt Restaurants" die schönsten Sonnenuntergänge.

Am sechsten Seetag fängt der dritte Wachoffizier von der Brücke bei seiner täglichen 13 Uhr Durchsage an „Wir lagen vor Madagaskar und hatten die Pest an Bord" zu singen. Wir schauen uns an, lachen und fragen uns, ob es doch langsam mal wieder Zeit wird irgendwo anzulegen.

Etappe 7: Verloren auf Gran Canaria

Auf Gran Canaria wollten wir unbedingt zu den Dünen von Maspalomas. Aber schnell kam die Ernüchterung. Avis am Hafen hatte leider keine Autos mehr zum Verleih anzubieten und die Taxifahrer wollten für Inselrundfahrten unverschämt viel Geld (für uns alle – nach Verhandlung – 180€ für 4 Stunden). Man merkte, dass wir nicht mehr in der entspannten (und günstigen) Karibik waren. Jens hatte nach einigem hin und her die zündende Idee: „Frag doch mal die Polizisten dort drüben, ob die eine Idee haben!". Denn was hat man schon im Kindergarten gelernt? Wenn du nicht weiter weißt, frag einen Polizisten.

Glücklicherweise sprach eine Polizistin aus der Gruppe Englisch (ich hatte schon Angst mit meinem krepeligen Spanisch weiterkommen zu müssen!). Sie zeigte auf den Taxistand und sagte zu mir: „Taxi no good, too expensive!". Ja, da hatte sie wohl recht! Sie erklärte uns, dass wir über einem unterirdischen Busbahnhof wären und theoretisch einen Bus nach Maspalomas nehmen könnten. Oder ob wir auch einen Mietwagen in Betracht ziehen würden. Ich erklärte ihr, dass es am Hafen leider keine Mietwagen mehr gab und es sonst auch unsere erste Wahl gewesen wäre. Daraufhin zückte sie ihr Handy und rief ihren Freund Raoul an, der in einer kleinen Autovermietung arbeitete. Sie hielt mir das Telefon hin und ich handelte mit Raoul ein Fahrzeug in Bulligröße für 8 Personen für 60€ den Tag aus. Die freundliche Polizistin erklärte uns noch den Weg zur Autovermietung, die etwas versteckt in einer der vielen Sträßchen von Las Palmas zu finden war. Dann sagte sie mir noch, dass und wir nicht denken sollten, dass sie von Raoul irgendeine Art Provision bekommen würde. Sie liebe einfach nur ihre Insel und wolle nicht, dass Touristen nicht wieder kommen, weil sie am Hafen von Taxifahrern ausgenommen werden würden. Obwohl ich sonst so misstrauisch bin, nahm ich ihr jedes Wort ab!

Die Autovermietung von Raoul hätten wir ohne polizeiliche Hilfe natürlich nie gefunden und selbst wenn, weiß ich nicht, ob wir es riskiert hätten, in dieser kleinen Butze ein Auto zu mieten. Auto Sansu hat nur ein sehr kleines Büro in der Straße Luis Morote 48. Raoul war umwerfend nett! So nett, dass es mich glatt doch ein wenig misstrauisch machte und ich ihn erst einmal mit Fragen wie „Is the insurance included?" oder „How much are the baby seats?" löcherte.

Aber es war ALLES inklusive, sogar die Kindersitze für Mads und Amy und eine Sitzschale für Mia. Das Fahrzeug holte er uns bis vor das Büro. Es war an allen Ecken mit Kratzern und Dellen übersäht, aber wir dachten uns, dass das ja sicherlich von Vorteil wäre, sollte durch uns irgendeine Macke dazu kommen. Aber...es hatte kein Navi. Benny fuhr, ich saß mit einer groben Touristenkarte von Gran Canaria auf dem Beifahrersitz und der Rest saß in den zwei Reihen hinter uns. Aus den kleinen Straßen der Innenstadt von Las Palmas mit ihren 1000 Einbahnstraßen herauszukommen, gestaltete sich etwas schwierig, aber mittels grandioser Navigation („Das Meer muss immer links sein!") schafften wir es schließlich auf eine Autovia und kamen auch tatsächlich in Maspalomas an.

Die meisten Ecken Gran Canarias reizten mich nicht besonders. Playa del Ingles z.B. war eigentlich nur eine Ansammlung von Hotelbunkern, allerdings mit einer ganz schönen Promenade. In Maspalomas spazierten wir am Leuchtturm vorbei, sahen zu wie Künstler virtuose Sandburgen bauten und aßen schließlich in einem kleinen Restaurant am Ende der Promenade, an der bereits ein kleiner Bretterweg Richtung Dünen führt. Ich aß Paella und sie war wirklich grandios!

Wir ließen uns am Strand nieder und hielten unsere Füße ins Wasser. So heiß wie der Sand war, meinte man fast, dabei ein Zischen hören zu können. Das Wasser war allerdings seeeehr kalt und leider nicht so schön klar wie auf den vorherigen Inseln. Mia und ich wanderten eine ganze Ecke am Strand entlang und erklommen eine Düne, auf der wir uns erst einmal nieder ließen. Ich ließ die weitläufige Dünenlandschaft auf mich wirken und musste unweigerlich an Jens und meinen ersten Urlaub auf Fuerteventura denken.

„Mama, warum sind hier eigentlich so viele nackte Menschen?!" sagte Mia schließlich etwas angewidert in die Stille hinein. Ich erklärte ihr, dass das hier so ist und man es FKK nennt. Mia sah mich an und bat mich inständig, dass ich mich doch aber bitte nicht ausziehen sollte, weil sie das „voll peinlich" fände. Das war nun ein Versprechen, das ich ihr gerne geben wollte, sagte ich schmunzelnd.

Die Rückfahrt...jaaaa...die Rückfahrt gestaltete sich etwas schwieriger. Bis nach Las Palmas war es prinzipiell kein Problem, bis dahin hatten wir uns nur einmal kurz verfahren und konnten das Ganze an einer Abfahrt der Autovia wieder gerade biegen. Auch hatten wir – eigentlich – einen guten Zeitpuffer eingebaut. Als wir dann nach Las Palmas kamen, hatten wir allerdings weder eine Karte, noch einen konkreten Plan, wie wir Raoul und seine kleine Verleihbutze wieder finden würden. Unsere Navigation beinhaltete lediglich: „Wenn wir das Schiff rechts sehen, müssen wir irgendwo links rein". Wir fuhren nach Las Palmas hinein und orientierten uns zunächst einmal an allen Schildern, die uns zum „Puerto de la Luz" führten. Irgendwann, wir hatten noch eine Stunde zum Borden, kam auf der rechten Seite tatsächlich die Aida in Sicht und noch bevor ich: „Jetzt müssen wir links rein!" sagen konnte, tauchte die mehrspurige Straße in eine Unterführung ein. Als wir wieder hoch kamen, lag das Schiff bereits hinter uns und wir versuchten verzweifelt irgendwie links in die kleinen Sträßchen zu gelangen. Hier und da noch Einbahnstraßen und sogar zwischen den kleinen Sträßchen noch Unterführungen. Langsam stand mir der Schweiß etwas auf der Stirn und man merkte auch den anderen im Auto an, dass die Stimmung angespannter wurde.

Noch 45 Minuten bis zum finalen Borden. Ich fragte einen Taxifahrer nach dem Weg und trotzdem gelangten wir über eine Einbahnstraße wieder genau dahin, wo wir nicht hin wollten. Und dann plötzlich hatte ich eine Eingebung, lotste Benny nach links, nach links und nach zwei Straßen nach rechts und mit Blick auf den Stadtstrand von Las Palmas tauchte Sansu Autos wie aus dem Nichts auf der rechten Seite auf. Ein Aufatmen ging durch den Wagen!

Raoul war immer noch unheimlich nett, nahm uns den Wagen ab, kontrollierte noch nicht einmal, ob wir getankt hatten (hatten wir natürlich!), und bat uns sogar an, uns zum Hafen zurück zu fahren. Wir bedankten uns herzlich bei ihm, beschlossen aber in Ruhe zu Fuß zurück zu gehen. Ein paar Minuten hatten wir ja noch, bevor wir an Bord sein mussten und etwas frische Luft würde jetzt gut tun.

Etappe 8: Mit Kanonen auf Spatzen

Nach dem kleinen Nervenkitzel am gestrigen Tage, beschlossen wir, es heute auf Lanzarote ruhiger angehen zu lassen und strichen den Ausflug auf den Vulkan, den ich gern gemacht hätte, von unserer Liste. Stattdessen fuhren wir ganz entspannt mit dem Bus in die Innenstadt von Arrecife.

Arrecife ist ein sehr nettes Städtchen mit kleinen, weißen Häusern mit blauen Fensterläden und Brüstungen. Um das Hafenbecken waren kleine Marktstände aufgebaut, an denen man allerlei Krimskrams kaufen konnte und die Innenstadt war mit ihren Geschäften auch sehr nett, so dass wir doch noch ein wenig shoppten.

Direkt vor dem Städtchen im Meer ist das Castillo de San Carmen zu finden, das im 16. Jahrhundert zum Schutz gegen Piraten errichtet worden war. Eine sehr schöne kleine Festung, an der wir etwas auf den Felsen herumkletterten und die Kinder die Kanonen bewunderten. Mia war begeistert und wenn sie heute von der Reise erzählt, ist das Castillo immer ein Hauptteil ihrer Erzählungen, allein wegen der Piratengeschichten.

An der Promenade beim Castillo ließen wir uns nieder und bestellten Sangria, bei dem wir den schönen Blick auf die Festung genossen und Mia und Amy auf dem benachbarten Spielplatz spielen ließen. Es war noch einmal richtig schön warm und sonnig und das Meer vor Arrecife glänzte türkis zwischen den dunklen Lavasteinen.

Den Nachmittag verbrachten wir auf dem Pooldeck, hauptsächlich im Whirlpool und genossen einen letzten Tag die Sonne und die Wärme. Am nächsten Tag würden wir auf Teneriffa anlegen und dann ging es leider schon nach Hause. Ein bisschen freuten wir uns nach fast drei Wochen auf Reisen auch darauf, aber ein anderer Teil in uns wäre gern noch auf dem Schiff geblieben. Es hätte doch tatsächlich die Möglichkeit gegeben, mit etwas mehr Jahresurlaub (und etwas mehr Geld) noch weitere 14 Tage an Bord zu bleiben und dann direkt in Warnemünde auszusteigen.

Als wir uns für das Abendessen fertig machten, rief Jens Mia und mich aus der Kabine auf den Balkon. Mia machte sich gerade zum Duschen bereit und rief zurück: „Okay, ich komme kurz nackig raus!", sah durch die Balkontür und machte sofort auf dem Absatz kehrt mit den Worten: „Okay, ich ziehe mir doch schnell was an!". Die AIDAsol lag heute vor unserer AIDAdiva im Hafenbecken, hatte eine Stunde vor uns abgelegt und fuhr nun (sehr dicht) an unserem Balkon vorbei, während ihre Passagiere auf den Balkonen und Außendecks standen und uns zuwinkten und johlten. Es war nur das Passieren eines anderen Schiffes, aber es bereitete einem doch Gänsehaut!

Beim Abendessen ließen wir unsere Reise Revue passieren und sagten immer wieder gegenseitig zu uns: „Ich will noch nicht nach Hause!". Wir saßen auf dem Balkon eines der Restaurants und die Sonne ging langsam über Lanzarote unter, bis die Insel am Horizont verschwand und wir in der Dunkelheit auf unseren Balkon umzogen und zu Dritt noch einmal dem Klang der, an das Schiff peitschenden, Wellen, lauschten, während Mads in der Kabine friedlich schlief. Nicht wissend, was er in seinem zarten Alter bereits für ein Abenteuer erlebt hatte…

2016 Zuhause ist es doch am Schönsten

Nun haben wir schon viel von unseren großen und kleinen Abenteuern in der ganzen Welt erzählt, da wird es auch einmal Zeit von einem schönen kleinen Fleckchen in Deutschland zu berichten, das wir unser Zuhause nennen dürfen: Das Weserbergland. Ich werde in Zukunft mal den ein oder anderen Beitrag hierzu in unseren Blog einsteuern.

Als wir heute eine wunderbare Fahrradtour über den Weserradweg unternommen haben, ist es uns mal wieder bewusst geworden: Zuhause ist es doch am Schönsten!

Wir hatten spontan frei genommen, waren nur zu zweit los gefahren und erst radelten mit gutem Tempo an der Weser entlang. Über die Weserbrücke, durch kleine Wäldchen, vorbei an herrlichen Rastplätzen unter großen alten Eichen und durch Kornfelder, die im Wind wehten (und oh Mann, war das heute ein Gegenwind!). In Fischbeck machten wir eine kleine Essenspause und überlegten, wo es nun hingehen könnte? Nach Hameln, ein Eis essen? Irgendwo ins Wasser springen? Wir entschieden uns für eine "kleine" Tour zu den Klippen des Hohensteins. Unten am Fuß des Berges, in der Nähe der Pappmühle gibt es ein Wassertretbecken und dort hat man auch die Möglichkeit, frisches Wasser aus einem Wasserspeier direkt aus der Quelle zu trinken. Das konnten wir bei dem Anstieg auch gut gebrauchen!

Noch eine Etappe leicht bergauf bis zur Baxmannbaude, einer kleinen Hütte im Wald, die aber leider unter der Woche nicht geöffnet hat, und wir standen vor dem Schild "Hohenstein, noch 1,2km". "Das ist doch zu schaffen!", sagte Jens und ich lugte kurz um die Ecke, um die Steigung des Berges zu begutachten. Wir waren schon schweißgebadet, die Sonne schien, aber zur Not konnte man ja schieben.

Am Hohenstein hat man die Möglichkeit, entweder den normalen, um den Berg gewundenen Waldweg hochzugehen (oder mit dem Rad zu fahren) oder direkt (gerade hoch) die steilen, alten Steintreppen zu nehmen. Wir fuhren ein Drittel des Berges mit dem Rad und entschlossen uns dann, den Rest des Berges über die alten Stiegen zu erklimmen. Es ist zwar nur ein Weg von 1,2km, aber dieser erstreckt sich über rund 340 Höhenmeter steil bergauf. Ziemlich anstrengend, wenn man mittelsportlich ist wie wir, und vorher schon 25km Rad gefahren ist. Aber oben wird man mit einen tollen Blick über das Wesertal belohnt. Ein bisschen vorsichtig muss man schon sein, wenn man sich auf den Felsvorsprung direkt über den Klippen wagt (es war seeehr windig!), aber wir saßen dort eine ganze Weile und genossen den Ausblick. Rechts vom Felsvorsprung ist eine Felsspalte, in die wir dann noch hinunter kletterten. Weiter darf man leider in diese Richtung an den Klippen nicht entlang, hier sind Wald und Tiere durch einen Zaun vor ungebetenen Gästen geschützt.

Schön, wenn man dann den Rückweg antritt, denn nun geht es nur noch bergab! Jens fuhr die letzten Steinstufen mit seinem Mountainbike, ich entschied mich für den gemütlichen Waldweg. Und unten bekamen unsere beanspruchten Füße erst einmal eine schöne Abkühlung in kalten Blutbach und in dem zugehörigen Wassertretbecken. Aus dem Wasserspeier tranken wir so viel Wasser, dass die vorbeikommenden Spaziergänger den Eindruck gehabt haben mussten, wir wären gerade durch die Wüste gelaufen.

Auf dem Nachhauseweg haben wir abschließend mit einem schönen Kaffee bei Die Barista, dem neuen, kleinen Coffeeshop in der Langen Straße in Hessisch Oldendorf entspannt. Als wir draußen auf der Bank und an dem Tischchen aus alten Paletten saßen, fühlten wir uns fast wie im Urlaub. Es war ein bisschen wie damals in Sydney, als wir unseren Kaffee immer auf alten Kaffeekisten an der Straße vor Bertoni Coffee zu uns nahmen...[2]

---

[2] Mittlerweile ist das kleine Kaffee leider nach Hameln in die Bahnhofsstraße umgezogen.

2017 California Love – Unsere erste Bulli-Tour

Einen VW California zu besitzen bedeutet für mich Freiheit, ein leichtes Hippiegefühl und einen kleinen Hauch von Abenteuer. Da die Anschaffung eines neuen Bullis natürlich ein großer Schritt für eine junge Familie ist, beschlossen wir erst einmal mit einem Mietfahrzeug auszutesten, ob diese Art des Reisens vielleicht eine Möglichkeit ist, in Zukunft mit den Kindern Europa näher zu erkunden. Klares Fazit: Ich liebe es, so zu reisen! Aber lest gern selbst:

Etappe 1: Ein erster Versuch zu Viert

Es ist tatsächlich schon 8 Jahre her, dass Jens und ich zu zweit im Caddy Beach (damals hatte er noch den unglücklichen Namen "Tramper") in vier Wochen die Ostküste Australiens von Sydney bis zum Cape Tribulation erkundet haben. Zu eng wurde es uns nie und als wir den Caddy damals in Cairns wieder an Brizz zurückgaben, waren wir ziemlich wehmütig. Es gibt doch nichts Schöneres, als morgens die Heckklappe aufzumachen und von der Matratze aus in die Natur zu schauen.

An diese Art des Reisens wollten wir unsere Kinder nun auch heranführen. Es sollte nicht gleich Australien sein, sondern erstmal ganz profan die Nord- und Ostseeküste. Wir hatten einen groben Reiseplan, wollten uns aber wie damals in Australien wieder einfach treiben lassen. Und das erwies sich auch als guter Plan!

Am Ostermontag verabschieden wir uns direkt nach dem Essen mit der Familie und einer kleinen Wandertour an den Externsteinen in Richtung Hamburg.

Alex hat uns netterweise für die erste Nacht Unterschlupf in Hamburg gewährt, so dass wir am Dienstag früh ganz entspannt "unseren" VW California bei Ahoi Bullis abholen können. Thorben aus dem Team erklärt uns die Details unseres Bullis und dann geht es auch schon los. Mia ist ganz aufgeregt und zappelt kichernd auf ihrem Sitz hin und her: "Schlafen wir heute wirklich hier im Bulli? Kann es nicht schon endlich Abend sein?". Mads probiert das Schlafen im Bulli gleich einmal aus, wenn auch nur im Kindersitz.

Unsere erste Station ist die Seerobbenstation in Friedrichskoog. Auf dem Parkplatz der Station direkt am Hafen machen wir Rast. Wir klappen Stühle und den Tisch vor dem Bulli in der Sonne auf und futtern Brötchen, Eier und Kuchen, alles zuvor beim örtlichen Bäcker gekauft.

Frisch gestärkt, besuchen wir die Seerobbenstation, sehen Robben faul im Wasser liegen, beobachten wie Heuler gefüttert werden und klettern auf den Turm der Seenotrettung. Wir erfahren, dass die Heuler, die im Sommer geboren werden anderes Fell haben als die, die im Winter geboren worden sind und Mia hört aufmerksam zu, soll sie doch in der Schule nächste Woche von ihrem Besuch hier berichten.

Ein kleiner Spaziergang über den Deich bringt die Ernüchterung, dass sich das Meer noch ziemlich weit hinter dem Watt verbirgt.

Wir müssen unbedingt endlich an den ersten Strand! Es ist immerhin schon ein Jahr her, dass wir alle das letzte Mal gemeinsam am Meer standen. Also geht es weiter nach Sankt Peter Ording und dort laufen wir voller Vorfreude über den langen Steg in Richtung Strand. Die Sonne gibt noch mal alles, kommt aber gegen den kalten Wind nicht an. Trotzdem ist es herrlich, endlich wieder durch den Sand zu laufen und das Meer zu sehen. Die Kinder toben durch den Sand als wären sie auf Entzug gewesen! Passend zu diesem Meergefühl muss es heute Abend natürlich auch Fisch geben. Gosh, das am Anfang des langen Steges zu finden war, bietet sich an und wir kämpfen uns durch den Wind zurück "an Land".

Nach dem Essen ist es schon spät. Ein langer, aufregender Tag in Hamburg, Friedrichskoog und Sankt Peter Ording liegt hinter uns und es wird Zeit, einen Platz für die Nacht zu finden. Etwas außerhalb von Sankt Peter Ording, an einem etwas abgelegenen Feldweg am Deich, werden wir fündig. Am Rande einer Schafwiese schlagen wir unser erstes "Bulli Lager" auf und Mia kichert vor Vorfreude, obwohl sie total erschlagen ist: "Darauf hab ich mich den ganzen Tag gefreut!". Die Betten im Bulli sind schnell gemacht. Mads und ich schlafen unten, für Mia und Jens fahren wir das Dach hoch. Die Standheizung sorgt für kuschelige Wärme. Immerhin sind draußen gerade mal noch 2°C. Die Schafe blöken leise in die Stille hinein und die Sterne leuchten hier, so weit ab von allem, ganz hell und klar. Kann es schöner sein, als so mitten in der Natur direkt neben dem Deich einzuschlafen?

Etappe 2: Ein Bulli als Strandkorb

Unglaublich! Mads schläft im Bulli eine seiner ersten Nächte durch und wir wachen alle fit und ausgeschlafen um halb 9 auf. Und nicht nur das! Gerade als wir so langsam alle Rollos hochgezogen haben, kommt ein Reh neugierig aus dem Gebüsch an unseren Bulli gelaufen. Die Kinder sind begeistert und wir beobachten, wie es vor dem Fenster stehen bleibt, guckt, noch einen Schritt geht...bis Mads an die Scheibe klopft und "Hallooooo Reeeeh!" ruft. Zack ist es weg und der magische Moment vorbei. Nur noch die Schafe und wir sind da, als Jens den Bulli in Richtung Sonne wendet und wir uns über das Frühstück hermachen, die Schiebetür mit Blick auf Deich und Schafe geöffnet.

Heute fahren wir an den Autostrand. Erst haben wir herrliches Wetter und knapp zehn Grad. Der Bulli ist unser Strandkorb. Für Mads werfen wir die Spieldecke und Sandspielzeug in den Sand. Er ist ganz aus dem Häuschen, flitzt erstmal durch den Sand, immer wieder um den Bulli herum und begrüßt dann die nette, ältere Hippie-Dame im pinken VW Bulli neben uns. Jens und ich klappen die Campingstühle auf, windgeschützt vom Bulli, und Mia fragt: "Und wo sind unsere Liegen? Mama, können wir unsere Liegen aufstellen?". „Welche Liegen?", frage ich lachend. Wir sind mit all unserem Kram so beladen, dass ich beim besten Willen nicht weiß, wo sie hier noch Liegen vermutet.

Wir genießen die Zeit in der Sonne, schlendern am Strand entlang und nur Mia zeigt sich besorgt, dass die Flut uns plötzlich überraschen und wegspülen könnte. Sie hat gehört, dass man hier am Wattenmeer von der Flut überrascht werden kann. Dass wir uns am Strand und nicht auf einer Wattwanderung befinden und sich das Risiko damit in Grenzen hält, überzeugt sie auch nicht und so hält sie lieber einen großen Sicherheitsabstand zum Wasser.

Mads Highlight am Strand ist ein Bagger, der von einem Trecker auf einem Anhänger an den Strand transportiert wird und dort eine Grube aushebt. "Bagger! Da, Trecker! Mama, da Hänger!" ruft er begeistert. Gleich drei Dinge auf einmal, wie ein Überraschungsei für kleine Jungs.

Als dem Kleinen später auf Jens Schultern schon die Augen zufallen und Mia maulig und müde wird, fahren wir das Dach hoch und lassen die Kinder auf dem oberen Bett Mittagsschlaf machen, während wir mit geöffneter Schiebetür im Bulli auf dem Boden sitzen und die Leute am Strand beobachten, bis auch mir, an Jens gekuschelt, langsam die Augen zu einem kleinen Schläfchen zufallen. Ich liebe den Autostrand jetzt schon! Wir verbringen den ganzen Tag hier und verlassen den Strand nur zum Abendessen. Bei lecker Fisch kommt die Frage auf, ob wir noch mal auf der Schafwiese campen oder auf einen Campingplatz fahren. Da wir die Bauern am Deich nicht verärgern wollen, entscheiden wir uns heute für den offiziellen Weg. Doch leider ist es schon so spät, dass alle Campingplätze geschlossen haben und auch keiner unserer Anrufe beantwortet wird.

Zurück am Autostrand versuchen wir einen Plan zu machen, was nun passieren soll. Wir beobachten den glutroten Sonnenuntergang, als das Schicksal ein Einsehen mit uns hat und ein Campingplatzbesitzer aus Tönning zurück ruft. Nicht viel später, es ist gegen 22 Uhr und schon dunkel, kommen wir am Campingplatz „Kapitänshaus" in Tönning an, bauen mit Blick auf die Eider unser Lager auf und kippen direkt todmüde in unsere Kojen. Morgen wird ein neuer, spannender Tag!

Etappe 3: Flaschenpost und Angus Rinder

Wieder eine angenehme Nacht, nach der sich Mads um halb acht langsam räkelt. Mia gesellt sich von oben zu uns und wir kuscheln uns noch ein wenig zusammen. Die Rollos haben wir schon hochgezogen und Mads kommentiert die wenigen vorbeifahrenden Fahrzeuge fröhlich ("Ein Motorrad!", "Ein Bulli!",...). Plötzlich kommt ein Hase aus dem gegenüberliegenden Waldstückchen gehoppelt und Mads hüpft aufgeregt auf dem Bett herum. "Ein Hase! Mama, großer Hase, da!". Großartig! Jeden Morgen eine neue Attraktion beim Aufstehen. Mia mutmaßt, dass es ja der Osterhase sein könnte. Nicht ganz uneigennützig wahrscheinlich...

Wir alle haben uns heute sehr auf eine heiße Dusche gefreut, aber der Wasserstrahl im "Familienbad" des Kapitänshauses ist eher enttäuschend. "Wie aus einem Gartenschlauch!", beschwert sich Jens und verlässt uns in Richtung Herrenduschen. Hauptsache heiß, denkt der Rest von uns. Und so machen wir uns frisch und duftend auf nach Kiel.

In Kiel ist es auch trocken, aber es weht ein eisiger Wind und Mia ist nicht gut gelaunt. Wir beobachten Schiffe im Hafen und futtern Fischbrötchen. Mia lässt sich mit einem Eis besänftigen und Mads träumt mit seinem Minimilk auf Jens Schultern so lange vor sich hin, bis Jens eine ordentliche Portion Erdbeereis an den Haaren herunterläuft. Wozu Feuchttücher aus der Wickeltasche hier alles gebraucht werden.

Eine Fähre der Colorline legt tutend ab und verlässt, an uns vorbei, langsam den Hafen und auch wir beschließen, dass es Zeit für die Weiterfahrt nach Laboe ist. Dort lassen wir am Strand unsere extra mitgebrachte Flaschenpost ins Wasser, in der Hoffnung, dass wir eine Antwort erhalten.

Am Marinedenkmal in Laboe finden wir, schon zur Weiterfahrt bereit, zufällig das alte U-Boot, in dem Jens und ich beide schon als Kinder waren. Wir legen dort spontan einen Zwischenstopp ein und besichtigen es mit den Kindern. Unfassbar, dass hier auf engstem Raum 56 Mann wochenlang Platz gefunden haben. Mia staunt, denn im Mannschaftsraum mit zehn Betten sollen 27 Matrosen geschlafen haben: "Das sind ja mehr Männer als Kinder in meiner Klasse!".

Zudem wurden hier Lebensmittel an der Decke (und im Klo, ihhh) gelagert. Mads hingegen ist fasziniert von den vielen "Lenkrädern" im U-Boot. "Hier ein Lenkrad, noch ein Lenkrad! Viele Lenkräder!", ruft er begeistert.

Gut, dass bei all unseren Stopps an diesem Tag unser Lager für die Nacht schon geplant ist. Vor zwei Tagen hatten wir bereits über den Verein „Landvergnügen" den Angus Hof in Stakendorf gefunden, auf dem Sandra und Dirk kostenlos Stellplätze für Camper anbieten. Als wir auf den Hof fahren, schraubt Dirk gerade an seinem Trecker und begrüßt uns freundlich. Wir sind, wie immer, hungrig und brausen auf seine Empfehlung erst einmal zum Restaurant "Altes Rathaus" in Schönberg. Von vorn sehr unscheinbar, wären wir sicherlich ohne Dirks Tipp daran vorbei gefahren. Aber so werden wir nett und gut bewirtet. Mia ist so hungrig, dass sie nach Kartoffelpuffern noch eine Portion Spiegelei mit Kartoffeln verdrückt.

Sandra und Dirk haben sogar ein Bad mit Waschbecken und Toilette für uns. Dass es noch im Rohbau ist, stört uns nicht. Sandra führt uns abends noch ein wenig über den Hof. Wir schlafen vis-à-vis mit den Angus Rindern. Ansonsten gibt es noch Hühner, eine freche Katze, Pony & Pferd und drei Hunde. Im Hofladen dürfen wir uns trotz Ladenschluss noch mit Eiern und selbst gemachter Marmelade für das Frühstück eindecken und kriechen dann zufrieden in unsere Betten.

Etappe 4: Auf den Spuren von Jimmy Hendrix

Unsere "Aufwachtiere" sind heute die treu dreinschauenden Angus Rinder. "Viele Muh!", ruft Mads begeistert, als wir die Rollos hochziehen. Auf dem Angus Hof herrscht schon reger Betrieb. Sandra lässt die Hühner raus und Mads springt auf mich zu und versucht, panisch auf meinen Arm zu klettern, als zwei auf ihn zulaufen. Er hatte schon immer Angst vor Hühnern, warum auch immer. "Die Hühner lieben das Gras hier beim Bulli", sagt Sandra, "und dann legen sie grüne Eier." Wir alle schmunzeln, aber es war gar kein Scherz. Am nächsten Tag sollten wir unter unseren, auf dem Hof gekauften, Frühstückseiern tatsächlich zwei grüne Eier entdecken.

Wir erkunden den Hof noch eine Weile, die Kinder finden die Spielgeräte, wir stöbern noch ein bisschen im Hofladen und Sandra erzählt vom Leben auf dem Bio Bauernhof und ihrer letzten eigenen Reise im Wohnmobil durch Frankreich.

Dann geht unsere Reise weiter Richtung Fehmarn. Am Südstrand bei Burg lassen wir uns erneut den Wind um die Nase wehen und gehen dann frühzeitig auf die Suche nach einem Nachtlager (man lernt ja jede Nacht dazu!). Etwas entfernt von Burg am Püttseer Strand (unweit des Jimmy Hendrix Gedenksteins) werden wir vermeintlich fündig. Ein einsamer Parkplatz an den Dünen. Dort steht zwar "Nur bis 21h geöffnet", aber wir wollen es riskieren. Schließlich ist hier weit und breit keine Menschenseele zu sehen.

Beruhigt, dass wir vorbereitet in die Nacht starten werden, verbringen wir den Rest des Tages im Fehmare am Südstrand. Die Kinder toben in den Wellen des Meerwasserschwimmbades und wir rutschen alle zusammen die Dunkelrutsche hinunter bis zum Umfallen. Oder besser gesagt, bis das Bad schließt und wir es als letzte (frisch geduschte Wildcamper) verlassen.

In der Pizzeria „DaGianni" sind wir schon so hungrig und kaputt, dass Mads einen kleinen Schreianfall bekommt. Gianni und sein Kellner nehmen es gelassen und versorgen ihn mit einem Berg Spielzeug, um ihn bei Laune zu halten, bis das Essen kommt. Sehr gut! Wir sind schon ins Schwitzen gekommen. Dann fallen alle hungrig über Pizza und Lasagne her, während es draußen dunkel wird und wir uns langsam auf den Weg zu unserem Schlafplatz machen. Die Fahrt über kleine Straßen durch verschlafene Dörfchen zieht sich im Dunkeln. Als wir endlich ankommen, jammert Mia vom Rücksitz, dass es draußen dunkel und unheimlich ist und sie hier nicht schlafen will. Und selbiges hat sich dann auch schon von selbst erledigt, da die Schranke an dem einsamen Parkplatz tatsächlich von jemandem herunter gelassen wurde. Jens und ich sehen uns ratlos und müde an. Mads ist schon längst im Kindersitz eingeschlafen und Mia ist müde und ängstlich. Auf dem Navi entdecke ich den Hafen von Orth und bevor wir zurück nach Burg auf einen der unromantischen Wohnmobilhäfen fahren, wollen wir es dort noch versuchen.

Wir fahren vorsichtig durch die Nacht, sind uns schließlich gerade innerhalb weniger Minuten fast ein Hase und ein Reh vor den Bulli gelaufen. In Orth hängen auch bereits Ketten vor den Parkplätzen, aber am Hafen direkt finden wir kein Schild, das Parken oder gar eine Übernachtung verbieten würde. Außer uns stehen noch zwei weitere Bullis dort mit Jalousien unten. Wir beschließen, uns dazu zu stellen. Es ist ja ganz idyllisch hier. Ein paar alte Häuschen mit Gaststätten und viele kleine Boote. Wir parken vor der "Lina" (ein Zeichen, hieß doch unsere Uroma so) und bauen in der stürmischen Dunkelheit unsere Betten auf.

Etappe 5: Vom Piratennest zurück in die Heimat

Idyllisch ist so ein Frühstück am Hafen im warmen Bulli, während draußen trotz Sonne der Wind fegt. Die Nacht im oberen Bett war etwas zugig für Mia und Jens, und auch Mads drehte sich im, vom Sturm leicht durchgeschüttelten, Bulli unruhig hin und her.

Dementsprechend verschlafen gucken wir wohl aus der Wäsche, als plötzlich ein bulliger Kerl mit Bomberjacke an unsere Schiebetür klopft. Haben wir doch vorher gerade noch Witze darüber gemacht, dass der Hafenmeister uns gleich mit seinem Hund vertreiben würde. Der Typ ist eigentlich ganz nett und erklärt uns, dass wir hier nicht übernachten dürften und sein Chef ihn angewiesen hat, Knöllchen unter den Campern zu verteilen. "Aber da hab ich keine Lust drauf!", sagt er mit einem Augenzwinkern und meint, dass er uns nochmal davon kommen lässt. Wir sind ihm dankbar, da wir mit zwei müden Kindern am gestrigen Abend wirklich nicht noch weiter fahren wollten und versprechen schnellstmöglich das Weite zu suchen.

Er nimmt seinen Stapel Knöllchen, verabschiedet sich freundlich und geht zum nächsten Camper, wo er sich das Kennzeichen notiert und einen Zettel unter den Scheibenwischer klemmt. Die armen Camper schlafen noch und erfahren wohl erst später von ihrem Glück. Wir atmen erleichtert auf, packen all unseren Kram zusammen (jeden Morgen eine neue Herausforderung alles halbwegs sinnvoll und schnell zu verstauen) und brausen, vorbei an der Kneipe "Piratennest" (was Mia sehr beeindruckt), davon.

Unser letzter Tag des "Bulli Abenteuers" hat begonnen und Mias größter Wunsch auf dieser Reise soll nun in Erfüllung gehen: Sehr bescheiden wünscht sie sich einen Tag auf dem großen Abenteuerspielplatz in Dahme zu verbringen, den sie von früheren Urlauben an der Ostsee noch kennt. So einfache Wünsche erfüllen wir natürlich sofort! Am Rand von Dahme, auf einem kleinen Parkplatz direkt am Strand, machen wir uns kurz frisch und putzen unsere Zähne, damit wir halbwegs vorzeigbar für die Zivilisation sind, fahren dann in den Ort und lassen die Kinder auf den Spielplatz an der Strandpromenade los.

Mia ist glücklich! Mads tobt hinter ihr her. Alles, was Mia macht, findet er super und möchte es unbedingt auch machen. Als Jens und ich uns Kaffee holen und Mia, in einen To-Go-Becher abgefüllte Apfelschorle bekommt, schreit Mads über die ganze Strandpromenade: "Meeeein Kaffeeee!!! Ich auch ein Kaffee habeeeeen!!!"

Wir nehmen es mit Humor und Mads wird mit Streuselkuchen und ein paar Zügen aus dem vermeintlichen Kaffeebecher mit Apfelschorle besänftigt. Kinder glücklich - Eltern entspannt!

Die Sonne gibt heute nochmal alles, aber der Wind geht noch ganz schön, obwohl wir mit fast 13°C den wärmsten Tag unserer Reise erleben. Jens und ich lassen uns auf der Terasse eines Spielhäuschens nieder und halten unsere Nasen in die Sonne, während wir gemütlich unseren Kaffee schlürfen.

Vor der Rückreise fahren wir noch etwas abseits von Dahme auf den Deich, klappen ein letztes Mal bei geöffneter Schiebetür in der Sonne den Tisch aus und stärken uns mit, den an der Strandpromenade gekauften, Fischbrötchen (für uns) und Bratwürstchen (für die Kinder). Am liebsten wären wir noch länger geblieben, aber Zuhause wartet etwas auf uns "Wildcamper", das unser Bulli leider nicht zu bieten hat: eine heiße Badewanne. Aber es war eine schöne Zeit auf unserem "Bulli-Abenteuer", wie Mia es so schön nennt.

Von den einsamen Schlafplätzen, über die morgendlichen tierischen Besucher bis hin zu allem, das wir tagsüber erlebt haben! Bye, bye, Bulli und vielleicht bis bald mal wieder!

2017 HO17 oder „Die Welt zu Gast in Hessisch Oldendorf"

Es gibt zwei feste Termine, an denen unser Heimatstädtchen Hessisch Oldendorf aus dem Winterschlaf erwacht. Neben dem jährlichen Karnevalsumzug, an dem die Stadt voll ist mit lustig gekleideten Menschen aus den nahe liegenden Regionen, gibt es ein Event, das alle vier Jahre sogar Menschen aus aller Welt in unser kleines Städtchen lockt: Das internationale VW Veteranentreffen!

Alle vier Jahre werden wir ein Wochenende lang zum Zentrum von T1, T2 und Käferbesitzern, die von den entlegensten Fleckchen dieses Planeten anreisen, um dabei zu sein. Christian Grundmann und sein Vater Traugott haben dann die Stadt mit ihrem privaten Organisationsteam in ihrer Hand. Und es ist immer grandios!

"Einer von uns hat ein Plakat von einem VW Treffen in Hessisch Oldendorf vor einer Toilette in Indonesien hängen sehen, da dachten wir, da müssen wir hin!", erklären uns Clifton, Udh, Monica, Terence und ihre Freunde von Live2Drive aus Malaysia. Sie sind vor Monaten los gefahren, den ganzen Weg von Malaysia bis zu uns. Nun wohnen sie bei Mirko in Fuhlen und seine Mutter Elke serviert jeden Morgen das Frühstück. "A wonderful woman", schwärmen sie. Wir kennen Elke und wissen natürlich, dass sie sich super um die Truppe kümmern wird!

Clifton kommt aus dem Erzählen nicht mehr heraus. Wir könnten ihm ewig zuhören. Er hat sogar mal einer älteren Dame mit Rollstuhl seinen alten VW Bus über längere Zeit gegeben und er erzählt von der Charity, vom Verkaufen von T-Shirts für bedürftige Kinder. Sie sammeln auf ihrer Reise Spenden und machen Aktionen. Finden wir klasse!

Es ist Freitagabend und die Stadt platzt aus allen Nähten. Fahrzeugbesitzer stellen stolz ihre VWs aus, man hört alle erdenklichen Sprachen in den Gassen und wir tauchen ein in das Vergnügen. Wir reden lange mit den lustigen, verrückten Typen von Live2Drive. Als ich nach einem Foto frage, entdecken sie meine Familie und stürmen auf meinen Onkel Bobby ein: "He looks like Robert de Niro!!!", "Can we take a picture with you?". Wir lachen uns schlapp, denn diese Ähnlichkeit haben wir bisher noch nicht ausmachen können und erklären ihnen, dass er sogar Robert heißt. Terence zeigt uns Fotos aus seiner Jugend mit Afrofrisur und erzählt mit einem Augenzwinkern, dass er eigentlich zu den "Jackson 6" gehört. Michael Jackson und Robert de Niro auf einem Foto, sowas gibt es wohl nur hier. Tausende Kilometer liegen im normalen Leben zwischen uns, aber die Kommunikation läuft vom ersten Moment an wie eine Eins! Wir werden sogar eingeladen und Terence erklärt uns beiläufig, dass er gern Gäste aus aller Welt bei sich hat. Das letzte Mal war es ein Pärchen aus Frankreich. Das wollte eigentlich acht Tage bleiben, blieb dann aber acht Monate. Wir denken schon an den nächsten verrückten Familientrip...Osterferien in Malaysia? Mit einem Einheimischen als Guide? Klingt fantastisch!

Abends feiern wir im Stadtzentrum. Die australische Band "The Wishing Well" rockt im Rathaus-Innenhof und wir sind dabei. Der Bürgermeister gesellt sich zu uns und ich erkenne ihn erst auf den zweiten Blick ohne den obligatorischen Anzug. Im "Festival T-Shirt" schwärmt er von der Band. Später spielt ein DJ auf der "Main Stage" Kracher von Nirvana, Blur...und bei "I would walk 500 miles" dreht eine Gruppe Engländer total durch...aber im positiven Sinne! Sie springen und tanzen und wir lassen uns von der Stimmung mitreißen. Die Cocktails sind gut, die Leute lustig, der DJ gibt alles! Ich kann mich nicht erinnern, in Hessisch Oldendorf auf einer öffentlichen Veranstaltung bis 3h nachts einfach nur gefeiert, getanzt und dazu auch noch englisch gesprochen zu haben.

Der nächste Tag beginnt mit einer Verhaftung. Entschuldigend erklärt Jens dem Mann in Vintage-Polizeiuniform, dass seine Frau für ein gutes Foto selbst ihren Mann einbuchten lässt. Ich verspreche, ihm einen Kuchen mit Feile zu backen! Aber eigentlich bin ich hier, um die offizielle Begrüßung durch Herrn Grundmann, unseren Bürgermeister Harald Krüger und den Vorstandsvorsitzenden von VW Nutzfahrzeuge, Dr. Eckhard Scholz, zu sehen. Wie aufregend es doch in unserem kleinen Provinznest sein kann!

Nachmittags kommen wir mit unseren Kindern zurück. Mads ist zwei Jahre alt und kommt aus dem Staunen nicht mehr heraus: "Ein Käfer-Auto, ein Bulli...zwei Bullis...VIELE BULLIS!!!". Wir radeln zur Weserfähre nach Großenwieden und beobachten, wie die Schwimmwagen zu Wasser gelassen werden. Mia will unbedingt mal mit fahren, aber als eines der Fahrzeuge so rasant ins Wasser fährt, dass die Insassen triefnass wieder aussteigen, überlegt sie es sich schnell doch noch mal. Bullis überqueren auf der Fähre die Weser und wir prosten uns mit einem kühlen Bierchen zu. Ich liebe das Weserbergland, aber die bunte Mischung der Menschen aus aller Welt und ihre geteilte Liebe zu VW Oldtimern lässt mich richtig stolz werden.

Am Abend kommen wir noch mal ohne Kinder wieder und genießen nochmals das Flair in der Stadt. Die Eisdielen und Cafés sind voll, Menschen unterhalten sich auf den Straßen, der DJ ist auch wieder da, laue Abendluft. Ich fange ein Gespräch auf der Straße auf: "Ich war schon bei vielen VW Treffen, aber dieses hier ist weltweit das Beste!". Mit ziemlicher Sicherheit ein Mann der Ahnung hat...

Sonntag schauen wir aus dem Fenster und es regnet in Strömen! Die Kinder sind erst nicht allzu überzeugt davon, bei diesem Wetter raus zu gehen und wir entscheiden uns diesmal für die Anfahrt mit dem Auto. Gar nicht so einfach einen Parkplatz zu finden, wenn 45 000 Menschen die kleine Stadt invadieren. Doch nette Anwohner lassen einen sogar auf dem Hof parken, wenn man lieb fragt. Wie herzlich und nett!

Als wir ankommen, bekommen unsere neuen Freunde von Live2Drive gerade einen Award für die weiteste Anreise mit dem Auto und dürfen sich in das goldene Buch der Stadt eintragen. Wir bahnen uns unseren Weg durch die Menschenmenge. Man meint doch, dass strömender Regen einige Gäste abhalten würde, herzukommen, aber die Stadt ist wieder voll von VW Begeisterten. Wir haben uns mit Jens Eltern verabredet, die schon aufgeregt auf uns zu stürmen: "Wir haben uns mit einem Mann aus Honolulu unterhalten. Er fand es hier 'wonderful'! Aus Honolulu, Ines!!!". Ein Blick auf die Weltkarte vor dem Registrierungsbüro von HO17 zeigt deutlich, aus wie vielen Ecken der Welt die Menschen hierhergekommen sind. Wahnsinn! Und es wird ja wahrscheinlich auch nicht jeder einen Pin gesetzt haben.

So viele Nationen, Fahrzeuge, Emotionen. Mein Schwiegervater schwelgt in Erinnerungen an seinen alten Käfer. Mein Vater erzählt, wie er einen verunfallten Käfer einmal in der Mitte auseinander geflext und mit einem zweiten Käfer vom Schrottplatz wieder zusammen geschweißt hat. "Der fuhr wieder wie eine Eins!"...und verkauft hat er ihn auch noch zum guten Preis, der Fuchs!

Am Montagabend wird in kleiner Runde zum Abschluss bei Mirko Zuhause Malaiisch gekocht. Er wohnt in einem kleinen Fachwerkhaus in unserem

Örtchen Fuhlen. Mia ist mitgekommen und flitzt mit den anderen Kindern um die zahlreichen geparkten Bullis. Fernando aus Spanien (oder war es Portugal?) spielt "Hotel California" auf der Gitarre, Clifton von Live2Drive zeigt uns seinen Hula-Hüftschwung und Monica und ich stellen fest, dass wir in Sydney im Stadtteil Balmain nur eine Straße voneinander entfernt gewohnt haben. Bob kommt auch aus Australien und hat denselben Nachnamen wie ein Bekannter von mir. Beide kommen aus Melbourne und sein Bruder heißt sogar mit Vornamen wie mein Bekannter. Scheint aber nicht derselbe Peter zu sein. Das wäre auch zu verrückt gewesen! Wir lachen, essen Lamm und Elke gibt uns einen Englischkurs. Schade, dass das schöne Hippie-Leben nun erstmal wieder vorbei ist, denke ich, als ich mit Mia wieder nach Hause radele.

Bis in vier Jahren, meine Lieben! Wir werden auf jeden Fall wieder mit dabei sein!

2017 Unsere kleine Farm oder nuestra finca pequeña

An einem regnerischen Abend ein Jahr zuvor fassten wir mit Marion und Micha einen spontanen Entschluss. Es ging um den ersten Sommerurlaub, in dem wir an die Ferienzeiten gebunden sein würden. Micha fasste es treffend zusammen: "Ihr seid noch nie in den Ferien in den Urlaub geflogen und habt keine Ahnung wie voll es dann sein wird." Allein der Gedanke an reservierte Liegen ließ uns Erschaudern, Jens triumphierte und rief "Ich wollte schon immer in eine Finca!" und so mündete dieser Abend in der sofortigen Buchung einer Finca in der Nähe des schönen Son Servera auf Mallorca. Vor einem Jahr...so lange im Voraus hatten wir noch nie gebucht. Meist hat es sich nur um wenige Tage vor Abflug gehandelt und dann waren oft auch noch nicht alle Reisebausteine komplett gebucht. Nun hatten wir ein Jahr, um uns zu freuen. Und wie schnell es herum ging...

Als wir nun vor ein paar Tagen unserem Gastgeber Pep den Schotterweg zu unserer Finca hinauf folgten, wussten wir noch nicht, was uns erwarten würde. Das automatische Tor öffnete sich und wir hielten den Atem an. So schön war das, auf das der Blick nun frei gegeben war. Und es ist ja wirklich selten, dass die Realität die Fotos der Anbieter übertrifft. Hier war es definitiv der Fall! Die Finca wurde von 2000-2002 gebaut und Pep und seine Frau Victoria haben sich hier mit ihren drei Kindern auf 80HA Land ihren Traum erfüllt. Alles ist unheimlich liebevoll gestaltet, dekoriert und mit Bedacht ausgetüftelt. Man merkte sofort, dass die Familie im Winter tatsächlich selbst in der Finca lebt.

Wir Vier bezogen unsere Zimmer im Erdgeschoss, Marion und Micha bekamen das Zimmer im ersten Stock mit wunderschöner Terrasse inklusive Meerblick. Dafür hatten Jens und ich über unsere Terrassentür direkten Zugang zum Pool. Aufwachen, raus an die Luft und direkt in den Pool springen. Herrlich! Übrigens ein Infinitypool mit Blick auf die daneben liegende Plantage mit Schafen. Mandel-, Oliven- und Johannesbrotbäume befanden sich dort auf einem steinigen Acker. Die Schafe kamen abends im Sonnenuntergang den Berg von ihrem Stall hoch zu uns an den Pool. Wir hörten sie schon von Weitem durch das Klingeln der Glöckchen um ihren Hals. Dann saßen wir manchmal schon nur noch zu viert am Pool, tranken Rioja und hielten die Füße ins kühle Wasser.

Fast jeden Morgen fanden wir Gemüse oder Obst auf der Terrasse. Dann wussten wir, dass Pep wieder da war, um den Pool zu reinigen und seine Tiere zu versorgen. Viele Dinge, die wir zum Kochen benötigten, durften wir im eigenen Gemüsegarten ernten. Zwiebeln, Tomaten, Auberginen, Zuchinis, Limetten, Zitronen...und dazu Eier von "unseren" sechs Hühnern. Die Kinder liebten es, jeden Tag mit einem von uns zum Stall zu gehen und mit einem Körbchen in der Hand frische Eier zu holen. Dann kam immer ein Huhn zum Einsatz, das Mia "Zickhuhn" getauft hatte. Zickhuhn machte nämlich immer einen riesen Rabatz, wenn man sein Unwesen im Stall trieb und ihre Eier klauen wollte, während die anderen Hühner sich mit Essensresten ablenken ließen, die wir über den Zaun warfen. Mads hingegen schüttelte auf dem Weg dorthin alle paar Schritte seine kleinen Sandalen-Füßchen: "Das piekst!", "Piekst schon wieder!", "Aua, piekst! Hüüühhner!!! Wo seid ihr? Faule Hühner, keine Eier gelegt!"...zum Schießen!

Neben unseren Hühnern und unserer Gartenschildkröte Clyde (Pep hatte sie uns am Tag unserer Ankunft im Unterholz gezeigt) gab es auf dem Grundstütz auch noch eine streundende Katze, die Mia "Konfetti" getauft hatte. Mads hatte etwas gebraucht, um den Namen "Konfetti" richtig aussprechen zu können. Die Katze wirkte etwas getroffen, nachdem sie einen ganzen Tag immer nur "Fetti" genannt wurde.

Man hätte die Finca gar nicht verlassen müssen, sondern hätte den ganzen Tag dort verbringen können. Wir lagen faul in der Sonne, planschten im Pool, machten Siesta. Bis es Zeit war zu kochen und wir frische Garnelen in die Pfanne und Steaks auf den Gas Grill warfen und sich alle mit dem typischen "mhmm" auf die Köstlichkeiten stürzten. Wenn etwas übrig war, bekamen es die Hühner und Konfetti.

Wir machten Ausflüge an verschiedene Strände, auch wenn es dort in den Ferien wirklich voll war und wir merkten, dass man uns nach dem Leben auf unserer einsamen Finca sicherlich erstmal wieder resozialisieren musste. Es Trenc war toll! Das Wasser war klar und der Sand weiß. Beim Schnorcheln begegnete man ein paar Fischen zwischen Felsen im Meer. In Sa Coma war das Wasser sehr wellig und aufgewühlt und zu unserer

Zeit sehr voll von angespültem Seegras. In Cala Agulla waren die Wellen überkopf-hoch und wir wurden hier und da mal durch den Vollwaschgang gedreht. Die Kinder wurden mit Sandburgen bauen abgelenkt und jeder von uns durfte sich bei roter Flagge mal ordentlich durchspülen lassen. In Cala Millor war es an unserem letzten Tag überraschenderweise gar nicht so voll und das Meer klar.

Eine tolle kleine Naturbucht (kein Sand, sondern große Steine) fanden wir in der Mitte unserer Zeit am Cap de Formentor. Etwas Sportlichkeit war gefragt, da es keinen richtigen Weg gab, sondern nur einen sehr steilen Trampelpfad durch die felsige Landschaft. Unten angekommen sprang Jens von den Klippen direkt ins türkise Meer, wir zogen mit den Kindern den sanften Weg in das flach abfallende Wasser vor. Nicht nur Menschen fanden die Bucht toll, sondern auch ein großer Ziegenbock, der immer wieder hin und her flanierte. Das Meer für uns alleine hatten wir spätestens als Jens erst am rechten, dann am linken Arm von einer Feuerqualle gestochen wurde. Trotzdem ein bezaubernder Ort!

Das Cap de Formentor ist sowieso immer wieder schön. Wobei man sagen muss, dass der Leuchtturm am Ende nicht unbedingt das Highlight der Fahrt ist. Aber der Weg ist hier das Ziel und so ging es uns auch diesmal wieder. Der Blick ist die ganze Zeit toll und man weiß oft nicht, wo man zuerst hinschauen soll. Und auf der Fahrt dorthin standen auf einmal Tobi und Lissa, Freunde von uns aus Deutschland, am Straßenrand und machten gerade Pause. Mallorca ist eben auch nur ein Dorf!

Kulturell blieb es diesen Urlaub etwas auf der Strecke. Aber auf dem Rückweg von Cala Agulla entdeckte Mia das Castell de Capdepera auf einem Berg und wir beschlossen, spontan dort anzuhalten. Wieder ein steiler Weg, aber diesmal nach oben und befestigt. Für drei Euro Eintritt konnte man sich im und um das Castell umsehen, auf die Burgmauern klettern, in das Museum gehen und sogar die Glocken läuten, wovon Mads natürlich nicht genug bekommen konnte. Für Mia war es ein Abenteuer, alles zu erkunden und ich zündete in der Kapelle eine Kerze für Ida an.

Son Servera gefiel uns auch gut. Ein kleines, verträumte Städtchen. Auf den ersten Blick nicht zu touristisch. Wir gingen dort im "La Bruschetta" essen, das Pep uns am ersten Tag empfohlen hatte. Ohne ihn hätten wir es sicherlich gar nicht gefunden. Als wir in die Seitenstraße bogen und von Weitem das Schild "La Bruschetta" erkennen konnten, sah man nichts als eine karge Mauer zwischen den Häusern. Doch hinter dieser Mauer war ein kleiner Innenhof, der unheimlich idyllisch war. Die Pizza und unser Nachtisch schmeckten auch fantastisch. Mia lernte zwei Mädchen kennen und streifte mit den beiden im Innenhof umher. Wir tranken Wein und Bier und genossen das Flair.

Der Urlaub ging nach viel zu kurzen zehn Tagen zu Ende und wir ließen im "Restaurant Binicanella" alles noch einmal Revue passieren. Mia war mit einer Horde Kinder los gezogen und spielte irgendwo auf dem Gelände des alten Klosters und wir aßen Spanferkel, dessen Fleisch vom Knochen abfiel, so saftig und zart war es. Natürlich war auch dieses Restaurant eines von Peps Empfehlungen und es war mit Abstand neben dem "La Bruschetta" das Beste, wenn auch die Steaks im "Bonanza" gut waren und das Flair mit Live-Musik im "Café del Sol" am Strand von Cala Millor im Sonnenuntergang wirklich schön war. Zum Nachtisch gab es Crema Catalana und für Mads ein Vanilleeis. Als es kam, war er ganz entrüstet und schüttelte sich: "Da ist eine Blume in meinem Eis! Eine Baby-Blume!"...es war ein bisschen Minze zur Dekoration...

Ein paar Restaurants stehen noch auf Peps Liste und kaum Zuhause angekommen, vermissen wir nun schon unsere Schafe und Hühner und natürlich die Finca mit ihrem schönen Pool. Aber die schönsten Urlaube sind doch die, bei denen man sich hinterher wünscht, ein paar Tage mehr eingeplant zu haben...

PS.: Hier noch ein paar Tipps, wie der Urlaub mit Freunden ohne Stress und Streit klappt:

Mietet mehrere Autos! Wir hatten eins je "Familie" und somit hatte jeder die Freiheit, das zu tun, worauf er Lust hatte. Was mich zu Punkt 2 führt.

Hängt nicht jeden Tag aufeinander. Nicht alle haben jeden Tag Lust auf dieselben Ausflüge, Strände oder darauf am Pool zu bleiben. Es sollte nicht zu Stress führen, wenn mal jemand etwas alleine machen möchte. Während wir in Cala Millor im Kinderparadies waren und unsere Kinder auf der Hüpfburg oder beim GoKart fahren beobachteten, fuhren Marion und Micha nach Palma und schlenderten durch die Stadt.

Zu guter Letzt: Macht immer das Beste daraus! Am Strand von Cala Agulla sah ich in die sich auftürmenden Wellen und fragte mich, was wir mit zwei kleinen Kindern hier machen. Aber dann tobten eben mal wir Erwachsenen im Meer und hatten riesen Spaß und die Kinder waren im Sand mit Eimer und Schaufel zufrieden.

2018 Luck to the Irish

Die besten Dinge passieren doch oft ganz spontan und mit einem gewissen Anteil an Eigendynamik. So wurde kürzlich die Idee "Drei Mädels fahren zu einem Konzert nach Bremen" zu "zehn Kollegen fliegen zusammen ein Wochenende nach Dublin".

Aber von vorne... Im Oktober hatten meine Kolleginnen Kim, Sophie und ich die Idee zu einem Konzert von "The Kooks" nach Bremen zu fahren. Leider kam ziemlich schnell die Ernüchterung, dass der Termin nun leider gar nicht passte. Ein - eigentlich aus Spaß - in die Runde geworfenes "Die spielen übrigens auch in London und Dublin" löste dann eine Art Dominoeffekt aus. Plötzlich waren wir angefixt von der Idee und entschieden uns letztendlich für Dublin, da das Konzert dort von der Gästeanzahl her viel kleiner war (nur 1.200 statt 12.000 Tickets) und zudem im schönen, alten Olympia Theatre stattfinden sollte.

Durch unsere Vorfreude und unsere "mega" Begeisterung kam die Idee von der Dublin-Tour auf der Arbeit in Umlauf, so dass plötzlich mehr und mehr Kollegen nachfragten, ob man sich uns anschließen könnte. Je mehr desto lustiger, dachten wir uns und Bedenken, ob dieser zusammengewürfelte Haufen in Dublin irgendwie zu Problemen führen könnte, hatten wir gar nicht. Ganz entspannt buchte jeder aus unserer zehnköpfigen Reisegruppe nach und nach Konzerttickets, Flug und Hotel. Flo z.B. buchte als großer Kooks-Fan direkt von seiner Hochzeitsreise in Neuseeland. Michaela, Lars und Thomas kamen hingegen lediglich wegen Dublin als solches mit und nicht wegen des Konzerts.

Dirk versorgte uns nach der Ankunft im Hamburger Flughafen Hotel am Donnerstag bereits mit dem ersten Guinness des Trips. Nicht zu vergessen das Irische Brot, das seine Frau Marion für uns gebacken hatte und das wir ob der späten Anreise dankend in uns hinein futterten. Wie auf Klassenfahrt waren wir in HH alle auf einem Flur untergebracht, bis auf Lars, der versehentlich ein Zimmer mit "Shared Bathroom" in einem anderen Trakt gebucht hatte. Naja, immerhin hatte er dafür auch aus Versehen "Priority Boarding" gebucht. Im Leben gleicht sich eben immer alles irgendwie aus. Den Abend beendeten wir relativ frühzeitig, um fit in Dublin anzukommen *("Ich geh jetzt eine rauchen, dann kannst du schon mal unter die Dusche!" - "MUSS ich duschen?")*.

Und dann kam die wunderbare Eigendynamik noch mehr ins Spiel. Irgendwie war nicht nur das Einbuchen der jeweiligen Teilnehmer in unser Erlebnis unheimlich unkompliziert, auch die Wochenendplanung entwickelte sich ähnlich.

Während Sophie uns vorschlug, am Freitagabend zum Greyhound-Rennen zu gehen und beim Wetten dann ordentlich absahnte (soweit mit einem Einsatz von einem Euro möglich), buchte Lars einen Tisch für alle im Wagga Mama für Samstag. Als der Großteil der Gruppe zum Konzert der Kooks ging, suchte der Rest bereits eine nette Location für danach (mit pinkem Himbeercocktail, mhmmm...). Gemeinsam erkundeten wir alle zusammen das Gelände des Trinity Colleges. Sophie begleitete die Jungs am Samstagnachmittag ins Guinness Storehouse und lernte erstmal ein ordentliches Guinness zu zapfen, während Merle, Kim, Michaela und ich shoppen waren und am Kamin eines netten Cafés in der Grafton Street ganz relaxed Bailey's Coffee schlürften. Den hatte man dort zwar nicht auf der Karte, aber dafür Kaffee und Bailey's...selbst ist die Frau. Dabei beobachteten wir dann die Iren und ihren interessanten Kleidungsstil.

Kurzes Rechercheergebnis unserer Shopping- und Pubtouren: Neben Plüschfelljacken in den grauenvollsten Farben waren anscheinend auch Hotpants in ihrer kürzesten Form in Kombination mit Netzstrumpfhosen bei Damen jeglicher Statur angesagt. Nicht zu vergessen die Männer in viel zu engen Hosen...("Der 'klassische' Rechtsträger"). Wir zogen es vor, unserem normalen Shoppingmuster treu zu bleiben.

Parallel waren die mitreisenden Herren zum...äh...künstlerisch geprägten Kulturprogramm ("Irisches Nationalmuseum") übergegangen und begannen sich auch eher mit der Materie "Kleidung in Irland damals und heute" zu beschäftigen (siehe Foto).

Tagsüber waren wir also schon gut unterwegs und abends zogen wir von Pub zu Pub bis Merle und Flo die Herde immer in unseren "Stamm-Pub" mit live Music in Temple Bar trieben *("Ohhhh! OOH! Schon 1 nach zwölf!!!")*.

Dazu kam noch das lang ersehnte Konzert der Kooks, das natürlich der Hammer war. Wir standen im altehrwürdigen Olympia Theatre ziemlich nah vor der Bühne und sangen laut (und auch in den Folgetagen immer und immer wieder): "Do you want to go to the seaside? I'm not trying to say that everybody wants to go..."

Wobei der unkonventionelle Tanzstil des Leadsängers der Vorband natürlich auch nicht unerwähnt bleiben sollte. Bis heute begrüßen wir uns noch hin und wieder mit der dementsprechenden Tanzeinlage, wenn wir uns auf der Arbeit zufällig im Flur begegnen.

Ich würde mal sagen, dass unser verrückter Dublin Trip unbedingt nach einer Fortsetzung schreit. Reiseziel und Konzerthighlight stehen noch aus. Wenn doch wenigstens einer der irischen Greyhounds, auf die ich ja quasi ein Vermögen (!) gesetzt habe, mich mal reich gemacht hätte...wir hätten meinetwegen gleich am nächsten Wochenende die nächste Reise in genau dieser Gruppe starten können!

2018 Wo die Weser einen großen Bogen macht

Studieren in Hildesheim und Kopenhagen, Arbeiten in Sydney und das Weserbergland in weiter Ferne. Dass ich danach mal wieder hier lande? Wer hätte das gedacht. Aber ich habe da so einige in meinem Freundeskreis, die zurückgekommen sind und sich, nun alle in ihren 30ern, an der Weser zwischen Rinteln und Hameln niedergelassen haben. Aber irgendwie dennoch anders, als unsere Eltern damals. Für uns ist unser Zuhause die Basis für die Erkundung der ganzen Welt und mit der Rückkehr in die Orte, die man noch aus Kindertagen kennt, ist nicht unsere Jugend vorbei oder die schöne Zeit "damals" als man Mitte 20 war und mit dem Rucksack durch Thailand getrampt ist. Okay, unser Reisen hat sich mit Sack und Pack, Kind und Kegel natürlich verändert. Wir sind entspannter, klappern nicht zehn Sehenswürdigkeiten an einem Tag ab und die Kinder bestimmen das Tempo. Aber wir tun es noch und das mit dem Wissen, dass es da dieses schöne Fleckchen Erde mit dem eigenen Garten gibt, das auf uns wartet, wenn wir zurückkehren.

Meine Kollegen sagen es oft: "Ihr arbeitet beide in Hannover. Warum zieht ihr nicht in die Stadt?". Ob uns der Stau auf der A2 nicht nerven würde und dann die Spritkosten... - Ja klar, die Spritkosten sind hoch, aber der Preis für ein Eigenheim in Hannover noch höher (womit wir wieder beim Thema "Reisen" und dessen Finanzierung wären). Und der Stau? - Klar, der nervt manchmal. Aber für mich sind die (normalerweise) 30 Minuten auf der A2 die Zeit in der ich die Arbeit hinter mir lasse, auch im übertragenen Sinne. Dann höre ich Musik oder telefoniere ganz in Ruhe, bevor Zuhause die laute Bande auf mich einstürmt. Ich komme runter.

Wenn ich dann den Rohdener Berg herunterfahre, wird das begleitet von diesem "Zuhause-Gefühl". Am Ende der Abfahrt durch den Wald öffnet sich das Weserbergland und man guckt ins Tal. Jetzt bin ich da. Der Stress liegt hinter mir. Der Wald, durch den man fährt, ist wie ein grüner Tunnel. Dahinter wartet die Familie, der Garten, die Freizeit.

Ich muss dazu sagen, dass ich von jeher eher ein Familienmensch bin. Ich mag es, dass unsere Familien über die Jahre zu Einer verschmolzen sind und ich mag den Trubel wenn alle zusammen sind, durcheinander reden und Opa Werner vom Ende des Tisches ruft, ob ihm nun endlich noch jemand ein Steak auf den Grill legen könnte.

Zudem kommt hier der nächste Vorteil ins Spiel, wenn man mit über 30 wieder dort wohnt, wo man mit fünf schon gelebt hat. Die Familie ist ganz nah (aber auch wieder nicht zu nah, ihr versteht was ich meine...). Wir arbeiten beide in Vollzeit und es ist schön zu wissen, dass da die Omas und Opas sind, die unsere Kinder nach Schule und Kindergarten bespaßen. Man sitzt auf der Arbeit und hat dieses beruhigende Gefühl, dass gerade alle glücklich sind. Wahrscheinlich hat Opa Günter schon den Pool aufgebaut und alle planschen im Garten, während man bei 25 Grad im Büro schwitzt. Und wenn wir weggehen wollen, dann wissen wir, dass die Kinder bei den Verwandten gut aufgehoben sind. Sie freuen sich schon Tage vorher wieder unheimlich darauf, dort zu übernachten. Morgens mit Tante Ingrid Hühner füttern oder mit Tante Marion und Onkel Micha schwimmen fahren. Eine Win-Win-Situation: Die Kinder haben eine schöne Zeit und wir auch mal Zeit für uns.

Vielleicht wissen viele, die hier im schönen Weserbergland wohnen, ihre Gegend ja gar nicht so zu schätzen. Durch das Reisen bekommen wir immer mal wieder etwas Abstand und sehen unsere Heimat vielleicht doch noch mal etwas anders. Aber wir wohnen auf einem wirklich verdammt schönen Fleckchen Erde. Ob man nun in Rumbeck (auf "unserem" Grundstück) am Berg steht und zusieht wie die Sonne über dem Weserbogen untergeht, beim VW-Veteranentreffen das süße Hippieleben genießt, in Hameln auf der Insel mit einem kühlen Weizen in der Sonne sitzt und seine Kinder beim Spielen auf dem Spielplatz beobachtet. Mit dem Fahrrad auf dem Felgenfest, Mittelaltermarkt in Hameln, Familienfest in Hessisch Oldendorf und dann noch mal auf dem Hohenstein die Aussicht genießen...

Leute, schaut euch mal um. Es ist herrlich hier und uns wird so viel geboten! Dann wieder los, die Welt erkunden. Aber eins weiß ich ganz genau: Wie so Einige will ich hier einfach nicht weg. Und wenn es doch mal passieren sollte. Vielleicht mal beruflich für ein bis zwei Jahre ins Ausland oder so. Dann weiß ich schon jetzt: Ich komme ganz bestimmt wieder!

2018 Kroatien: Weltmeister der Herzen

Unglaublich, aber wahr! Das erste Mal in unserer Reise-Geschichte, haben wir es geschafft überpünktlich das Haus Richtung Flughafen zu verlassen. 21:30h sollte der Flug gehen und es war 18:45h!!! Jens, Mia, Mads und ich hatten noch Mias Freundin Lilly im Auto, die wir auf dem Weg Zuhause absetzen wollten, zudem hatten wir die Brückensperrung und den damit verbundenen Umweg einkalkuliert.

Außerdem wollten meine beste Freundin Julia und ich am Flughafen noch einen Prosecco trinken, um ihrer Flugangst entgegen zu wirken. Julia und ihr Mann Roman waren bei diesem Urlaub mit von der Partie.

Ein kleiner Anflug von Stolz überflog mich, als wir Richtung Hannover los fuhren. Kurz noch Google Maps angemacht...nur zur Sicherheit...um zu gucken, wie die A2 so aussieht...und dann...ALLES rot! Fast die komplette A2 zwischen Rehren und Herrenhausen blinkte mir in knalligem Rot entgegen. Zwei kilometerlange Staus und eine Vollsperrung bei Garbsen. Kurz vor der Autobahn zeigte Google als Ankunftszeit 21:34h an. Wir resignierten schon leicht (in dem Wissen, dass dies der einzige Flug innerhalb von 7 Tagen war) und der Stolz unserer äußerst frühen Anreise wandelte sich in hektisches Heraussuchen von Alternativrouten um, die natürlich auch alle extrem überfüllt waren. Roman und Julia waren ca. fünf Minuten vor uns unterwegs und wir hielten uns per Live-Standort und kurzen Anrufen über die aktuelle Lage auf dem Laufenden.

Man glaubt es kaum, aber unsere leicht stressige Route über die schönsten Dörfer Niedersachsens verhalf uns tatsächlich zu unserem Prosecco am Flughafen. Zudem hatte der Flieger 45 Minuten Verspätung und so konnten wir uns erstmal entspannen. Nach einem ebenso turbulenten Flug (wir flogen durch ein Gewitter und wurden ordentlich durchgeschaukelt!) sollte auch die 1 1/2-stündige Fahrt von Rijeka nach Funtana dem in nichts nachstehen. Das Gewitter war mittlerweile in Rijeka angekommen und verfolgte uns über die Autobahn. Zudem hatte Jens seinen Führerschein Zuhause "vergessen" (nein okay, wirklich) und ich musste das Auto durch Blitz, Donner, Hagel, Sturm und massenweise Wasser navigieren.

Am nächsten Morgen sah die Welt natürlich schon ganz anders aus und Mias Befürchtung, wir wären in Transilvanien gelandet, ließ sich bei schönstem Sonnenschein ganz schnell revidieren! Die meiste Zeit hatten wir wunderbares Wetter. Es waren rund 25°C und somit tagsüber perfektes Badewetter. Wir lagen faul auf den Felsen direkt am Hotel Maistra von Funtana auf unseren Handtüchern und sprangen von der ehemaligen Hafenmauer direkt ins glasklare Meer. Die Kinder befanden sich meist im flacheren Wasser der kleinen Bucht. Mia spielte, leise mit sich selbst redend, irgendwas mit Meerjungfrauen und Mads paddelte wie ein kleiner Hund nebenher. Oder sie verbrachten die Zeit auf dem Spielplatz oberhalb des Strandes. Jens hatte Tatendarang und schlug uns jeden Mittag bei der Wanderung zum Strand erneut etwas aus seinem Portfolio der Freizeitaktivitäten vor ("Wollen wir heute mal Tennis spielen?" "Wie wäre es mit Beachvolleyball?" "Oder heute mal MiniAuto?"). Und es fand sich meist jemand, der mitmachen wollte. Mia und Roman ließen sich zu einer Partie MiniAuto überreden, wir mieteten zu viert ein Tretboot und dann paddelten Jens und Mia im Zweier-Kanu aufs Meer hinaus. Ich schaffte es somit tatsächlich auch mal wieder ein Buch am Strand fast komplett durchzulesen!

Einen Tag machten wir eine schöne Bootstour mit Igor und seinem kleinen Motorboot. Nur Julia, Roman, Jens, Mia, Mads und ich. Igor fuhr mit uns in den Lim Fjord, nicht ohne uns nähere Informationen zu den dort gelegenen Sehenswürdigkeiten zu geben...unterirdischer U-Boothafen aus dem 2. Weltkrieg, Muschelfarm und größter Swinger-Beach Europas...Moment mal, bitte was? Was es nicht alles gibt. An einer Piratenhöhle machten wir Halt. Hier wurde damals Winnetou gedreht. Das sagte unseren Kindern natürlich nichts, allerdings sorgte die Bezeichnung "Piratenhöhle" schon für große Begeisterung.

In der anliegenden Bar nahmen wir ein kühles Getränk zu uns, bevor Igor uns in eine kleine Bucht im Lim Fjord fuhr, in der wir ein bisschen baden konnten. Damit wäre unsere Tour eigentlich beendet gewesen, aber Igor erklärte sich freundlicherweise bereit, mit uns noch zu einer der zahlreichen Inseln vor der Küste zum Schnorcheln zu fahren. Mads schlief auf dem Weg dorthin durch den starken Wellengang ein. Mia jauchzte vorne bei jeder hohen Welle laut auf, die kam, das Boot anhob und platschend wieder ins Wasser fallen ließ. Vor einer kleinen Insel ankerten wir und schnorchelten gemütlich am Riff entlang. Beobachteten Seeigel, Tintenfische und alles, was dort im klaren, türkisen Wasser an den Felsen herumschwamm.

In Funtana war ich schon einige Male. Das erste mal 1999 mit Julia und ihrer Familie, danach noch zwei weitere Male im Mädelsurlaub zu viert. Aber auch das letzte Mal war nun mittlerweile zehn Jahre her und es hatte sich in dem kleinen Örtchen einiges getan. Es gab tatsächlich nicht mehr nur einen kleinen Minimarkt und Obststände am Straßenrand, sondern ein großer Supermarkt hatte Einzug gefunden. Zudem gab es zwei neue Beachbars in der Nähe der Quellen von Funtana: Die Fuente Beach Bar und die Polidor Beach Bar. Beide waren sehr stylish eingerichtet, beide an einem Kiesstrand mit flach abfallenden Wasser. Super für die Kinder Die Schönere von beiden war die Polidor Beach Bar mit ihren Himmelbetten am Strand und der kleinen Bucht mit etwas Sand. Mads wollte dort so gern ins Wasser, dass er glatt seine Schwimmflügel vergaß, als er sich im flachen Wasser vom Boden abstieß und los schwimmen wollte. Wie ein Stein ging er unter und ich sprang, mein Prosciutto-Sandwich in den Sand werfend, direkt von der Liege gleich hinterher.

Abends fuhren wir abwechselnd in die nahegelegenen Städte, um zu bummeln und irgendwo ein gediegenes Mahl zu uns zu nehmen. Porec, Rovinj (das Venedig Kroatiens) und Vrsar sind wunderschöne Städte. Die Innenstädte von Porec und Rovinj sind mit Marmor gepflastert, eingerahmt von alten Gebäuden und kleinen Gassen. Beim Essen ließen wir es uns in unserer Woche in Kroatien schon ordentlich gut gehen. Tintenfischsalat, Nudeln mit Garnelen, Filetsteak mit Trüffeln, Schweinekeule und zum Nachtisch Palatcinke oder Tiramisu. An einem Tag war Hafenfest in Funtana und die Fischer grillten den Fisch direkt von den Booten. Mia aß zum ersten Mal gegrillten Hai und fand ihn super lecker.

Ein besonderes Highlight war natürlich, dass die Kroatische Nationalmannschaft in unserer Zeit in Istrien zwei Spiele der WM 2018 gewann und ins Finale einzog. Die Stimmung nach den jeweiligen Spielen war der Hammer. Das erste Spiel gegen Russland sahen wir im Hafen von Porec, wo die Fischer anschließend vor Freude ihre Leuchtraketen abschossen und die Leute auf den Straßen tanzten. Das zweite Spiel sahen wir sechs im Hafen von Funtana beim Public Viewing zusammen mit einer Familie aus Görlitz, mit deren Kindern Jette und Justus sich unsere Kinder angefreundet hatten. Das bedeutete natürlich, dass wir das Spiel ganz entspannt gucken konnten, während die Kinder auf der Wiese oberhalb des Hafens herumtobten ("Super-Katzen-Tempo!"). Beim Sieg gegen England bebte der Hafen, Bengalos wurden gezündet und ein Fan in kompletter Kroatien-Montur mit umgebundener Fahne lief mit einem Brexit-Schild durch die Menge. Hupende Autos fuhren Richtung Porec, wo wahrscheinlich die ganze Nacht gefeiert wurde. Wir gönnten es ihnen!

Kurzum: Wir werden Kroatien sicherlich wieder einen Besuch abstatten! Mia verabredete sich beim Abschied von Jette schließlich auch schon zu einem Wiedersehen im Hafenrestaurant von Funtana nächsten Sommer.

2019 Die Glücksritter von Kopenhagen

Manchmal braucht es nur etwas **Glück**. Erstmal das **Glück**, nach der letzten Reise nach Kopenhagen im Herbst 2018 erneut eine Reisegruppe zu finden, um schnellstmöglich wieder in diese wunderschöne Stadt zu kommen. Und dann muss man sagen, dass das **Glück** einfach das ganze Wochenende mit diesem kleinen, erlesenen Kreis der Reisenden war.

Zunächst sah es gar nicht so gut aus...unsere Reisegruppe von zwölf motivierten Kollegen schrumpfte beinahe täglich kurz vor Abfahrt zusammen. Am Ende blieben im harten Kern eigentlich nur noch vier von uns übrig, die sich im Multivan auf die Fahrt gen Norden machten. Weitere vier waren am Wochenende zwar ebenfalls in Kopenhagen vor Ort, machten aber weitestgehend ihr eigenes Ding.

Unsere **Glücks**strähne fing damit an, dass wir auf Fehmarn an der Fähre gen Dänemark ankamen, in der Erwartung 30 Minuten auf die Abfahrt laut Fahrplan zu warten. Wider Erwarten setzte sich das Schiff allerdings genau in dem Moment in Bewegung, als wir aus dem Multivan ausstiegen, um unseren gratis Kaffee und einen „Gute-Reise-Sekt" in der Cafeteria zu genießen. Da waren wir eigentlich schon im Flow...auffahren, übersetzen, weiterfahren...besser ging es eigentlich nicht!

Das Hotel Absalon, das Dirk und Marion ausgesucht hatten, erwies sich ebenfalls als Volltreffer. Es war stylish, lag im Zentrum und hatte eine kleine Bar mit einer Auswahl an verschiedenen Gin-Sorten. Zudem war sehr von Vorteil, dass man, ließ man sein Zimmer morgens nicht aufräumen, einen Gutschein für selbige Bar erhielt (im Wert von etwas mehr als einem Gin!). Und wenn man dann noch so viel **Glück** wie wir hatte, war das Zimmer bei Abruf des Gutscheins zufällig auch schon gemacht. Gutschein + sauberes Zimmer = Volltreffer!

Weiter ging die **Glück**ssträhne direkt am ersten Abend: Nach unserem Aufenthalt in Dublin im letzten Jahr fühlte es sich fast wie eine kleine Tradition an, den ersten Abend mit einem Essen im Waggamama zu starten. Das Waggamama, das wir aussuchten, lag in Laufweite vom Hotel am hübschen Vergnügungspark Tivoli. Zwei von uns verschafften sich versehentlich nach dem Essen kostenfreien Zutritt zu selbigem (Details seien hier nicht genannt, Fahndung läuft wahrscheinlich noch, ha), zwei weitere folgten durch den offiziellen Eingang. Und plötzlich fanden wir uns alle in Mitten von Tausenden tanzenden und singenden Dänen auf dem Konzert der Band „The Minds of 99" wieder („This ist the best Danish live Band!!!").

Es war natürlich...**Glück** und...der Hammer, denn feiern können sie! Wir tauchten ein ins Vergnügen und der dort angebotene Gin Tonic überbrückte auch die Sprachbarriere, so dass wir uns sogar bereit fühlten, mitzusingen („Fööön meine Leeeeber..."). Zudem erwies sich das Zurückbringen von pfandpflichtigen Gegenständen nach Ende des Konzerts auch noch als lukrative Einnahmequelle („Am Ende des Wochenendes gehen wir mit einem Plus raus! Was für ein **Glück**!"). An diesem Abend startete auch das Mysterium um die in unterschiedlichen Konstellationen erscheinenden und verschwindenden Stühle auf unseren zwei Hotel-Etagen und wir hatten plötzlich unverhofft Bargeld (ha...man muss dazu wissen, dass die Bankautomaten in Kopenhagen nur sporadisch funktionieren).

Nachdem wir am zweiten Tag entspannt zu viert gefrühstückt hatten, machten Kim und ich uns auf Erkundungstour in die Innenstadt. Im Hardrock Café nahmen wir ein kühles Getränk zu uns und streiften dann durch die Stadt...nur um fast Opfer eines Herzinfaktes zu werden, als plötzlich Lars, Kai und Chantal aus dem Nichts auftauchten. Zumindest die beiden Jungs sollten wir dann am Nachmittag beim GoBoat fahren noch einmal wieder sehen. Mal abgesehen davon, dass es während der Fahrt diesmal unglaublich kalt war, war es auch wieder einmal schön, die Stadt vom Wasser aus an sich vorbei ziehen zu lassen.

Und dann, das **Glück** war ja immer noch mit uns, kam nach der Bootsfahrt die Sonne raus. Dirk, Marion, Kim und ich genossen sie in

Nyhavn auf der Terrasse eines kleinen Pubs. Und das sogar so lange, dass wir fast den Absprung zu unserer abendlichen Restaurant-Reservierung verpassten. Ich hatte die Kødbyens Fiskebar reserviert.

Dort war ich im Herbst schon einmal mit meinen Freundinnen aus CPH-Zeiten und das Essen war wirklich himmlisch. Das Restaurant gehört zum Noma, dem besten Restaurant in Kopenhagen. Und wie es zum Wochenende passte: Unsere Kellnerin ließ uns nicht nur wissen, dass der Herr am Empfang heute der Chef persönlich ist, da es wohl viele Krankheitsausfälle gab. Sie hatte auch noch ein ganzes Portfolio an Bars und Clubs für unsere Abendgestaltung zu bieten, die sie uns fleißig auf kleine Zettel schrieb. Nachdem wir unter lauten „Ahhs" und „Mmmhhhmms" unser Menü in der Fiskebar verspeist hatten, landeten wir also in der Bar Lindkoeb. Wir hätten diese Bar niemals ohne unsere freundliche Kellnerin gefunden (**Glück**!). Sie lag in einem Hinterhof, dessen Eingang sich wirklich nur durch gezielte Wegbeschreibung erahnen ließ. Was hatten wir dort für einen Spaß mit unseren Sozialstudien „Das Leben der Dänen nach ein paar Cocktails"! Und als wir dachten, es könnte nicht mehr besser werden, stand plötzlich die Kellnerin der Bar vor uns: Es war versehentlich für jemanden der falsche Cocktail gemixt worden. Sie würde ihn uns gern schenken (**Glück**!!). Jetzt fehlte nur noch eins: Wir mussten irgendwo hin, wo man tanzen konnte!

Wenn man dann noch weiß, dass sich so manche Restaurants in der Kødbyen nachts in kleine Clubs verwandeln (auch ein Hinweis der Fiskebar-Kellnerin: **Glück**!!!), dann kann so ein Abend nur noch gut weitergehen! Wir tanzten bis die Lichter angingen...

Das führte allerdings auch zu der bleiernden Müdigkeit am Sonntag, als Kim und ich uns vom Rooftop Restaurant auf dem Illium in der Innenstadt über das dänische Designmuseum („Die Dänen lieben wohl Stühle...") bis nach Nyhavn auf eine dicke Waffel mit Eis und einen Kaffee schleppten, während Dirk und Marion die Stadt motiviert mit dem Rad erkundigten. Wir flogen noch am selben

Abend (nach einer ausgiebigen Portion Flughafen-Sushi) zurück. Sie blieben noch ein paar Tage länger und man munkelt, dass ihnen das **Glück** bis zum Ende ihrer Reise hold war...

2019 Tulpenalarm in den Niederlanden

Ein paar Tage hatten wir noch bis Ostern und dazu noch frei. Diese verbrachten wir mit den Kindern und Julia und Roman entspannt in einem kleinen Ferienhaus im Ferienpark Duinland in Sint Maartenszee in den Niederlanden. Zwischen uns und dem Meer erstreckte sich während dieser Zeit lediglich eine schöne Dünenlandschaft. Die Gegend erinnerte uns unheimlich an Sylt und ist sicherlich eine gut zu erreichende Alternative zur Fahrt bis hoch auf die Insel. Man hat Dünen, Strand und alle paar Kilometer Strandrestaurants auf Stelzen.

Wir hatten schon im Vorfeld gehört, dass April / Mai wohl eine der besten Zeiten für einen Urlaub in den Niederlanden wäre, denn es ist die Zeit der Tulpenblüte. Wir hatten zuvor noch keine Vorstellung von den zahlreichen, riesigen Tulpenfeldern, die uns vor Ort erwarten würden.

In dicken Streifen erstreckten sich Tulpen auf selbigen in den schönsten Farben. Fast gar nicht möglich, es zu beschreiben. Und auch die Kinder, die ansonsten nicht allzu viel für die botanischen Highlights unsere Sphären übrig haben („Das ist der allerdoofste Wald auf der ganzen Welt!"), waren ganz aus dem Häuschen. „Mama, Papa, guckt mal da!!! Tulpen in orange…Mads, deine Lieblingsfarbe!!!" oder auch das laut gerufene „Tuuuulpeeenaaalaaarm!!!", sobald wir mit dem Auto oder zu Fuß zufällig an einem der Felder vorbei kamen. Manchmal kamen wir aus den ganzen Tulpenalarmen auch gar nicht mehr heraus!

In der Nähe unseres Hauses gab es zudem auch noch das „Land van Fluwel", das Tulpenland. Dort konnte man sich einerseits über alles zum Thema Tulpenzucht und deren Geschichte informieren oder aber sich auf den zahlreichen Spielplätzen und Klettergelegenheiten vergnügen. Balancieren über Seile, Tret-Trecker fahren oder von Baumstamm zu Baumstamm hüpfend einen Bach überwinden und vieles mehr. Besonders Feuer und Flamme waren Mimi und Mads beim Barfußpfad, der einen Kilometer lang über das Gelände führte.

Man ging barfuß über verschiedene Untergründe, kletterte über Hindernisse oder tapste durch dunkle Gänge. Am Ende kam ein Schlammbecken (Muddy Angel Run lässt grüßen) und ein Wasserbecken durch die man waten musste. Alles naturnah im Dickicht des Fluwellandes. Nachdem wir uns erschöpft, nach dem Überwinden des letzten, vier Meter hohen Hindernisses (ein Balken über der Einfahrt zum Fluwelland, gesichert durch ein Netz) im zugehörigen Café auf Getränke und Pfannkuchen niederließen, ließen unsere Kinder nicht locker. Obwohl Mads wirklich mit seinen vier Jahren auch bei dem ein oder anderen Hindernis seine eigenen Grenzen überwinden musste (Respekt, dass er alles geschafft hatte), machten wir diese Barfußtour ein zweites Mal. So motiviert sind unsere Kinder wirklich noch nie durch Wald und Wiesen spaziert! Schwarze Füße vom Matsch hatten wir trotz intensiven Waschens auch noch nach Tagen, ...

Einen Besuch in der kleinen Stadt Den Helder oder des Käsemarktes in Alkmaar standen auch auf unserem Programm. Leider war der Käsemarkt ausgerechnet am Karfreitag, so dass die Stadt brechend voll war und man sich durch Menschenmengen schob, um der Verladung des Käses zuzusehen oder an einem der kleinen Stände Käse zu verkosten und für die Lieben daheim einzukaufen. Da es an diesem Tag auch besonders warm war, waren wir alle einfach nur froh, am Nachmittag endlich entspannt am Strand zu liegen. Bei rund 20°C und Sonne konnten wir die Kinder buddeln und Muscheln sammeln lassen, wie auch an den meisten anderen Tagen.

Abends hatten wir mit der Auswahl unserer Restaurants wirklich immer Glück. Ob es das italienische Essen im "O sole mio" war oder lecker Surf and Turf im "Lekker Puh" oder aber an unserem letzten gemeinsamen Abend ein wunderbares Menü im "De Bokkesprong". Wir haben es uns auf jeden Fall gut gehen lassen! Was ich auch betonen muss, ist die Kinderfreundlichkeit in allen holländischen Restaurants, die wir besucht haben. Gerade in den etwas Feineren hätte man in Deutschland eher schon Seitenblicke des Personals geerntet, wenn man mit sechs Personen inklusive Kindern das Haus betritt. Im "De Bokkesprong" zum Beispiel wurden unsere Kinder sofort vom Chef persönlich mit je einem Geschenk (Knicklichter) und diversen Malutensilien ausgestattet, was auch uns vier Erwachsenen natürlich den Abend entspannter verbringen ließ. Dort gab es außerdem sogar eine eigene Kinderkarte mit diversen Gerichten (z.B. "Kinder-Carpaccio").

Da es uns so gut gefallen hat, haben wir selbst den letzten Tag noch bis zum letzten Moment ausgenutzt, haben am Strand bei 22°C in der Sonne gelegen und in der Strandbar "New Zuid" noch einen Abschiedspfannkuchen und Fisch and Chips gegessen, bevor wir uns auf die Rückreise gemacht haben. Wirklich schön ein paar ruhige Tage zu genießen, bevor der Ostermarathon mit der „buckligen Verwandtschaft" losging.

2019 Portugal – Ahora es el momento

Es war fast schon beängstigend, wie früh wir bei dieser Reise tatsächlich am Flughafen ankamen. Ich war begeistert! Kein Rennen, nicht ausgerufen werden, ganz entspannt einen Parkplatz suchen. Naja, ihr wisst ja, bei uns gibt es in solchen Konstellationen immer ein "Aber". Das "Aber" ereilte uns in dem Moment, als wir unsere Koffer ins Terminal transportieren wollten. Die Schlange unseres Check-In Schalters war nämlich die Schlange, die genau in der Schiebetür nach draußen endete. Ähm ja...so läuft es ja irgendwie immer in dieser Familie. Wir standen dort eine ganze Weile an und erst kurz vorm Boarding unserer Maschine fiel dem Bodenpersonal auf, dass noch fast die ganzen Passagiere in der Schlange standen. Das hatte dann immerhin den Vorteil, dass wir mit Priorität abgefertigt wurden und beim Security Check auch extra das Band für uns geöffnet wurde, damit wir uns nicht ganz hinten anstellen mussten. So einfach mal pünktlich, ohne die kleinen Komplikationen im Leben, los fliegen wäre ja auch langweilig und sehr untypisch für uns gewesen...

...und auch der Flug sollte dem in Nichts nachstehen. Wir waren noch etwa eine Stunde von Faro entfernt, als wir in einen Gewittersturm kamen und erstmal ordentlich durchgerüttelt wurden. Das Übliche "Hoch und Runter" kennt man ja, wenn man öfter mal im Flieger unterwegs ist. Dass der Wind von rechts ins Flugzeug knallt wie ein Rammbock hatte ich noch nicht erlebt. Das Flugzeug schwankte nach diesem Knall etwas und Mads sah mich mit aufgerissenen Augen an: "Mamaaaa, wir stürzen ab! WIR STÜRZEN AB!!!". Als Elternteil heißt in so einem Moment natürlich möglichst beruhigend antworten, auch wenn einem selbst das Herz bis in den Hals schlägt und sich ringsum bei den Mitreisenden auch schon leichte Panik ausbreitet. Da war dann leider auch die Ansage der Stewardess mit leicht zittriger Stimme keine große Hilfe: "Keine Sorge, meine lieben Fluggäste...äh, unser Flugzeug hält das aus. Das hält das aus! Solche Stürme sind, äh, für unser Flugzeug gar kein Problem...". Klang eher ein bisschen so als würde sie es vor sich selbst Mantra-artig herunter beten. Naja, was soll ich sagen: Unser Flugzeug hielt es tatsächlich aus. Auch wenn Mads beim ersten Bodenkontakt noch einmal kurz ausrief: "Mama, jetzt stürzen wir aber ab!".

Portugal war reine Erholung. Unsere erste Pauschalreise seit Jahren. Wir waren im "Hotel Dom Joao II" untergebracht und hatten dort alles was wir brauchten. Und direkt hinter dem Salzwasserpool im liebevoll angelegten Garten ging ein Holzsteg über die Dünen direkt zum Strand. Meine erste Assoziation war: Wie kann ein Ort in Portugal einen kurz mal an den letzten Sylt-Urlaub erinnern?

Nur die mit Palmblättern gedeckten Schirmchen am Strand und die sandfarbenen Klippen zur Linken ließen darauf schließen, dass man sich doch nicht an der Nordsee, sondern im tiefen Süden befand. Was man vom Atlantik natürlich nicht sagen konnte. Erfrischende 17 Grad gaben einem im ersten Moment das Gefühl, dass die Beine gleich abfrieren. Wenn man sich etwas daran gewöhnt hatte (eben doch wie auf Sylt), dann war es aber eine sehr gute Erfrischung. Mia und ich sprangen in den Wellen herum, die der Atlantik nun auch zu bieten hat. Seichtes Meerwasser wäre auch zu langweilig für uns gewesen. Ein leichter Wind wehte, so dass die rund 25 Grad sich unheimlich angenehm anfühlten. Man konnte wunderbar einen ganzen Tag am Strand verbringen, ohne sich zu sehr nach Schatten zu sehnen.

Gleich an einem der ersten Tage lernte Mia Mayra kennen, die etwas jünger war als sie, aber ebenso aufgeweckt. Die beiden verbrachten von diesem Moment an so viel Zeit wie möglich mit ihrer gemeinsamen Leidenschaft: den gesamten Pool mit der Taucherbrille zu ertauchen. Sie warfen Tauchbälle ins Wasser und holten sie vom Grund. Und wenn sie nicht im Pool tauchten, dann waren sie damit beschäftigt kiloweise Perlmutt und Muscheln am Strand zu sammeln, die sie uns stolz präsentierten. Mads war ganz angefixt von der Suche nach Perlmutt und entpuppte sich als wahres Perlmutt-Trüffelschweinchen: "Ich hab wieder ein Perlmutts gefunden...und noch eins...und da ist auch noch eins!". Also falls jemand Bedarf hat: Wir hätten da noch einen Sack voll Perlmutt auf der Terrasse stehen!

Dass Mia viel Zeit mit Mayra verbrachte, hatte für uns Eltern auf beiden Seiten einen Vorteil: Beide Mädchen waren nicht unbedingt Freunde ausgedehnter Strandspaziergänge (außer man lockte sie mit einer weiteren Muschel-und-Perlmutt-Suche, was wiederum zu mehr Übergepäck führte...ein Teufelskreis).

So konnten wir aber Mia bei Mayra lassen und mal ein wenig die Klippen am Ende unseres Strandes erkunden. Umgekehrt verbrachte

Mayra dann wieder etwas Zeit mit uns und ihre Eltern konnten ein wenig am Strand entlang schlendern.

Mit Mads krochen wir so in ein paar "Piratenhöhlen" in den Klippen und kletterten über Felsen. Er fand das alles ganz spannend und erzählte noch am Abend beim Essen ganz enthusiastisch davon ("Wir haben sogar die Pipi-Höhle der Piraten gefunden"!). Abends chillten wir bei einem Glas Wein oder spielten noch eine Partie MiniAuto (schließlich waren wir in einem Auto Resort). Nachts war die Luft meist angenehm kühl, so dass wir im Zimmer nie die Klimaanlage anschalten mussten und abends meist ein dünnes Jäckchen mit auf die Restaurant-Terrasse nahmen.

Über den Steg in den Dünen kam man nicht nur zum Meer, sondern auch in die nächstgelegene Stadt Lavor, in der abends jede Menge los war. Ein kleiner Rummelplatz für die Kinder der Touristen, jede Menge Bars und Restaurants am Hang, sowie eine kleine Promenade am Hafen. Jedes unserer Kinder durfte sich auf dem Rummelplatz eine Attraktion aussuchen. Mia tummelte sich in einer riesigen Blase auf einem kleinen Wasserbecken und lachte sich schlapp, während sie in dem Ding immer wieder versuchte auf die Füße zu kommen. Mads hingegen durfte nach etwas Diskussion mit dem Betreiber als kleinster Teilnehmer mit einem kleinen Quad Rennen gegen die größeren Kinder fahren.

Da unsere Mimi, wie gesagt, kein Freund ausgedehnter Spaziergänge ist, beschlossen wir mit der "Tschu-tschu-Bahn" zurück zum Hotel zu fahren (ihr alle kennt sie, diese kleinen, leicht peinlichen Züge, die durch Touristenorte fahren). Dummerweise fuhr diese abends nur im Kreis, so dass wir einmal durch die komplette Innenstadt fuhren, aber nicht zu unserem Hotel. Es war eine wilde, lustige Fahrt bergauf und bergab. Diese hatte allerdings zur Folge, dass wir dann eben noch eine Stunde später den ganzen Weg zurück zu unserem Hotel liefen (es war mittlerweile fast ein Uhr nachts), was Mia gar nicht in den Kram passte.

Leicht chaotisch war unser Ausflug nach Lagos mit dem öffentlichen Bus. Dieser fährt nur alle 1 1/2 Stunden und über Mittag dann eine ganze Weile gar nicht. In Lagos machten wir eine Bootstour mit einem kleinen Motorboot vom Veranstalter "Days of Adventure". Ich hatte von diesem bereits auf Tripadvisor gelesen. Es waren nur wir vier und noch ein weiteres Pärchen mit unserer kleinen Tour unterwegs zu den Ponta da Piedade.

Mia und ich konnten uns an den Klippen gar nicht satt fotografieren. Manchmal ist es ja schade, wenn man den Hang dazu hat, alles mit der Kamera festzuhalten. Man genießt den eigentlichen Augenblick gar nicht so. Dachte sich dann auch irgendwann meine Kamera und beschloss, sich auf der Rückfahrt mit dem Boot erstmal mit leerem Akku auszuruhen.

Wir schlenderten noch ein wenig durch Lagos, shoppten hier und da ein bisschen und erreichten den Bus zurück pünktlich um 14:20h, zehn Minuten vor Abfahrt. Schade nur, dass ich in der Zeile auf dem Fahrplan verrutscht war und der Bus bereits um 14:15h gefahren war. Anscheinend mit dem ersten pünktlichen Busfahrer in der Geschichte Portugals am Steuer, denn auf der Hinfahrt hatten wir entspannte 20 Minuten Verspätung gehabt, was uns auf der Rückfahrt nun natürlich entgegen gekommen wäre.

Aber was soll's! Nach einem Moment, in dem wir uns darüber ärgerten, dass wir nun noch 1 1/2 Stunden in Lagos auf den nächsten Bus warten mussten, ließen wir uns in einem Restaurant nieder, das eine Hüpfburg hatte für unsere lieben Kleinen! Erster Kommentar war allerdings: "Nein danke, es ist zu heiß. Ich mag jetzt nicht hüpfen!". Nächstes Mal tobe ich mich dort aus und alle müssen artig am Tisch sitzen bleiben!

Die größte Freude machte uns aber am Abend unser Hotelpersonal. Ich weiß nicht warum, aber abends klopfte ein Hotelpage an unserer Zimmertür und brachte uns Süßigkeiten für die Kinder und einen Gutschein für zwei Longdrinks an der Bar für uns. Wir fragten herum, aber anscheinend war nur uns diese Ehre zuteil geworden. Jeden Abend gab es in der Bar live Gitarrenmusik. Wir spielten Billard und genossen den kostenlosen Gin Tonic dazu. Wir hatten schon lange keinen so entspannten Urlaub mehr...

2019 Bulli Abenteuer

Seit unserem letzten Abenteuer mit einem geliehenen VW California waren wir durch glückliche Umstände selbst in den Besitz eines Bullis gekommen. Unser eigener Bulli! Ein Traum! Dieser sollte natürlich sofort Teil eines Abenteuers werden und wird uns sicherlich auch in der Zukunft (wenn wir wieder reisen dürfen) noch den ein oder anderen spannenden Urlaub bescheren!

Etappe 1: Die Rhön

Als wir aus dem sonnigen Portugal zurückkamen, empfing uns Deutschland mit 16° und Regenwetter. Kalte Füße und Gänsehaut inklusive! Wir machten kurzen Prozess, wuschen schnellstmöglich die nötigsten Kleidungsstücke und packten unseren VW California bis unters Dach, um der Kälte in Richtung Süden zu entfliehen. Wohin? Keine Ahnung! - Hauptsache warm, sonnig und entspannt zu erreichen!

Mit den Kindern wollten wir uns längere Autofahrten am Stück ersparen, also planten wir als grobes Ziel Nord-Italien und die Anreise in drei Etappen von je 250-400km. Unsere Campingplätze suchten wir immer spontan während der Fahrt oder am Vorabend im Internet und hatten wieder einmal das Reise-Glück auf unserer Seite. Jeder Einzelne war wirklich schön!

Da wir erst am Nachmittag los kamen, erreichten wir den Rhön-Campingpark gegen 22h am Abend. Das 1. Learning beim Betten-Aufbau, den wir als erstes erledigten: Egal, was ihr denkt, ihr habt zu viel Kram mitgenommen! Mia und ich hatten für all unsere Sachen extra durchsichtige Kisten gekauft, die man gut verstauen und dank angebrachter Räder einfach in und aus dem Bulli bekommt. Aber wie so oft, hätte man die Anzahl der eingepackten Klamotten stark reduzieren können! Denn, wenn man am Campingplatz ankommt, muss erstmal alles raus, was beim Umbau zum Schlaflager im Weg ist.

Der erste Betten-Aufbau gestaltete sich so noch etwas langwieriger, da auch die Rücksitzbank zum Umklappen noch in die optimale Position gebracht werden musste und alle Sachen, die man zum Schlafen und frisch machen so benötigt, noch nicht die schnell zugänglichen Plätze im

California gefunden hatten. Aber das sollte sich auf unserer Reise bald bessern! Es verging trotzdem nicht allzu viel Zeit und wir konnten in der Dämmerung die Besonderheiten unseres Campingplatzes erkunden.

Direkt angrenzend an den Platz befand sich ein kleiner Teich zum Schwimmen. Die Besitzer hatten hier neben einer kleinen Turmruine ein Floß installiert, mit dem man sich mittels eines Seils über den Teich ziehen konnte. In und um den Turm führten einige Röhren und Treppen, so dass die Kinder (und wir!) dort nach Belieben klettern konnten.

Die ganze Anlage sorgte bei unseren Kindern für so viel Begeisterung, dass wir uns am nächsten Tag (bei Sonne! Yes!) dort noch bis in den Nachmittag aufhielten. Die Besitzer waren Gott sei Dank ganz entspannt, so dass wir auf Nachfragen auch gern bis abends hätten bleiben können. Wir konnten gemütlich Sonne tanken, die Füße im Wassertretbecken abkühlen und chillen, bis um 15h nach der Mittagsruhe die Schranke des Platzes wieder aufging (willkommen in der reglementierten Welt der Campingplätze).

Ein unbedingtes Muss, wenn man in dieser Gegend "strandet", so wie wir, wäre ein Besuch der "Wasserkuppe", meinte der Besitzer noch am Morgen zu mir. Der "Berg der Flieger" ist der höchste Berg Hessens. Der Aufstieg zum Gipfel gefiel unseren Kindern gar nicht. Im Gegensatz zu Zuhause war es hier schon ziemlich heiß, zumindest für eine Wandertour. So waren wir ziemlich überrascht, als wir von oben das Fliegerdenkmal entdeckten, das etwas tiefer als der höchste Punkt gelegen ist, und unsere Kinder sich einig waren, dass wir da unbedingt runter (und wieder hoch!) klettern müssten. Herunter führte ein schmaler, steiler, steiniger Weg, der Abenteuer versprach. Unglaublich wie sich mit der richtigen Motivation ein "Ich kaaaaann nicht mehr!" zu einem "Los, klettert schneller!" wandeln kann.

Wir brauchen eben nur einen solchen richtigen "Abenteuerweg" und keinen popligen Wanderweg und dann läuft es anscheinend auch. Unbedingt merken!

Vom Denkmal aus hatte man einen schönen Blick auf den Gipfel, die dortige Wetterstation und die zahlreichen Gleitschirmflieger, die nacheinander in die Tiefe starteten. Auf unserem Rückweg entdeckte Jens einen etwas unscheinbaren, kleinen Laden mit Produkten aus der Region, der sich in einem größeren Gebäude unterhalb des Gipfels befand. Die meisten Leute schienen hier vorbei zu gehen, aber wir schlenderten hinein und deckten uns dort mit unterschiedlichen Mettwürsten, Käse aus der Rhön und Keksen ein und picknickten am Tisch vor der Tür mit einem schönen, frischen Kaffee.

Wir mussten schließlich fit sein für unsere nächste Etappe, die wir direkt im Anschluss an die kleine Wandertour starten würden...

Etappe 2: Das Lego Land Deutschland

Unsere zweite Etappe ließ uns wieder spät am Abend am nächsten Schlafplatz eintrudeln. Ich hatte auf der Fahrt nach Campingplätzen in der Nähe des Legolands gesucht, da der zugehörige Platz schon voll belegt war. Es war schon nach 21h als ich uns am Campingplatz Gutshof Donauried eincheckte. Wir waren etwas müde und vor allem hungrig, so fragte ich an der Rezeption direkt nach einem leckeren Restaurant in der Nähe. So gab es an diesem Abend (noch fernab von Italien) die erste Pizza unserer Reise in der "Pizzeria Italia - bei Maria" in Niederstotzingen. Sie war wirklich lecker und sollte zudem die Günstigste auf unserer weiteren Reise sein!

Der Campingplatz war wieder einmal ein Glückstreffer: auf einem alten Gutshof gelegen, ganz idyllisch mitten in Feldern an einem kleinen Badesee (mit Rutsche!). Leider hatten wir gar nicht die Gelegenheit ihn lange zu genießen, da wir morgens direkt nach dem Frühstück in Richtung Lego Land Deutschland aufbrachen.

Hier muss ich sagen, dass das Lego Land seit langer Zeit ein Versprechen an Mads war! Und zwar hatte ich immer wieder davon geschwärmt, wie es wäre, eines Tages einen VW California zu fahren. Mads hatte dann immer hinzugefügt, dass wir unsere erste Tour dann unbedingt nach Dänemark ins Lego Land machen müssten, weil zu der Zeit gerade ein Freund von ihm dort gewesen war. So hatten wir diese erste Tour mit "unserem" Cali eigentlich in Richtung Norden geplant, aber durch die Wetterverhältnisse wurde es dann eben doch der Süden und somit das Lego Land Deutschland. Die Kinder waren ganz aus dem Häuschen als wir durch die Miniaturwelten spazierten, wo es hier und dort diverse

Kleinigkeiten zu entdecken gab. Hamburg, Amsterdam, Venedig und dann...Jens Traum...die Allianz Arena. So hatte auch Papa etwas davon!

Mads wollte unbedingt zu allem, das mit "Lego Ninjago" zu tun hatte und Mia suchte fast vergeblich nach ihren geliebten "Lego Friends". Wir hatten noch unsere "regionalen Köstlichkeiten" aus der Rhön im Rucksack und machten hier und da mal ein kleines Picknick, bevor wir uns dem nächsten Fahrgeschäft widmeten. Ein schöner Tag, aber das Lego Land ist auch nicht billig, muss ich sagen. Wir hatten ein Online-Familienticket (wer mag, kann den Preis gern recherchieren...), das man mobil am Eingang vorzeigen konnte. Immer noch günstiger als die Karten direkt vor Ort zu kaufen, aber dennoch ein kleines Vermögen, das man hier investierte!

Wir hatten auf jeden Fall viel Spaß! Die persönlichen Highlights beider Kinder war die "Lego Ninjago - Bahn", bei der man während der Fahrt mit 3D Brille die Lego Ninjas unterstützen musste, in dem man Feuerbälle auf große Schlangen und böse Ninjas (keine Ahnung, wie die in dem Film heißen,) schießen musste.

Alle waren k.o. und glücklich, als wir zum Bulli zurück kehrten und uns auf den Weg zu Etappe 3 machten: dem Allgäu...

Etappe 3: Das Allgäu

Im Allgäu in dem kleinen Örtchen Scheidegg waren Mia und ich 2014 auf Kur. Ein besonderes Gefühl hierher zurück zu kehren!

Nun in besseren Zeiten und zu viert mit unserem kleinen Madsi! So schön, wenn man an einen Ort zurückkehrt, an dem man noch tiefe Wunden hatte und nun nur noch die Narben spürt. Man weiß, dass man auch schwierige Zeiten nahezu unbeschadet überstehen kann. So fühlte ich mich zumindest, als wir an unserer damaligen Kurklinik vorbei fuhren und noch mal nach all der Zeit einen Blick darauf warfen.

Wir hatten wieder einmal von unterwegs aus einen Stellplatz für die Nacht gesichert. Diesmal auf dem örtlichen Caravan-Parkplatz. 13,50€ inkl. Strom war für uns wirklich ein Schnäppchen! Dazu noch schön gelegen, direkt neben dem Kurhaus inmitten von blühenden Wiesen auf denen die Kühe wie im Film mit ihren klappernden Glöckchen grasten. Im Kurhaus waren Toiletten und Duschen, so dass man auch hier rundum versorgt war.

Mia und ich wurden damals natürlich voll versorgt während unseres dreiwöchigen Aufenthalts, daher kannte ich mich mit den hiesigen Restaurants nicht aus. Aber dank Tripadvisor fanden wir auch hier ein nettes Wirtshaus, in dem wir uns hungrig auf das leckere Essen stürzten. "Zum Hirschen" war natürlich auch eine sehr authentische Bezeichnung eines typischen Allgäuer Restaurants.

Unseren Stellplatz bezogen wir wieder einmal in der Dämmerung. Das Aufbauen der Betten klappte mittlerweile wie am Schnürchen. Und am Morgen machte ich mich 1,5km zu Fuß auf den Weg in den kleinen Ort, um Brötchen zu holen bzw. Semmeln. Coffee-to-Go natürlich ebenfalls. Endlich mal wieder ordentlicher Kaffee zum Frühstück!

Kurz auf dem Campingkocher meines Papas aus den 80ern Eier gekocht und dann gemütlich gefrühstückt! Danach spielten die Kinder noch etwas im Schatten des Bullis auf ihrer Spieldecke und wir beobachteten eine Frau, die neben uns mit ihrer Freundin campte und verdächtig nach meiner Oma Lina aussah. Mal abgesehen davon, dass Oma Lina leider nicht mehr unter uns ist, hätte sie zudem auch niemals gemütlich mit ihrem iPad in einem Liegestuhl gelegen, was mich etwas zum Schmunzeln brachte. Allerdings waren meine Oma und mein Opa große Camping-Fans und waren oft mit dem Zelt und später dem Wohnwagen unterwegs. Vorwiegend in Skandinavien. Ein Traum von mir ist ja, eines Tages mal eine Tour zum Nordkap anhand eines Reisetagebuchs meines Opas nachzufahren. Kürzlich hatte mein Onkel Klaus es mir feierlich überreicht mit dem liebevollen Hinweis, dass ich sicherlich etwas damit anfangen kann. Oh ja, eines Tages...

Es war ein herrlicher Sonnentag. Mia und ich kannten das Alpenfreibad noch von unserem damaligen Aufenthalt und ich hatte es damals schon so schön gefunden - also nichts wie hin! Eigentlich ist es ein großer Schwimmteich mit einem herrlichen Blick Richtung Alpen. Genau das

Richtige für ein paar chillige Sonnenstunden, bevor die wilde Fahrt weiter gehen würde.

Nachdem wir ordentlich im Wasser geplanscht hatten und Mia nach Portugal mal wieder richtig tauchen konnte, setzten wir unsere Tour fort. Es gab noch einen kurzen Zwischenstopp in Lindau, wo wir wohl das dekadenteste Mahl unserer Reise zu uns nahmen. Leider in einem Restaurant mit einem sehr unfreundlichen Kellner, so dass ich nur zähneknirschend ein klein wenig Trinkgeld gab.

Am selben Abend noch umfuhren wir die knapp 20km österreichische Autobahn, bevor wir die Schweiz erreichten. Schnellstmöglich besorgten wir uns dort eine Vignette und dann ging die Reise durch die Schweiz los! Ziel unserer vierten Etappe war...

Etappe 4: Der Markt von Cannobio

Nach einer wilden Fahrt durch die dunkle Schweiz erreichten wir unsere Ferienwohnung in Tenero-Contra am Lago Maggiore erst um 23h. Alex Mutter hatte sie uns netterweise spontan vermietet. Einen Campingplatz an einem der Seen in Norditalien kurzfristig zu reservieren war in den Ferien nahezu unmöglich gewesen.

Alex hatte mir die Adresse als Standort über Whatsapp geschickt und dazu noch jede Menge Vorschläge für Orte, die wir uns ringsum anschauen konnten. Ich klickte also die Adresse in ihrer Nachricht an und wir ließen uns direkt dorthin navigieren...bzw. die Straße wurde enger, es ging steil den Berg hinauf, Serpentinen kamen, dann mehrere kleine Tunnel...die Straße wurde immer abenteuerlicher, vor allem mit unserem breiten VW California und noch dazu im Dunkeln. Jens sah mich fragend an: "Hier soll irgendwo ein mindestens achtstöckiges Haus sein?".

Irgendwann kam die Ansage "Ziel erreicht" und Jens und ich guckten verwirrt in die Dunkelheit. "Hier fahren wir aber nur einmal hoch und nicht mehr runter!", meinte er und wischte sich über die Stirn. Ich schaute mich mit einem großen Fragezeichen im Gesicht um: "Hier ist doch gar nichts...". Und dann, nachdem ich noch mal kurz meine Nachrichten kontrolliert hatte, fiel es mir wie Schuppen von den Augen. Ich hatte uns versehentlich zu einem Ausflugsziel aus Alex' Portfolio navigiert. "Ähem, wir müssten dann doch wieder ins Tal zurück...direkt an den See. Ich habe uns versehentlich zu DER Staumauer navigiert, von der James Bond gesprungen ist...". Jens guckte mich entsetzt an und suchte dann grummelnd nach einer Möglichkeit auf dieser Abenteuerstraße im Dunkeln zu wenden.

Am besten war der Blick, der uns erwartete, als wir morgens zum Frühstück den Tisch auf dem Balkon deckten. Achter Stock mit Blick auf den Lago Maggiore. Man kann schlechter leben. Dazu war es warm und sonnig. Eigentlich schon zu warm, gefunden zu haben.

Alex hatte uns empfohlen, an einem Sonntag den Markt in Cannobio, kurz hinter der italienischen Grenze zu besuchen. Dort kann man leckere Salami, Käse, Früchte usw. probieren und kaufen. Ein Problem gab es nur: Finde mal in Cannobio zur Marktzeit einen Parkplatz! Wir kurvten und kurvten durch die Stadt. Es war nahezu unmöglich und wir waren schon kurz davor aufzugeben. Aber dann war sie da: Eine Lücke, die auch noch groß genug für den Bulli war.

Wir deckten uns, für uns und die Lieben Zuhause, mit Trüffelsalami ein und kauften Weintrauben und Pfirsiche zum Naschen. Zwei Flaschen Wein, für die gemütlichen Abende auf dem Balkon und Crissinis als Snack. Nach dem Markbesuch hielten wir am Hafen die Füße ins Wasser und knabberten ein bisschen was von unseren Einkäufen.

Cannobio ist wirklich unheimlich schön! Auf dieser Reise war es meine Lieblingsstadt. Die Stadt ist verwinkelt und erinnert mich irgendwie an die italienischen Städte, die ich noch aus Kindertagen von den Campingtouren mit meinen Eltern kenne. Wir schlenderten die Promenade entlang wieder zurück zum Auto und beschlossen den Rest des immer wärmer werdenden Tages am Strand vor unserem Haus zu verbringen.

Es wurde langsam wirklich brütend heiß. 36 Grad waren an der Tagesordnung. Das Handy zeigte hingegen an, dass es in Deutschland zumindest momentan noch bewölkt und knappe 20 Grad hatte. Dann doch lieber schwitzen am Lago als Zuhause wieder kalte Füße bekommen! Auf dem Spielplatz neben unserem Haus chillten Jens und ich auf der

Decke im Gras, während die Kinder sich auf dem Weg zum Strand noch einmal richtig austobten. Der Blick auf die Berge war dabei auch nicht übel.

Als wir im Lago Maggiore an diesem Abend badeten, bekamen Mads und ich im Wasser besonderen Besuch. Über die Wasseroberfläche schlängelte sich eine dicke, dunkle Schlange! Sehr zur Freude sämtlicher Badegäste, die teils panisch aus dem Wasser sprinteten und teils mit großem zoologischem Interesse näher kamen. Mads war begeistert! Und ich war...verwirrt, da er Zuhause bei jeder kleinen Ameise im Wasser sofort Reißaus nimmt und in Portugal einen ganzen Nachmittag nicht mehr ins Meer gegangen war, weil wir einen Krebs am Strand gefunden und zurück in die Wellen befördert hatten.

Unser Abendessen wollten wir in Locarno zu uns nehmen. Wir hatten alle Lust auf eine schöne Pizza, die wir im Restaurant "Spaghetti Pomodoro" auch bekommen sollten. Der Blick auf den Hafen gehörte dazu.

Zufällig fand am selben Abend das letzte Mal das "Moon and Stars"-Festival, ebenfalls am Hafen, statt. Wir hatten von unserem Balkon aus bereits jeden Abend das bunt beleuchtete Riesenrad auf der anderen Seite der Bucht gesehen und die Kinder hatten schon mehrmals gesagt, dass sie dort unbedingt mal hin wollten. Zufällig war dieses nun ganz nah an unserem Restaurant. Eine Band spielte live auf einer Bühne und Mads ließ sich von der Musik mitreißen. Es war zum Schießen! Er tanzte und hüpfte im Takt. Versuchte Jens und Mia dazu zu bewegen, sich mit ihm zu drehen. Ich versprach ihm, ihn in zehn Jahren mit zum Hurricane Festival zu nehmen, wenn er weiter so ein kleiner Partylöwe wäre.

Zu guter Letzt erfüllten wir den Kindern dann noch den Traum mit dem Riesenrad. Als die Kassiererin mir freundlich "Dann bitte 22 Franken!"

entgegen rief, traute ich zuerst meinen Ohren nicht. Ja, die Schweiz ist schön, aber teuer! Bei jedem Essen und auch noch bei weiteren Freizeitaktivitäten sollten wir das auf jeden Fall zu spüren bekommen.

Mit dem Parken hatten wir allerdings an diesem Abend Glück! Ich hatte mir extra eine Schweizer-Park-App installiert, damit wir unkompliziert in Locarno parken konnten ohne immer nach Kleingeld kramen zu müssen. Als ich den Parkvorgang beendete, zeigte die App null Franken an, obwohl wir dort eine ganze Weile gestanden haben und die Anweisungen auf der Parkuhr einiges an Franken hätten vermuten lassen. Da hatten wir dann quasi das teure Riesenrad auch wieder raus.

Etappe 5: Das Vale de Verzasca

Ach ja, den guten alten Staudamm im Verzasca-Tal...den kannten wir ja nun schon. Allerdings nur im Dunkeln und unter etwas...naja...sagen wir mal...angespannten Verhältnissen.

Nun waren wir zurück, da wir uns heute das Valle de Verzasca etwas genauer anschauen wollten und das beginnt nun mal am zugehörigen Stausee. Ein Parkticket bekamen wir von ein paar netten Schweizern geschenkt, die gerade weiterfahren wollten (#läuftbeiuns). Wer übrigens den berühmten James-Bond-Sprung dort nachmachen möchte, kann sich tatsächlich mit einem Gummiseil am Fuß 220 Meter in die Tiefe stürzen. Der höchste Bungee-Sprung der Welt! Ein Blick nach unten reichte mir allerdings! Eher würde ich mich noch mal aus einem Flugzeug stürzen als von diesem Staudamm zu springen (Vgl. "Die Elsbeth und ihre Fallschirmspringer"). Bei solchen Gelegenheiten schwirren mir immer die Worte meiner Freundin Lisa (Ärztin) in Australien im Kopf herum: "Ines, was da für Kräfte auf deine Wirbelsäule wirken!!!". Jens hingegen war jetzt gar nicht sooo abgeneigt, sollte aber an diesem Tag noch einige Gelegenheiten zum Springen bekommen!

Aber wir wollten ja eine schöne Stelle zum Baden suchen. Das Valle der Verzasca nennt man auch "Die Malediven der Schweiz" und das nicht ohne Grund. Ein Stückchen fuhren wir die Straße tiefer ins Tal und hielten hier und dort mal um zu gucken. An der Pension "Posse" fanden wir (wieder einmal mit großem Glück!) einen Parkplatz. Etwas schwierig sich hinein zu manövrieren, wenn dort vorher ein Mini geparkt hat und man nun einen Bulli in die Lücke quetschen muss, aber das ging schon irgendwie. Und als wir den Hang über die Felsen hinab kletterten erklärte sich das mit den Malediven quasi von selbst.

Türkises Wasser eingerahmt von Felsen und im Wasser Steine, die in der Sonne funkelten. Das Wasser war wirklich kalt! Aber es lohnte sich dort zu schwimmen. Wir hatten mittlerweile fast 40 Grad und konnten jede Abkühlung gebrauchen. Mads entdeckte auf einem Felsen eine "Naturrutsche", schippte sich dort mit einem Eimer Wasser herunter und rutschte jauchzend in den Fluss. Mia packte sofort die Taucherbrille aus, um die Unterwasserwelt der ruhigen Stelle in diesem sonst so reißenden Fluss zu erkunden.

Jens und ich kletterten auf einen der hohen Felsen und als wir oben ankamen fragte ich mich, wie wir da nun wieder herunter kommen sollten. Jens sah mich grinsend an: "Na, wir springen!". Ich dachte, er würde einen Scherz machen. Dem war aber nicht so. Ich lugte über die Kante ins Wasser, das sich ungefähr 15 Meter unter uns befand und schüttelte den Kopf. "Nee, niemals springe ich da rein!". Vor uns stand ein junger Mann an der Kante. Er war ungefähr 18 Jahre, zögerte etwas und sprang. "Der ist gesprungen, dann mache ich das jetzt auch!" war das Letzte, das ich von Jens hörte und weg war er. Und da stand ich nun allein dort oben und war etwas unsicher, wie ich da nun wieder runter klettern sollte...ALLEIN!

Naja, kurze Zeit später war mein Mann wieder zur Stelle. Mit Adrenalin vollgepumpt stand er wieder oben auf dem Felsen und half mir runter. Das Adrenalin konnte er noch gut gebrauchen, denn es dauerte nicht lange, da geriet unsere Mimi versehentlich in die Strömung, die es am Ende unseres "Naturpools" gab. Sie wurde über eine natürlich Kante aus großen Steinen gespült und Jens musste hinterher springen, um sie (mit Hilfe eines jungen Mannes am Ufer) aus der Strömung zu ziehen. Sie hatte ordentlich Wasser geschluckt, hatte aber noch Glück, dass sie nicht über die nächste Kante gespült wurde. Dort wurde der Sog noch stärker und es ging schließlich einen zwei Meter tiefen Wasserfall herunter. Die Verzasca hat das wirklich so ihre Tücken. Jedes Jahr ertrinken dort Menschen, die zu leichtsinnig im Fluss schwimmen.

Am selben Tag wurde an derselben Stelle ein kleiner Junge den Wasserfall heruntergespült. Wir alle, die dort gerade auf den Felsen saßen, wurden durch laute Hilferufe aufgeschreckt. Zuerst sah man ihn nicht mehr im schaumigen Wasser unter dem Wasserfall. Dann sahen wir, dass er sich unter die Felsen gerettet hatte. Jemand rief nach der Polizei. Ein anderer Mann ergriff die Initiative, sprang von dem Felsen, von dem sich Jens in die Tiefe gestürzt hatte und zog den Jungen mit Mühe und Not an Land. Glück im Unglück! Aber das sollte uns allen eine Warnung sein! Schöner Fluss, bei dem man aber seeeehr achtsam sein muss!!!

Jens war kurze Zeit später schon wieder angefixt. Der Sprung, das Adrenalin...er konnte nicht genug bekommen und beschloss noch einmal von dem Felsen hinter dem Wasserfall zu springen! Im weiteren Verlauf des Abends inspizierte Jens jede Brücke und die darunter liegende Wassertiefe. Ich bin mir sicher, dass er wohl den James-Bond-Sprung gewagt hätte, wenn er dazu noch Gelegenheit bekommen hätte.

Auf Jens waghalsige Sprünge und Mias Rettung stießen wir dann am Abend in einem kleinen, familiären Restaurant, der "Osteria Vittoria" an. Hier nahmen wir das beste, aber auch mit Abstand das teuerste, Abendessen unserer Reise ein. Wir ließen es uns aber auch gut gehen mit Bruscetta als Vorspeise, leckeren Nudelgerichten als Hauptspeise und einer Auswahl aus der Dessertkarte hinterher. Dazu gab es einen Blick auf Lavertezzo, der wie gemalt aussah. Ein Tag wie in einem Film mit Spannung, schönen Bildern, Abenteuer und Entspannung.

Etappe 6: Die Schatzsucher vom Cimetta

"Vier Personen, dann bitte 90 Franken!" und mir war als hörte ich nicht richtig. "Ähm, wir wollten nur mit der Seilbahn einmal da rauf...und wieder runter!", sagte ich leicht verwirrt. "Ja genau", meinte die nette Dame am Schalter in Orselina, "das kostet 90 Franken für vier Personen!". Wir sahen uns ratlos an und berieten und erstmal eine Weile zu viert. Wollten wir da wirklich für 90 Franken hochfahren? Auf den Cimetta? Oder würde auch Cadada reichen, die erste Bergstation? Ja,

Cadada würde vielleicht reichen. Das gute alte Ticino-Ticket rettete uns schließlich und so fuhren wir für "nur" 60 Franken bis ganz oben.

Für Cadada hatten die Kinder eine Schatzkarte am Schalter erhalten. Wenn man die acht gesuchten Schilder mit Fußspuren von Tieren an den Wanderwegen fand, bekam man bei seiner Rückkehr am Schalter ein kleines Geschenk. Wieder einmal war Motivation alles! Ich scherzte noch: "Und wenn wir das letzte Schild gefunden haben, dann heißt es sofort: 'Ich kann niiiiicht meeeehr!'". Aber noch hüpften sie vergnügt die Wege entlang und machten sich auf Schatzsuche.

Selbst auf dem Gipfel des Cimettas befand sich noch ein Puzzleteil unserer Suche. Nach der Seilbahn ging es hier nun mit dem Sessellift weiter. Mads war ganz aufgeregt während der Fahrt und hoffte inständig, dass sie die Tierspur am Gipfel finden würden. Er erklomm den letzten Teil des Gipfels ohne T-Shirt (in Madsi-Sprache "Tüüüshöööort"). Es war beim Trinken aus einer Wassertränke ein bisschen nass geworden und wie auch seine Schwester ist Mads kein Fan von nasser Kleidung. Naja, mir sollte es egal sein. Er war sicherlich nicht der erste Wanderer, der hier bei der Hitze "oben ohne" auf den Wegen unterwegs war.

Vom Gipfel des Cimettas hatte man einen herrlichen Ausblick auf den See und die Alpen. Ich wäre am liebsten noch länger dort stehen geblieben und hätte es einfach nur genossen, aber wer Kinder hat, weiß, dass es eben nicht immer so läuft, wie man es als Erwachsener gern hätte. Auf dem Gipfel stehen war ab dem Moment uninteressant, als das Schild mit dem Hinweis für unsere Schatzsuche gefunden war. Dann wollten die beiden unbedingt wieder zur Cadada Station, um die restlichen Schilder aufzuspüren.

Wir hatten heute noch so einiges vor. Nach dem aufregenden Tag auf dem Berg machten wir uns am späten Nachmittag bei glühender Sonne auf in Richtung Verbania, um meine Freundin Barbara zu besuchen und uns mit ihr in ihrem Pool zu erfrischen. Das hatten wir auch bitter nötig, denn mal abgesehen von den Steigungen, die wir mit Seilbahn und Sessellift hinter uns gebracht hatten, hatten wir doch durch unsere ausgiebige Schatzsuche auch einiges an Strecke zurückgelegt.

Es waren viel zu kurze zwei Stunden, aber wir konnten das erste Mal Barbaras Baby Fede kennenlernen und ihr Sohn Leo freundete sich nach einer kurzen Anlaufphase mit Mia und Mads an. In Mia war er regelrecht vernarrt, so dass Jens schon einen italienischen Schwiegersohn befürchtete. Die Zeit ging viel zu schnell um. Barbara musste den Kleinen ins Bett bringen und wir wollten in unserem Lieblingsort Cannobio noch etwas Nettes essen, bevor wir uns am nächsten Tag langsam auf die Rückreise begeben würden.

Der Abend in Cannobio war so ein perfekter Moment eines Italien-Urlaubs, dass ich fast ohnmächtig wurde. Wir aßen in einem netten Restaurant mit Terrasse direkt am See. An der Promenade spielte ein älterer Herr italienische Musik und die Leute tanzten in Paaren dazu. Mads war natürlich sofort wieder in seinem Tanz-Element und drehte sich im Takt. Die Boote, die Dämmerung, die Häuser, der See, die Berge und die Musik mit den tanzenden Menschen. Fast wie in einem kitschigen Film, aber wirklich unheimlich schön!

Etappe 7: Spacamping im Schwarzwald

So langsam drängte die Zeit. Wir mussten uns wieder gen Norden hocharbeiten. Wir packten unseren VW California wieder bis unter das Dach und verabschiedeten uns vom Lago Maggiore. Diesmal wollten wir die A2 durch die Schweiz nehmen, um gar nicht erst die österreichische Autobahn umfahren zu müssen. Naja, mit der A2 kennen wir uns ja schließlich aus...

Es waren wieder 38 Grad und wir hatten eine Fahrt von ca. drei bis vier Stunden geplant. Da erschien uns der Vierwaldstätter See, den wir plötzlich von der Autobahn aus erblickten quasi wie eine Oase. Unser Ziel war lediglich eine Etappe bis Deutschland zurück zu fahren, warum dann nicht ein klitzekleines Päuschen an diesem türkisblauen und bei diesen Temperaturen sehr einladenden See machen? - Gedacht, getan! Wir fuhren von der Autobahn ab und fragten uns bis zum Strandbad in Beckenried durch. Im Gepäck nur noch wenige Franken in Münzen, die wir aber gern loswerden wollten.

Das Bad an sich war erstaunlicherweise sogar kostenfrei (da es keinen Bademeister gab und man auf eigene Gefahr im See badete...das hatten wir ja eh vor). Jens und ich gönnten uns ein kühles Getränk und die Kinder bekamen ein Eis. Schwupp, schon war unser Restgeld fast aufgebraucht. Und dann auf das Sprungbrett und rein ins kühle Wasser und danach erstmal ein, zwei Stündchen in der Sonne relaxen! Ja, so hatte ich mir das schöne Hippieleben mit dem Bulli vorgestellt. Von unseren letzten Franken kauften wir eine kleine Portion Pommes. Wir hatten nur noch zwei Franken 80, eine halbe Portion hätte vier Franken gekostet. Die nette Dame am Kiosk ließ sich schließlich darauf ein, uns eine "ganz kleine Portion" zu machen, damit wir unser Restgeld noch investieren konnten. Wirklich sehr nett!

Gegen Abend, diesmal sogar zur angemessenen Zeit von halb sieben, erreichten wir schließlich das Ferienparadies Schwarzwälder Hof, das ich ebenfalls wieder während der Fahrt herausgesucht und gleich für eine Nacht reserviert hatte. Da wir schon zu spät anreisten, um den "Spa Bereich" (hört, hört) noch zu nutzen und am nächsten Tag gleich weiter (nach Hause...) wollten, bekamen wir einen guten Preis für einen tollen Platz direkt auf einer Anhöhe zum Feld an einem kleinen Bach. Und zudem gutes Essen im zugehörigen Restaurant!

Definitiv ein schöner Übernachtungsort für eine Durchreise und das zudem auch noch direkt an Deutschlands größtem Naturstammhaus. Das soll uns mal bei so einer Spontanbuchung jemand nach machen. Zudem hatte ich noch nie so nette Waschhäuschen gesehen. Diese waren ebenfalls kleine Blockhütten. Gern hätten wir uns auch noch den Spabereich angeschaut, aber die Sonne wollte uns heute mit knapp 40 Grad wieder einmal grillen und da war uns wirklich nicht nach einem Besuch der Sauna zu Mute. Wir beschlossen aber, dass dies sicherlich mal ein Ziel sein könnte für ein Wochenende ohne Kinder!

Unsere letzte und achte Etappe umfasste 600km und war damit die längste Fahrt auf unserer Reise. Hätten wir etwas niedrigere Temperaturen gehabt, dann hätten wir sicherlich noch mal eine Übernachtung in Hessen eingelegt. Aber nun war uns allen nach einem kühlen Platz zum Schlafen und einem entspannten Abend im eigenen Garten. Als wir Zuhause ankamen hatten wir eine Tour von rund 2150km hinter uns und waren zudem um viele Erinnerungen und Abenteuer reicher!

2019 Zwischen Bunker und Reben – die Chaosfamilie auf Weinwanderung

Unsere schon lange geplante Familien - Weinwanderung stand unter einem guten Stern! Äh, ich korrigiere mich: Unter einem sehr heißen Stern...unsere (geplant) 18km lange Tour durch die Weinberge um "Ahrweiler Markt" herum wurde begleitet von 32° im Schatten. Der Wein sorgte in diesem Zusammenspiel allerdings mal wieder für eine unserer chaotischen und lustigen Familientouren. Diesmal in großer Gruppe mit Jens und mir, Ingrid und Bobby, meiner Cousine Janice mit ihrem Freund Chris und dessen Mutter, sowie meinem Cousin Gavin.

Es fing schon damit an, dass die A1 ab Hagen an unserem Anreisetag um 18:00h pünktlich aufgrund von Bauarbeiten über das komplette Wochenende gesperrt wurde. Wir waren natürlich genau um 18:10h an besagtem Ort. Da CarNet, sowie zwei parallel laufende Handys mit Google Maps und der Navi App von Apple uns leider keine große Hilfe waren, irrten wir daraufhin etwas planlos über Land. An jeder möglichen Auffahrt auf die A1 versuchten uns alle Geräte wieder auf selbige zu führen, obwohl wir schon aus dem Radio wussten, dass dies bis Wuppertal nicht möglich sein sollte.

Einmal bauten die Arbeiter sogar direkt vor unserer Nase die Absperrung der Auffahrt auf. Erschwerend kam dazu, dass mein Onkel Bobby sich auf dem Sitz hinter mir (der "Seniorensitz" im Bulli) alte britische Schwarz-weiß-Serien ansah (in Seniorenlautstärke) und dabei regelmäßig plötzlich laut auflachte. Und nicht zu vergessen: Gavin und Jens auf dem Rücksitz, die bereits ihren "traditionellen Reise-Jägermeister" zu sich genommen hatten und bei einem Bierchen gemütlich über aktuelle Fußballthemen philosophierten. Nur Ingrid stand mir zu Seite und sorgte mit diversen Süßigkeiten dafür, meine Laune auf hohem Niveau zu halten. Die Fahrt war wie verhext und brachte noch einige Umwege mit sich...aber immerhin landschaftlich sehr schön! Ich kann die Orte leider nicht mehr benennen, aber zeitweise fühlten wir uns fast wieder wie auf Familienbesuch in Wales...grüne Wiesen, Natursteinmauern, weiße Zäune, Sandsteingebäude...alles zog an uns vorbei. Nur der Versuch im Stau auf der Landstraße bei einem Einheimischen eine "Grande Latte mit extra Karamell" zu bestellen, scheiterte leider kläglich.

Unsere kleine Rundreise durch das schöne Nordrheinwestfalen führte leider dazu, dass die andere Hälfte der Familie bereits seit Stunden nonchalant in einem schönen Restaurant am Rheinufer in Bonn saß und den Geburtstag meiner Cousine Janice feierte. Wir hingegen stürzten kurz vor Feierabend der Küche gegen 22h in das Restaurant und fragten total ausgemergelt erst einmal nach der Speisekarte, bevor alles Weitere (z.B.

der Austausch von Glückwünschen) Beachtung finden konnte. Ein durchaus üblicher Familiengeburtstag also.

Das eigentliche Ziel unserer Reise war allerdings nicht Bonn, sondern Ahrweiler Markt in Rheinland-Pfalz. Wir erreichten es mit dem Zug (das ist für den Verlauf dieser Geschichte noch von elementarer Bedeutung). Da wir einen sehr heißen Tag erwischt hatten, waren wir äußerst entzückt, als wir nach wenigen Kilometern in den Weinbergen den Stand des Weinguts Kriechels entdeckten und uns dort mit einem schönen Grauburgunder auf ein paar Weinkisten niederlassen konnten. Als wir ankamen wurde gerade die Fotoecke aufgebaut mit lustigen Schildern (#steilabergeil), die uns erstmal für längere Zeit beschäftigte und mit jedem Schluck Wein zu noch besseren Fotos führte. Es ist ziemlich schwierig, sich wieder aufzuraffen und weiter zu wandern, wenn man bei 32° den ersten Wein bereits kurz vor Mittag hinter sich hat. Als wir einen Aussichtsturm in der Nähe erreichten, tropften wir bereits. Der leichte Wind dort oben tat allerdings wirklich gut.

Denn eines gibt es im Weinberg äußerst selten: Schatten! Aber immerhin gab es auf dem Weg leckere Weintrauben, die man stibitzen konnte. Und die halfen mir, die Zeit bis zum nächsten Weingut zu überbrücken. Dieses war gebaut wie ein Hundertwasser-Haus. Ein pilzartiges Gebilde, das wirklich schön war! Leider auch teuer und die Bedienungen waren auch nicht besonders nett, so dass andere Gäste schon nach wenigen Minuten wieder Reißaus nahmen. Aber wir waren durstig und ließen uns daher nicht vertreiben.

Hungrig waren wir auch und bekamen sehr interessantes Essen serviert. Der gemischte Salat, den Bobby bekam, machte der Bezeichnung "Gemischt" alle Ehre. Unter Blümchen als Deko befand sich alles, was die Küche salattechnisch zu bieten hatte. Einiges konnten wir nur schwer identifizieren, aber wer kann schon von sich behaupten mal einen Salat mit "Wildem Salbei" gegessen zu haben (jahaa, lieber Winzer, wir haben recherchiert!).

Die nächste Etappe führte uns über den Bunker bis ins Kloster. Zum Bunker komme ich später, aber der Wein im Garten des Klosters Marienthal war wirklich sehr gut! Bobby fand zu unser aller Erheiterung eine schöne rot gemusterte Damenbrille auf der Fensterbank:

"Faszinierend! Genau meine Stärke!" während der Rest der Männer über vorbeiziehende Damen lästerte: "Also diese Hose tut ja auch gar nichts für die!...(Finsterer Blick)...Oh, das hat sie wohl gehört...". Ja, so sind sie: Allzeit charmant!

Nach dem Kloster kamen wir zur letzten Etappe bis in das kleine Örtchen Dernau, begleitet von einer weiteren Auswahl lustiger Wortspiele von Gavin, die uns bereits den ganzen Tag erfreuten. Kracher wie "BONN Anniversaire" oder "Nun WEIN doch nicht" konnten heute nun wirklich kaum getoppt werden!

"Da, eine Tanke! Endlich können wir uns ein schönes Bier kaufen!", rief Jens...und weg waren die Männer der Familie. Äh ja, was soll ich sagen...sie sind wahrlich echte Freunde eines guten Tropfens... Aber immerhin machten wir uns dann mit einem Wegbier auf den selbigen und damit in Richtung Bahnhof, wo bereits die S-Bahn wartete, die uns zum Weinfest nach Ahrweiler Markt bringen sollte...Betonung auf "sollte", denn die Bahn fuhr leider erstmal gar nicht. Und das sollte auch die nächsten zwei Stunden so bleiben, da angeblich ein Baum auf die Bahngleise gefallen sein sollte. "Zuhause hätten wir schon längst den nächsten Bauern mit Kettensäge angerufen." - "Oder die Feuerwehr!" - "30 Minuten und der Drops wär gelutscht!"...auch in der Lösung von Problemen ist man in unserer Familie ganz oben mit dabei! Die Bahn leider nicht und so beschlossen wir, den Zug zu verlassen und erstmal irgendwo einzukehren, bevor die Reise weiter gehen konnte.

Und das war dann ein wahrliches Glück: Wir landeten zufällig beim Weingut Kreuzberg, einem der Top 100 Weingütern im Handelsblatt. Herr Kreuzberg entpuppte sich als wunderbarer Gastgeber. Zwar war auch hier ähnlich dem "Pilz-Weingut" fast alles reserviert, aber wir durften netterweise erstmal Platz nehmen und sollten in Ruhe abwarten, ob überhaupt alle kommen würden. Auch zeigte er sich weiterhin kulant, als die gesamte Familie nach und nach ihre schwitzigen Füße in einer steinernen Wassertränke auf der Terrasse seiner Weinschänke abkühlte.

Ab und zu kam er an unseren Tisch und quatschte ein wenig mit uns. Wir tranken "Blanc de Noir", "Sophie", Frosé und selbstgemachte

Zitronenlimonade und futterten diverse Tappas und Käsehäppchen dazu. Wir versackten in dem kleinen Innenhof, hielten uns die Bäuche vor Lachen (warum weiß ich leider nicht mehr, aber es gab anscheinend diverse lustige Themen an diesem Tag) und die Weinflaschen auf unserem Tisch vermehrten sich.

Als wir schließlich an einen anderen Tisch umziehen mussten (die blöden Gäste, die reserviert hatten, waren tatsächlich aufgetaucht), rollte Herr Kreuzberg extra ein Fass mit einem neuen Sonnenschirm für uns irgendwoher, damit wir auch dort gemütlich im Schatten sitzen konnten. Das (und der wirklich wunderbare Wein) sorgten dafür, dass wir am nächsten Tag noch einmal beim Weingut vorbei fuhren und unsere Autos mit Kiste um Kiste vollluden. Am Abend allerdings machten wir uns erstmal über das üppige Grillbuffet her, das wirklich lecker war!

Kurzum: Das Weinfest haben wir irgendwie nie erreicht!

Die Familie störte in dieser Nacht noch den Schlaf eines Babys in der Cocktailbar unseres Hotels und die Jungs und ich trafen noch einen "Bad Influencer" in der "Arena" () in Bonn. Das sei hier aber alles besser nicht mehr weiter erläutert...

Nachdem die Kultur an diesem Wochenende ja nun etwas zu kurz gekommen war, stand am Sonntag nach dem Frühstück noch eine Besichtigung des alten Regierungsbunkers bei Bad Neuenahr an. Solche Bauwerke faszinieren mich ja! Der Bunker war ursprünglich mal ein Eisenbahntunnel, dessen Strecke allerdings nie fertig gestellt wurde. Ein Relikt aus der Kaiserzeit, um "an die Westfront" zu kommen. Als Deutschland in die NATO eintrat, war ein solcher Bunker wohl Einstiegskriterium. 18km ist er lang (witziger Weise genauso lang wie unsere Weinwanderung), allerdings heute fast vollständig zurück gebaut. Nur ein Stück von ca. 200 Metern ist noch in alter Form erhalten.

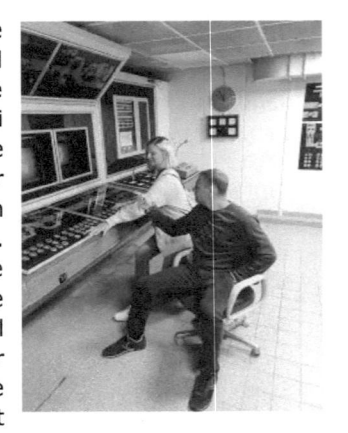

Inklusive Dekontaminationsduschen, Krankenstation und Frisierstube. Nicht zu vergessen, die vorbereitete Rede des Bundespräsidenten an die Nation im Ernstfall ("Bitte geraten Sie nicht in Panik..."). Diese hätte im bunkereigenen WDR-Fernsehstudio gedreht werden können und niemand hätte gemerkt, dass er sich im Bunker und nicht mehr in Bonn befunden hätte. Die komplette Regierung hätte sich bei einem Atomschlag im Bunker eingefunden.

3000 Menschen hätten 30 Tage dort überleben können. Ob dem wirklich so gewesen wäre, sei mal dahin gestellt. Unser Guide, ein älterer Herr aus dem Heimatverein, erklärte uns, dass es doch so einige Gerüchte gab, dass die Regierung sich eher nach Florida hätte ausfliegen lassen, als sich jemals in diesem Bunker einzuschließen. Zudem heute auch bekannt ist, dass die Megatonnen, die bei der Detonation einer Atombombe freigesetzt werden, wohl selbst diesen Bunker in seine Einzelteile zerlegt hätten!

Nachdem Ingrid mit einer herzzerreißenden Rede dem Feind die Tränen in die Augen getrieben hatte und dieser daraufhin den Rückzug antrat, machten auch wir uns wieder auf den Weg ans Tageslicht und damit auch auf die Heimreise. Wie schön, dass es mit dieser Familie verrückt, chaotisch und dennoch lehrreich und kulturell anspruchsvoll zu gleich sein kann, ! Mit euch würde ich immer wieder Zeit in einem Atomschutzbunker verbringen ("Hurra, diese Welt geht unter...").

2019: Fünf Mädels und ein Schneegestöber am Lago Maggiore

Wenn zum jährlichen CPH Treffen plötzlich auch die nächste Generation mit am Start ist, dann ist man alt, oder? Oder ist man dann einfach eine coole Mama? Bei letzterer Aussage würde Mimi sicherlich die Augen verdrehen. Dennoch war sie natürlich wahnsinnig aufgeregt, als ich sie an einem Freitag nach der vierten Stunde von der Schule abholte und sie wusste: Nun geht es direkt nach Mailand! Und welche Neunjährige fährt denn bitte übers Wochenende mit ihrer Mama nach Mailand? Vielleicht bin ich ja doch gar nicht sooo uncool…

Unsere Ankunft in Italien wurde meiner Freundin Barbara bereits in einem Glückskeks prophezeit, doch bis dahin waren noch zwei Hürden zu überwinden: Wir mussten uns zunächst über die A7 quälen und dann am Hamburger Flughafen auch noch einen passenden Parkplatz für unseren VW California finden. Gar nicht so einfach, denn - Cali-Fahrer aufgepasst - dort gibt es tatsächlich nur eine Ebene eines einzigen Parkhauses, dessen Einfahrhöhe größer ist als 2 Meter. Erleichtert stellte ich nach einigem Herumgekurve fest, dass es dort noch 7 freie Parkplätze gab. Durch die ewige Parkplatzsuche war unser Zeitpuffer fast aufgebraucht, so dass wir natürlich in alter Familientradition wie immer leicht abgehetzt am Gate ankamen und einen Teil unserer Sachen im Cali vergessen hatten. Wie sollte es auch anders sein?

In Mailand angekommen waren wir tiefenentspannt, da Mimi ja bekanntlich ein alter Reisehase ist und sich sofort mit Buch und einem heruntergeladenen Netflix Film neben mir im Flieger häuslich eingerichtet hatte. Ein perfekter Moment, in dem auch Mama mal abschalten kann.

Alka und unser Fahrer empfingen uns nach der Landung und Mia konnte mit ersten Englischkenntnissen glänzen. Es regnete in Strömen, als wir unsere Köfferchen in unser Shuttle nach Verbania hievten.

Abends bei Barbara gab es ein großes Wiedersehen mit Anne-Laure, die einen früheren Flug hatte, und Barbaras Mann Marco. Hier legte sich Mias Entspannung allerdings schnell, da Barbaras Sohn Leo sich bereits bei unserem Kurzbesuch im Sommer unsterblich in sie verliebt hatte und ihr ab dem Moment unserer Ankunft nicht mehr von der Seite wich. Er hing buchstäblich an ihr während unseres gesamten Wochenendes, was von Mia mit genervtem Blick und intensivem Augenrollen bestraft wurde. Okay, also bezüglich eines italienischen Urlaubsflirts brauche ich mir bei Mia vorerst wohl keine Sorgen zu machen.

Am zweiten Tag beschlossen wir nach dem Frühstück nach Premia in die Berge zu fahren, um dem stets stärker werdenden Regen zu entkommen.

Die Straßen waren bereits etwas überspült und der Lago war kurz davor, über die Ufer zu treten. Umso glücklicher waren wir, dass der Regen sich mit zunehmender Höhe während der Fahrt in Schnee verwandelte und wir unseren ersten Schnee des Jahres erlebten. In Premia angekommen, sprangen wir alle aus dem Auto und waren entzückt von dem ganzen Weiß um uns herum. Mia musste sofort in einen aufgehäuften Berg springen und im Schnee spielen, was in Chucks allgemein keine besonders gute Idee ist. Machte aber nichts, denn wir hatten eh vor uns in der „Terme di Premia" aufzuwärmen und im warmen Wasser zu chillen, während über uns die Schneeflocken auf das türkise Becken rieselten. Therme mit Bergblick und Schnee, gibt es etwas Besseres? Die türkisen Badekappen, die wir gemäß der Vorschriften tragen mussten, sorgten dazu auch noch für eine Menge Spaß!

Und abends nach der Therme erwartete uns Marco...und zwar in der Küche! Es gab eine ausführliche Schulung zur korrekten Zubereitung von Risotto. Denn Risotto zu machen ist eine Kunst und benötigt viel Geduld, teilte er uns zu Anfang gleich mit. Wir beteiligten uns in der Form, dass wir ihm mit einer Flasche Prosecco in der Küche Gesellschaft leisteten und dabei möglichst interessiert die einzelnen Prozessschritte verfolgten.

Nach dem Essen wurden wir in eine weitere kulinarische Spezialität eingewiesen. Wir kamen in den Genuss von „Zuccherini". Zuccherini sind in 100%igem Alkohol und Zutaten wie Orange und Ingwer eingelegte Zuckerstückchen, die man auf einem kleinen Löffel zu sich nimmt. Man hofft natürlich bei der Einnahme weder zu erblinden, noch sich die Speiseröhre wegzubrennen, aber ansonsten sind sie ganz lecker und haben an diesem Abend sehr zu unserer Erheiterung beigetragen. Leo holte währenddessen auf dem Sofa während eines Kinderfilms wieder zum Angriff auf Mimi aus, die mittlerweile soweit an den Rand und damit von ihm weg gerutscht war, dass sie fast an der Seite herunterplumpste. Marco fand das sehr amüsant und meinte, wir sprechen uns in zehn Jahren noch mal.

Der Sonntag war dann Mimis Tag! Sie hatte bereits Zuhause jedem, der es hören wollte, erzählt, dass sie am Wochenende mit ihrer Mama in Mailand shoppen geht. Ein nahegelegenes Shopping Center, an dem Barbara uns am Nachmittag absetzte, war damit ihr Element! Und siehe da, was kauft man sich heutzutage wieder, wenn man cool ist: DocMartens. Allerdings in schwarzem Lack. Dass ich sie nur widerwillig für Mimi kaufte, war allerdings in ihren Augen nur ein weiterer Beweis dafür, dass ich echt nicht mehr cool bin...

2020 Wandertour und Schneeballschlacht: Die Chaosfamilie im Harz

Langweilige Familiengeburtstage existieren in unserem Universum generell nicht. Bei uns ist es immer laut, chaotisch und ziemlich lustig. Und, wie ihr ja wisst, nehmen wir unsere Geburtstage mittlerweile auch gern mal als Anlass, um zusammen kleine Wochenend-Trips zu unternehmen.

Diesmal waren mein Cousin Gavin und ich die Hauptpersonen, da wir in diesem Jahr am selben Wochenende Geburtstag hatten und es daher eigentlich keine Frage war, dass man das nutzen musste. Also buchten wir eine Ferienwohnung für elf Personen in dem, uns bis dahin unbekannten, Ort Zorge im schönen Harz.

Erste Etappe war der Burgberg in Bad Harzburg. Da unsere Kinder keine großen Freunde langer Wandertouren sind, hatten wir vorgesorgt: Ein zusammenklappbarer Bollerwagen war mit am Start. Mimi und Mads waren so entzückt davon, dass sie ihn sofort mit Schaffell, Schlafsack, Kissen und Kuscheltieren ausstaffierten und diverse Snacks darin verteilten.

Nachdem wir eine Weile an der Seilbahn angestanden hatten, bemerkte der zuständige Mitarbeiter unseren Wagen und erklärte uns, dass der so nicht in die Gondel passt. Also klappten wir das Gefährt zusammen, was dazu führte, das die Hälfte der Familie nun mit diversen Kissen und Kuscheltieren auf den Armen in der Schlange stand. Die erste Rutsche der Familie war bereits oben. Der Mitarbeiter der Talstation erntete böse Blicke von Ingrid, als er meinte, ob Mimi nicht mit der Oma mitfahren wollte. Günter konterte lachend mit "Das ist doch die Mutter!", was den armen Mann nun komplett durcheinander brachte und ihn stammeln ließ, dass man das ja heutzutage nicht immer so genau sagen könne.

Wir wanderten an diesem Tag bis zu den Rabenklippen und dann nach Bad Harzburg zurück. Der Bollerwagen war mehr ein psychologisches Element, als dass wirklich ein Kind länger als fünf Minuten drin gesessen hätte. Aber auf dem Rückweg erfüllte er dann doch noch seinen eigentlichen Zweck und transportierte einen schlafenden Mads bis zurück zum Cali.

Die Ferienwohnung hatte Ingrid perfekt ausgesucht! Sie hatte vier Schlafzimmer für je zwei bis vier Personen und war mit allem ausgestattet, das man so brauchte. Nur der Grill war leicht defekt, was

Chris später noch zum Fluchen bringen sollte, als er für die gesamte Bande Rindersteaks perfekt anbraten wollte. Wir anderen zehn fielen dennoch am Tisch darüber her (hätte man es anders erwartet? :)) und futterten Pommes, Salat und Chimichurri dazu. Der perfekte Ausklang von Gavins Geburtstag, auf den wir noch ausgiebig mit Lillet Berry und Bier anstießen, und die beste Überleitung in meinen Geburtstag am nächsten Tag.

Der startete mit einem Geburtstagsfrühstückstisch, den Mimi zusammen mit Birgit bereits früh am Morgen heimlich gedeckt und geschmückt hatte...und natürlich mit Geschenken!!! Das Beste war natürlich mein neuer, roter Mantel, den ich gar nicht mehr ausziehen will.

An meinem Geburtstag durfte ich alles entscheiden! Das gefiel mir natürlich sehr gut! Aber leider spielte das Wetter nicht so mit, wie ich mir das vorgestellt hatte. Ich hatte mir ausdrücklich Schnee gewünscht, aber irgendwie regnete es leider den ganzen Tag in Strömen. Ich wollte auch gern mit der ganzen Familie auf den Wurmberg in Braunlage und von oben wieder herunter wandern, doch die Seilbahn war aufgrund von Sturm nicht in Betrieb. Wir kehrten also erstmal für längere Zeit in einer Glühweinbude ein und berieten, was wir nun alternativ unternehmen könnten.

Die drei Runden Glühwein halfen anscheinend sehr gut, denn uns kam die zündende Idee, dass wir einen Ausflug in die Iberger Tropfsteinhöhle machen könnten. Ironie, dass wir vor dem nassen Wetter ausgerechnet in eine Tropfsteinhöhle flüchteten, aber es lohnte sich wirklich. Unser Guide ging sogar auf die Kinder ein und zeigte ihnen vermeitliche Tierfomationen an den Höhlenwänden. An einem Gebilde, das aussah wie eine Schildkröte, sollten wir uns alle etwas wünschen, das garantiert in Erfüllung gehen würde. Nachdem alle, die vor uns waren, sich bereits Gesundheit oder Glück gewünscht hatten, tat Mads seinen Wunsch laut kund: "Ich wünsche mir den ultimativen Jay von Ninjago!" und sorgte für einige Lacher in der Gruppe.

Ausklingen ließen wir diesen Abend beim "Harzer Schnitzelkönig". Endlich mal Portionen, mit denen unsere Familie leben kann. Ausnahmsweise bestellten selbst die Männer der Familie mal keine zusätzlichen Beilagen.

Dank meines Geburtstags hatten wir zudem, ganz gediegen, zwei große Leuchter auf dem Tisch stehen. Hach, war das romantisch, als alle ihre Schnitzel in sich hinein stopften ("ein wunderbares Spektakel!").

Und auf der Rückfahrt dann das Beste: Es schneite! Und in den höheren Lagen lag sogar bereits Schnee! Kurzum beschlossen wir mit dem Cali mitten im Wald anzuhalten, auf einen Parkplatz abzubiegen und eine Schneeballschlacht zu machen. Günters Auto kam einige Minuten später und wir machten die restlichen vier, die sich darin befanden, mit einem Bombardement aus Schneebällen darauf aufmerksam, dass sie unbedingt anhalten müssten. Und so sprangen auch Günter, Birgit, Ingrid und Bobby aus dem Auto und es ergab sich eine wilde Schlacht. Mitten in der Dunkelheit im Wald. Besonders Feuer gefangen hatte Birgit, die jedem, der nicht schnell genug weg war, das komplette Gesicht einseifte. Mia war auch mit roten Bäckchen dabei, Opa eine ordentliche Ladung zu verpassen und Mads musste nach einer böswilligen Attacke (Schneeball in Kragen gesteckt) erstmal zum Aufwärmen ins Auto. Es war herrlich!

Als wir wieder in der Ferienwohnung ankamen, hatten alle rote Bäckchen, lachten und tranken noch einen Absacker vor dem Schlafen gehen.

Am letzten Tag durften die Kinder bestimmen! Wir fuhren nach Torfhaus und verbrachten den Tag im Schnee. Da wir keinen Schlitten dabei hatten, mussten wir improvisieren. Erst bauten wir kleine Schneemänner, dann hatte Mia die zündende Idee: Eine Abenteuertour durch den Wald. Sie und Mads gingen voran und suchten uns eine Route durch Schnee und Bäume. Wir balancierten über Baumstämme, fanden einen seltsamen Bunker im Wald (wie sollte es auch anders sein?) und versuchten Tierspuren im Schnee zu erkennen. Dazu gab es ab und zu eine kleine Snack-Pause, in der wir kleine Würstchen und Käsewürfel zu uns nahmen, um dann wieder los zu ziehen.

Schade, dass auch das schönste Geburtstagswochenende irgendwann vorbei sein muss. Aber ich bin mir sicher, dass es eine adäquate Fortsetzung geben wird...

EPILOG: #Stayathome – Unser Leben in der Coronazeit

Wir sind zurück im April 2020 und es spielt sich für meine Generation die erste wirkliche, weltverändernde Krise ihres Lebens ab. Krieg haben wir nie erlebt, wir mussten nie hungern, hatten eigentlich immer alles, das wir brauchten und konnten prinzipiell reisen wohin wir wollten.

Selbst als das Kernkraftwerk in Tschernobyl explodierte, waren wir noch sehr klein. Es ist eine meine ersten Erinnerungen, dass ich plötzlich nicht mehr im Sandkasten spielen durfte. So ähnlich wird es sich wohl für unsere Kinder eines Tages anfühlen, wenn sie auf die heutige Zeit zurück blicken. Zurück auf diese Zeit, in der ein Virus uns bedrohte, von dem man nicht wusste, ob es einen selbst glimpflich davonkommen lassen würde oder nicht. Mittlerweile geht die Zahl der Infizierten in Deutschland auf die 100.000 zu. Freunde in Italien berichten immer noch von katastrophalen Zuständen. Einige hat es selbst erwischt.

Man wartet, igelt sich ein und hofft, dass das direkte Umfeld einfach nicht so schlimm getroffen wird. Dass es Oma und Opa weiterhin gut gehen wird. Ich hoffe, dass mein Bruder sich in seiner Behinderteneinrichtung nicht ansteckt. Und man bewundert die Menschen, die in solchen Einrichtungen weiterhin zur Stelle sind, die sich im Hamelner Krankenhaus auf das Schlimmste vorbereiten oder die täglich trotz allem an der Kasse im Supermarkt sitzen oder oder oder...

Und für uns persönlich? Wie hat sich unser kleines Leben verändert? Wie ist es nun kurz vor Ostern bei uns?

Unser Osterurlaub startet und die geplante Reise mit dem Bulli an die Küste fällt aufgrund des aktuellen Lockdowns in Deutschland aus. Stattdessen wird das Campingabenteuer kurzerhand ins Wohnzimmer verlegt, ein Bettenlager wird aufgebaut und der Kamin ist unser Lagerfeuer. Das ist auch ganz nett und eine der vielen kreativen Ideen unserer Kinder. Zurzeit ist eben alles anders und die letzten Wochen waren mal eine ganz andere Erfahrung.

Die Kinder dürfen seit drei Wochen nicht in Kindergarten und Schule. Mia lernt Zuhause mittels Apps und Unterlagen von der Lehrerin. Man wird pragmatisch und improvisiert, aber irgendwie funktioniert es halbwegs. Mads findet das Lernen per App so toll, dass er auch mitmachen will. Er übt erste Aufgaben für die erste Klasse. Wahrscheinlich können wir ihn nach den Sommerferien direkt einschulen lassen…

Auch Freunde dürfen zurzeit nicht zum Spielen kommen. Das ist eigentlich für die Kinder das Schlimmste. Zumal Mads kürzlich seinen fünften Geburtstag gefeiert hat und niemand außer uns an der Party teilnehmen konnte. Aber es ging auch anders: Videobotschaften und Sprachnachrichten von Verwandten und Kindern, viele Anrufe. Einige haben an der Haustür Geschenke übergeben, als wären wir alle Geheimagenten des BNDs oder haben von der Terrasse durch das Fenster gewunken und eine Kleinigkeit auf dem Tisch stehen gelassen für den Lüttjen. Mia schminkt sich derweil per Videochat mit ihren Freundinnen. Oder sie spielen virtuell Spiele zusammen ("Wenn ich du wäre..."). Manchmal überwältigt es mich, wie viel mehr Kontakt man zurzeit mit allen hat, obwohl es kein "echter" Kontakt ist. Auch ein schönes Gefühl in dieser merkwürdigen Zeit.

Während Jens nur noch selten zur Arbeit fahren muss und in Kurzarbeit ist, arbeite ich aus dem Homeoffice. Plötzlich klappt es doch mit der Digitalisierung und dem Arbeiten von Zuhause. Lange Jahre war ich in meinem Betrieb Vorreiterin auf diesem Gebiet. Plötzlich aber sind alle Kollegen Zuhause und die bange Frage stand im Raum: Klappt das überhaupt? Werden wir produktiv sein? Die Antwort ist "Ja" und es macht mich wirklich stolz, wie viel mein Team und ich in den letzten Wochen geleistet haben. Wie viele Telefonkonferenzen wir täglich hatten. Wie viele Projekte wir ins Ziel gefahren haben, trotz der Situation. Abends hatte man oft kaum noch Lust zu sprechen oder das Zuhören fiel einem schwer. Aber es ging! Ab und zu reichte "mein Assistent" mir einen Kaffee herein. In einer Telefonkonferenz rief Mads aus dem Badezimmer: "Ich bin feeeeertiiiig!". Aber das löst momentan auch keine Panik in mir aus, denn nicht allzu selten weint auch mal ein Kind von Kollegen im Hintergrund während einer Telko. Das gehört jetzt zu unserem Alltag und ich finde das super! Es zeigt, dass wir alle nicht nur Kollegen sind, sondern auch Privatpersonen, ein Teil von Familien.

Aber nun habe ich erst einmal Urlaub. Wie ich eingangs schon schrieb, machen wir das Beste daraus, dass unser VW California in der Einfahrt stehen bleibt und sich unsere freie Zeit auf den Garten, Fahrradtouren und Spaziergänge beschränkt. Die Weser ist in der Nähe und lädt zum Joggen ein. Ich hatte schon ewig nicht mehr so viel Muskelkater, was wohl an der täglichen Joggingdosis liegt.

Ab heute kann man in den Eisdielen wieder Eis holen und das Wetter soll in den nächsten Tagen phantastisch werden! Ich mag es ja kaum erwähnen, aber auch die Baumärkte machen wieder auf. Was haben wir in den letzten Wochen bereits am Haus und im Garten geschafft. Allein schon dadurch, dass bei jedem von uns die Stunde Fahrtzeit zur Arbeit weg fällt. Wir haben gestrichen, gekärchert, geschnitten und gebohrt.

Wir sind als Familie wieder enger zusammen gerückt, haben wieder mehr Zeit für gemeinsame Dinge. Und wir haben mal wieder länger mit unseren direkten Nachbarn gesprochen, wofür in den letzten Monaten aufgrund von langen Arbeitszeiten, Dienstreisen und diversen anderen Verpflichtungen keine Zeit blieb.

Das soziale Leben ist zurzeit nicht tot. Es ist einfach nur anders. Es konzentriert sich auf das, was direkt um uns herum passiert. Und plötzlich bekommen wir selbstgemalte Post von Verwandten (ja, so ein richtiger Brief, mit Briefmarke und so!).

Es ist doch auch schön, den Blick mal wieder für all die einfachen Dinge zu öffnen. Ihr erinnert euch vielleicht: Ich sagte es eingangs schon einmal. Ich hoffe, dass wir aus dieser Zeit lernen und einen Teil dieses neuen Spirits mit in die Zukunft nach Corona nehmen.

Und dann bin ich gespannt, wann wir unsere „Spaziergänge" durch die Welt endlich fortsetzen können. Vielleicht schon im Sommer 2020? Oder doch erst später?

Danksagung

Es ist Zeit, Danke zu sagen! Dieses Buch zum Blog www.the1place2go.de entstand am Anfang der Coronazeit, wäre aber nicht möglich gewesen ohne all die Menschen, mit denen ich in den vergangenen Jahren gereist bin. Die Meisten werden in diesem Buch erwähnt. Fühlt euch gedrückt und wertgeschätzt dafür, dass ihr meine Freunde seid und wir so viel gemeinsam erleben durften. Allen voran natürlich gilt mein besonderer Dank Jens und unseren entspannten Reisekindern Mia und Mads.

Dann möchte ich meinen „Lektorinnen" Susanne Behnke und Christin Holfter ebenfalls ganz besonderen Dank aussprechen! Ihr habt dieses Buch beide von der ersten bis zur letzten Seite akribisch durchgearbeitet und habt mir mit eurer konstruktiven Kritik geholfen, es fortwährend zu optimieren. Danke, danke, danke!

Und natürlich möchte ich ePubli dafür danken, dass sie es möglich machen, auf so einfache Art und Weise ein Buch zu veröffentlichen und zu vermarkten.

Danke auch an die treuen Leser meines Blogs www.the1place2go.de, die sich nunmehr seit 13 Jahren lesen, was ich schreibe. Niemals hätte ich es 2007 für möglich gehalten, dass eines Tages auch Menschen außerhalb meines Freundes- und Familienkreises sich für meine Reiseberichte interessieren könnten.

DANKE!

Eure Ines ♥

www.the1place2go.de

ISBN 978-3-7529-9444-5

www.epubli.de